Kontinent der Befreiung?

Kontinent der Befreiung?

Auf Spurensuche nach 1968 in Lateinamerika

Eine Publikation der Projektgruppe
„1968 in Lateinamerika“:

Henriette Friede
Inga Kleinecke
Mareike Lühring
Gintarė Malinauskaitė
Markus Rauchecker
Katharina Seeger
Christian Tinz

Projektleitung:
Anne Huffschmid

LAI
Lateinamerika-Institut
Freie Universität Berlin

Assoziation A

Eine Publikation der Projektgruppe „1968 in Lateinamerika“
des Lateinamerika-Instituts der Freien Universität Berlin

Koordination: Anne Huffschmid, Markus Rauchecker
Cover: Inga Kleinecke
Bildredaktion & -layout: Inga Kleinecke, Mareike Lühring, Katharina Seeger
Lektorat: Anne Huffschmid
Korrektorat: Markus Rauchecker, Katharina Seeger, Christian Tinz, unter Mitarbeit von Henriette Friede
Satz & Layout: Katharina Seeger, unter Mitarbeit von Markus Rauchecker

Assoziation A
Gneisenaustr. 2a
10961 Berlin

www.assoziation-a.de
berlin@assoziation-a.de
hamburg@assoziation-a.de

ISBN 978-3-935936-88-0

Druck: Winddruck, Siegen

Inhaltsverzeichnis

¡Crear unc

os, tres vietnams!

El 9 de octubre de 1967, nos enteramos de la muerte del Che Guevara en la selva boliviana.

[...] Su rostro, ligeramente melancólico, decoró innumerables habitaciones de estudiantes. Se convirtió para toda una generación en el símbolo del guerrillero constructor de una sociedad nueva, y su famoso eslogan "creemos uno, dos, tres, Vietnams" fue una especie de credo para nosotros.

Daniel Cohn-Bendit

Prolog: Berliner Studierende im Gespräch über 1968

Im Frühjahr 2008 begannen wir unsere Zeitreise 40 Jahre in die Vergangenheit in einem Projektseminar am Lateinamerika-Institut der Freien Universität Berlin. Viele von uns setzten sich das erste Mal mit '68 in Lateinamerika auseinander. Die Ausstellung im Ibero-Amerikanischen Institut mit dem Titel „Zwischen Revolution und Revolte: 1968 in Lateinamerika. Bücher, Bilder, Bewegungen“ folgte, und inspiriert durch die Fülle an Material und die Vielzahl an Geschehnissen und Personen, die diese Zeit in Lateinamerika prägten, wurde die Idee für dieses Buch geboren. Ein Buch, das wir an dieser Stelle mit einigen Reflektionen über die Bedeutung von 1968, auch für uns persönlich, einleiten möchten:

Inga: '68 war eine Zeit, in der vor allem junge Menschen politisch aktiv wurden und sich dafür einsetzten, etwas zu verändern. Es herrschte diese ganz spezielle Stimmung des Aufbruchs und der revolutionären Emotionen, welche unter denen, die sich den Bewegungen anschlossen, ein politisches Gemeinschaftsgefühl erzeugten. Für viele gibt es in unserer Gesellschaft heute einen Mangel an politischem und bürgerlichem Engagement. Ein bisschen Revolutionsromantik könnte vielleicht nicht schaden.

Mareike: Für mich ist auch der Aspekt des Umbruchs entscheidend. Es war eine Zeit, in der Strukturen nachhaltig verändert wurden. Strukturen, in denen ich mich heute bewege und die für mich selbstverständlich erscheinen. Ein Prozess der Bewusstseinsbildung wurde ausgelöst, neue Themen kamen auf den Tisch und wurden diskutiert; es wurde hinter das Altbekannte geschaut und antiquierte Einstellungen auf gesellschaftlichem Parkett hinterfragt.

Christian: Vorsicht vor einer romantischen Verklärung dieser Zeit. Ich sehe die 68er als eine Generation, die in vielen Teilen der Welt für eine andere, bessere Welt kämpfte. Jedoch bestimmten ungleich verteilte Mittel und verschiedene Zielsetzungen den heterogenen Charakter der Bewegungen. Neben dem Mythos von '68 steht diese Generation für mich vor allem für eine Radikalisierung verschiedener Bewegungen, die in sich selbst widersprüchlich waren. Die Zeit war geprägt von extremen Gegensätzen und genau das macht sie für mich als Forschungsgegenstand so spannend.

Gintarė: Natürlich gab es Gegensätze, aber für mich ist '68 ein globalisierter Kampf um soziale Gerechtigkeit. Die Menschen, die in den verschiedenen Ländern der Welt lebten und geprägt waren durch verschiedene Sprachen und Erfahrungen, waren vereint im Kampf um ihre Ideale. In diesem Sinne symbolisiert '68 für mich die Revolte gegen etablierte Machtstrukturen und steht für die Gedankenfreiheit der Menschen. Ganz persönlich stellt das Jahr 1968 für mich ein Symbol des Kampfes gegen die sowjetische Okkupation und die kulturelle und linguistische Unterdrückung Litauens dar. 1972 verbrannte sich in meiner Heimatstadt Kaunas ein Student in der Fußgängerzone. Es war ein Protest gegen die sowjetische Besetzung des Landes. Es war sehr schwierig, die Unterdrückung des Baltikums für die Welt sichtbar zu machen, da die sowjetische Regierung jede Möglichkeit der Kommunikation ins Ausland blockierte.

Inga: Vielleicht war das Jahr 1968 in einigen Ländern Europas ein Höhepunkt. In der DDR hat man von einer Revolte jedoch nur geträumt, besonders nach den schweren Repressionen in Prag. Zwar wurden die Haare in den folgenden Jahren auch bei vielen jungen Menschen der DDR, so auch bei meinen Eltern, immer länger und die Jeans zum wichtigen Accessoire, doch an Musik, Bücher und Informationen kamen sie in dieser Zeit nur sehr selten heran. Wahrscheinlich ist das Jahr 1968 deshalb für mich – unabhängig von Ort und Zeit – ein Symbol für den Kampf der Menschen für ihre Ideale. Ein Symbol für die kleinen Revolten jeden Tag aufs Neue.

Mareike: Ein wenig Verklärung dieser Zeit kann nicht schaden. Die Vorstellung, dass sich Menschen auf der ganzen Welt – wenn auch unbewusst, unbekannterweise und doch auch unterschiedlich – durch die gleiche Lektüre oder ähnliche Aktionen vereint haben, finde ich faszinierend. Es entsteht eine Strahlkraft, die helfen kann, heutige Generationen zu mobilisieren. Natürlich sehe ich aber auch die Gefahr der Idealisierung: 1968 darf nicht zu einer „Marke" werden, mit der man unkritisch hantiert.

Henriette: Es war vielleicht kein global vereinter Kampf oder eine homogene Bewegung. Ich denke, dass die 68er-Revolution, ähnlich wie zum Beispiel die Französische Revolution in der Zeit der Aufklärung, in vielen Teilen der Welt von Bedeutung war und ihre Spuren hinterlassen hat. Doch diese Spuren sind nicht überall im gleichen Maße zu erkennen. Zum Beispiel hinsichtlich der Frage nach der

Emanzipation der Frauen muss man sagen, dass in Lateinamerika heutzutage oft noch traditionelle Rollenmuster von Frauen und Männern herrschen. Die individuelle Selbstbestimmung der Frauen und deren eigenständige Lebensgestaltung ist meiner Meinung nach nicht so stark ausgeprägt wie beispielsweise in Europa. Ich denke, dass die Möglichkeit für Männer wie für Frauen ein selbstbestimmtes Leben zu führen eine Errungenschaft der 68er-Bewegung ist, dass diese aber nicht überall gleiche Wirkungen erzielt hat.

Katharina: Ich finde, den 68ern wird teilweise zu viel zugeschrieben, was andere bereits vor ihnen geleistet haben – es gab bereits Frauenbewegungen vor den 68ern, die unter anderem das Wahlrecht erkämpft haben – was mir persönlich viel wichtiger ist als die sogenannte „sexuelle Befreiung", die doch erst mal auch nur eine neue Art der Unterdrückung war: „Wer zweimal mit der/dem selben pennt, gehört schon zum Establishment." Man/frau wollte unbedingt dazu gehören und für das große Ziel hat man/frau eine weitere Unterdrückung der sexuellen Selbstbestimmung unter anderen Vorzeichen hingenommen.

Christian: Nicht weniger spannend ist die Frage nach den Folgen. Was ist aus den Menschen und ihren Idealen geworden? Was haben ihre Forderungen und Kämpfe bewirkt? Manch Revolutionär von einst ließ sein Leben für seine Ideale, manch anderer ließ sich integrieren und sogar korrumpieren von dem, was er einst bekämpfte. Glücklicherweise gibt es aber immer noch Menschen aus jener Zeit, die noch immer für ihre Ideale eintreten und auch versuchen, sie an Jüngere zu vermitteln. Diesbezüglich sind die 68er nicht nur als historischer Bezugspunkt von Bedeutung, sondern ebenso hinsichtlich der Frage nach dem Einfluss von Macht und Geld auf ihre Wertvorstellungen, die sich mit den persönlichen Lebensumständen im Laufe der Jahre veränderten. Schreit jede neue Generation in ihrer Jugend nach Revolution und Veränderung, verkauft aber ihre Ideale an die individuelle Lebensverbesserung oder werden die Menschen mit zunehmendem Alter reifer und betrachten die realpolitischen Verhältnisse pragmatischer als vorher?

Katharina: Korrumpiert ist ein gutes Stichwort, denn viele haben sich durch erreichte Machtpositionen korrumpieren lassen und ihre Ideale verraten: Besonders in Deutschland, aber auch in Lateinamerika sitzen 40 Jahre später 68er an den Schaltstellen in Politik und Wirtschaft, bringen neoliberale Reformen auf den Weg und unterwerfen ihre Unternehmen dem harten Gesetz der stetigen Gewinnmaximierung – da frage ich mich auch: Wo sind die Ziele und Ideale von damals? Waren das nur „Jugendsünden“? Im Gegensatz dazu schwelgen zum 40. Jubiläum viele Akteure in romantischen Erinnerungen: „Ich war bei der Studentenbewegung dabei, weil da die hübscheren Mädchen waren.“ Ein wenigstens ehrliches Argument, welches in deutschen ’68-Erinnerungs-Talkrunden ein paar Mal genannt wurde.

Markus: Ich denke, dass man sich heute auf den Errungenschaften früherer Zeiten ausruht – auch der 68er. Die heutige Jugend ist sehr passiv, in dieser Beziehung kann man von ’68 lernen, dass man nicht alles hinnehmen sollte, was passiert und was einem von der Politik vorgesetzt wird. Vor allem sollte man alles kritisch betrachten. Das Studium nur mit dem Zweck eines guten Lebenslaufs trägt zur Kritiklosigkeit und Anpassung der heutigen Studierenden bei. Allerdings spricht aus der „Generation Praktikum“ auch eine gewisse Hilflosigkeit gegenüber dem heutigen System und auch eine Resignation, da gegen die Missstände nicht aufbegehrt wird. ’68 steht für mich für Solidarität im Kampf gegen Unwägbarkeiten des Lebens, eine Tugend, die in der heutigen Welt, in der jeder für sich selbst kämpft, kaum noch zu finden ist.

Helena: Ein zweites ’68 ist nicht möglich, da sich der Kontext zu sehr geändert hat, deshalb halte ich es für problematisch, wenn man die heutige Jugend einfach als zu wenig gesellschaftskritisch oder passiv bezeichnet. Wirtschaftliches Wachstum und eine materiell gesicherte Zukunft bedeuteten eine Sicherheit, die unsere Generation so nicht mehr erlebt. Dadurch scheint mir der Mut zur Radikalität der 68er nicht mehr möglich, aber dass jeder nur an sich denkt, halte ich für übertrieben.

Henriette: Ich denke nicht, dass unsere Generation in Mitteleuropa heute materiell schlechter gestellt ist als 1968. Wirtschaftliches Wachstum und eine materiell gesicherte Zukunft bedeuten für eine Mehrzahl unserer Generation eine Realität, gerade in Deutschland. Das ist auch ein Grund dafür, dass viele nicht die Notwendigkeit sehen, etwas verändern zu müssen, weil es ihnen eigentlich gut geht. Der Wohlstand der Gesellschaften ist, denke ich, auch ein Grund dafür, dass – wie Markus schon sagte – jeder vor allem und als erstes an sich selber und seinen eigenen individuellen Erfolg denkt. Doch zu schwarz sollte man die heutige Situation nicht malen, denn auch heute gibt es eine Reihe unterschiedlicher Bewegungen unter Studenten und der „jungen" Generation, seien es die Studentenbewegungen gegen Studiengebühren, die in Deutschland 2006 aufkamen, die aktuellen Mobilisierungen der Studierenden gegen die Bachelor/Master-Studiengänge oder Antikriegsdemonstrationen im Zusammenhang mit dem Irakkrieg.

Katharina: Woran jeder Einzelne denkt, weiß ich nicht. Aber ich finde schon, dass wir uns heute von Fernsehen, Internet und beständig wachsender Informationsflut einlullen lassen. Die meisten Menschen sind schon sehr passiv, lassen sich von der Glotze berieseln und klicken sich im Netz von einem Link zum nächsten. Mein Gefühl ist, dass sich heute die meisten Leute dort engagieren, wo es noch immer Unterdrückung gibt und man mit dem Tod bedroht wird.

Inga: Sind wir wirklich so individualisiert und damit egoistisch? Ich glaube, heute ist es genauso schwierig, sich wirklich individuell aus sich heraus zu entwickeln. Die scheinbar grenzenlose Auswahl an Möglichkeiten ist ja auch nur eine Illusion. Zwänge gehen vielleicht weniger von Traditionen oder Autoritäten aus, aber ein soziales Umfeld, Massenmedien, Werbeindustrie oder Bildung bringen uns auf Bahnen, die die freie Wahl einschränken. Befreiung ist für mich heute ebenfalls ein wichtiges Thema, nur die Zwänge sind andere.

Markus: Freie Wahl in der heutigen Zeit ist nur ein Trugbild: Man hat zwar im kleinen die Wahl, aber der große Rahmen, wie die Gesellschaftsordnung und das Wirtschaftssystem, wird nicht in Frage gestellt wie '68, als der ideologische Systemkampf zur Realität gehörte. Es gab eine Debatte darüber, mit welcher Gesellschafts- und Wirtschaftsordnung die Welt besser werden würde. Dies wurde in der linken Jugendbewegung oftmals mit Sozialismus beantwortet, während heutzutage der Kapitalismus fest verankert ist und kaum hinterfragt wird.

Katharina: '68 in Lateinamerika beeindruckt mich in diesem Zusammenhang sehr. Auch wenn es da vielleicht ähnliche globale Phänomene gab, so war es doch eine ungleich härtere Zeit in Lateinamerika: Mord, Gefängnis und Verschwinden waren an der Tagesordnung in der Zeit der heraufziehenden bzw. bereits fest im Sattel sitzenden konservativen Militärdiktaturen. Was in Deutschland Widerstand gegen den Nationalsozialismus in den 30er und 40er Jahren sowie Studentenbewegung und gesellschaftlicher Aufbruch Ende der 60er waren, fand in Lateinamerika mehr oder weniger gleichzeitig statt.

Inga: Als Studentin der Lateinamerikastudien habe ich ein Interesse daran, mir ein Bild zu machen, ob und wie sich das Phänomen des Aufbruchs in den lateinamerikanischen Ländern äußert. Auch wenn gegen Arbeiter und Studenten mit unglaublicher Gewalt vorgegangen wurde, so gingen sie trotzdem auf die Straße und manche schlugen sogar radikalere Wege ein. Dieses Zusammenspiel von Bewegung und Gewalt erscheint mir als ein sehr interessantes Phänomen. Wie anders muss diese Erfahrungswelt im Gegensatz zu unserer heutigen sein, dass Gewalt zu einem moralisch notwendigen Mittel wird? Gewalt aus Solidarität, für Gerechtigkeit, um sich als Mensch zu fühlen!?

Christian: Wir und kommende Generationen sollten sich nicht nur an die 68er erinnern, sondern von ihnen lernen; diese Generation nicht idealisieren, aber sich inspirieren lassen, um wieder Mut zu fassen, auch den großen politischen Rahmen bzw. deren Architekten anzuzweifeln und nötigenfalls entgegenzuwirken.

Zusammengestellt von Mareike Lühring

Editorial: Revolution, Repression und Revolte – '68 in Lateinamerika

Lateinamerika lieferte im weltumspannenden Diskurskarussell um vierzig Jahre '68 zwar viele der globalisierten Mythen und Ikonen – ob Che Guevara, Fidel Castro oder Stadtguerilla –, als Schauplatz für gesellschaftliche Aufbruchbewegungen aber geriet der Kontinent hierzulande so gut wie nie in den Blick. Oder höchstens als Kulisse, wie in dem spektakulären Bild von den Olympischen Spielen 1968, als zwei schwarze Athleten auf dem Siegerpodium ihre behandschuhte Faust zum Black-Power-Gruß reckten. Dass die Szene in Mexiko-Stadt spielte, wo wenige Wochen zuvor Soldaten eine friedliche Protestkundgebung niedergeschossen hatten und eine bis heute unbekannte Zahl junger Menschen massakriert hatten – die neben Prag weltweit wohl blutigste Niederschlagung einer 68er-Bewegung –, blieb ausgeblendet.

Eine Stunde Null markiert das Jahr 1968 nirgendwo auf der Welt, in Lateinamerika womöglich noch weniger als anderswo: Schon seit Beginn der 60er Jahre, mit der noch jungen Kubanischen Revolution von 1959, waren die Dinge und Verhältnisse in Bewegung geraten. Landflucht trieb das Wachstum der Metropolen an, junge Menschen eroberten sich – befeuert von kulturellen Aufbrüchen in den USA und Europa – eigene neue Räume. Die gesellschaftliche Liberalisierung und ökonomische Entwicklung rieb sich am starren, repressiven Autoritarismus der meisten Regime. Das Beispiel Kubas schien eine Revolution in den Bereich des Machbaren zu rücken, die politischen Fronten radikalisierten sich, die ersten ländlichen Guerillagruppen entstanden, aber auch Militärregime wurden installiert, in Brasilien schon 1964. Die katholische Kirche wurde im Zeichen der Befreiungstheologie sozialrevolutionär „unterwandert". Ende der Sechzigerjahre kam es dann zu einer bemerkenswerten Verdichtung. Studentische Bewegungen mobilisierten in vielen Ländern – zeitgleich zu den Protesten in Prag, Paris, Berlin, Berkeley und Tokio – gegen ihre autoritären Regierungen, verbündeten sich dabei mit anderen Kräften und brachten die kulturelle Imagination zum Blühen. Wenn '68 in Lateinamerika auch mehr eine Chiffre denn eine fixe Jahreszahl darstellt – in der Forschung wird zuweilen vorgeschlagen, den zeitlichen Rahmen auf die Zeit zwischen der Kuba-Revolution (1959) und dem Sturz der Allende-Regierung in Chile (1973) auszuweiten –, so markiert diese doch zweifellos allerorten eine Zeit der Beschleunigung und Polarisierung. *Año constelación* nennt es der Schriftsteller Carlos Fuentes, ein Schaltjahr also, und vergleicht es mit einem früheren Schlüsseljahr, 1810, das auf dem gesamten Kontinent den Beginn der Unabhängigkeitskämpfe markierte – in ebenfalls, so Fuentes, „erstaunlicher Gleichzeitigkeit". (1)

Studentische Proteste und **Bewegungen** waren nichts Neues oder Ungewöhnliches in Lateinamerika. Schon 1918 hatte eine gewaltige Mobilisierung im argentinischen Córdoba, der ältesten Universitätsstadt des Kontinents, eine tiefgreifende Reform angestoßen. Öffentliche Universitäten wurden vor allem in den Sechzigerjahren zu kritischen Freiräumen und Keimzellen des Protestes der urbanen Mittelschichten, nicht zuletzt aufgrund ihres Autonomiestatus in autoritären Regimen. Doch auch kirchliche Hochschulen waren, politisiert durch die katholische „Befreiungskirche", wichtige Schaltstellen gesellschaftskritischer Opposition. Zu Massenbewegungen, die im öffentlichen Raum der Stadt und der Medien sichtbar wurden, wuchsen die studentischen Proteste jedoch erst durch oftmals fragile und temporäre Bündnisse mit anderen Gruppen wie Arbeitern oder linken Parteien an. Neben dem Vietnamkrieg und den antikolonialen Befreiungskämpfen lieferten im Jahr 1968 vor allem zwei geographisch weit voneinander entfernte Pole den utopischen Treibstoff für die Mobilisierung: die Revolutionshauptstadt Havanna und das aufständische Paris.

Als Ernesto „Che" Guevara am 9. Oktober 1967 in einem bolivianischen Bergdorf von Soldaten hingerichtet wurde, schien mit ihm die Hoffnung begraben zu werden: dass die Revolution mit genügend Idealismus, Esprit und Elan von einem Land in ein anderes übertragbar sei. Doch trotz seiner Niederlage und offensichtlichen Isolation in Bolivien wurde der Che nach seinem Tod erst recht zur Ikone einer bis dahin nie gesehenen Politisierung auf dem Kontinent – für zivile, studentische und gewerkschaftliche Mobilisierungen, aber auch für die Organisation des militanten, klandestinen Widerstandes. Der bewaffnete Kampf verlagerte sich von ländlichen Gebieten in die Städte – die prominentesten Stadtguerillas waren die Tupamaros in Uruguay und die argentinischen Montoneros. Anders als die in konservativen Kreisen bis heute verbreitete „Theorie der zwei Dämonen" behauptet – dass sich mit Guerilla und Armee zwei **Gewalt**akteure gegenseitig hochgeschaukelt hätten – stand am Anfang der sogenannten „Gewaltspirale" regelmäßig Polizeigewalt und Staatsterror. Seit Ende der

Sechzigerjahre verschärften oder etablierten sich Militärdiktaturen, die sich in den 70er Jahren – vor allem durch die Militärputsche in Chile (1973) und Argentinien (1976) – dann weiter fortsetzten. Diese rechten Regime gelten als typisch lateinamerikanische Folge von '68 – die bleierne Zeit, die auf den Aufbruch folgte. Weniger bekannt ist der sogenannte „Militärreformismus": nationalistisch und sozialpolitisch inspirierte Militärregime, die sich – etwa in Peru (1968-1975) oder Bolivien (1969-1971) – die Rückeroberung der nationalen Souveränität gegenüber imperialen Mächten auf die Fahnen schrieben. Doch diesen sogenannten „linken Juntas" war keine lange Dauer beschieden.

Doch '68 in Lateinamerika meint hier ausdrücklich nicht nur **Revolution**, also die Kämpfe um die politische oder militärische Machtübernahme, oder **Repression**, sondern auch die vielen kleinen und größeren **Revolten** im Alltag und in der Kulturproduktion, im Miteinander der Geschlechter, das Aufbegehren gegen konservative Moral, das Aufbrechen von Normen und Tabus, die Politisierung der Künste.

Der kulturelle Zeitgeist der Sixties in Mode und Musik, Werbung und Ästhetik war auch in Lateinamerika zunehmend ein Modus des Aufbegehrens, die starren Bildkontrollen lockerten sich und die *Contracultura*, die Gegenkultur, begann zu blühen. Gespeist wurde sie unter anderem aus englischsprachiger Jugendkultur, Beat, Rock und Rock'n'Roll, die sich von Norden nach und nach in den Süden des Kontinents ausbreiteten. Rock wurde zum Vehikel für ein rebellisches Lebensgefühl, teilweise – wie in Mexiko unter dem Label *La Onda* – von heimischen Interpreten „lokal adaptiert". (2) Diese zunehmend globalisierte Jugendkultur traf in Lateinamerika auf *la canción protesta*, das aus den Folkrepertoires gespeiste politische Lied. Es waren also zwei kulturelle Welten, die Ende der Sechzigerjahre in der lateinamerikanischen Protestkultur verschmolzen. Seit 1967 strömten zudem die vom Beat inspirierten Hippies gen Süden, vor allem ins benachbarte Mexiko. Man suchte, fand und schuf kleine Paradiese in indigenen Regionen oder am Strand. Auch wenn die Codes einer kulturellen Lockerung sich in Nord und Süd ähnelten, so war der Hintergrund selbstverständlich nicht derselbe: Eine Überfluss- und Konsumgesellschaft, gegen die sich die hippiesken Experimente in der hochindustrialisierten Welt zur Wehr setzten, war in Lateinamerika bis auf winzige Enklaven längst nicht installiert. Eine grundlegende Veränderung der **Alltagskultur** brachte jedoch auch hier die Antibaby-Pille:

Schwangerschaft war kein Schicksal mehr, junge Frauen eroberten sich kleinere Freiräume, Haare und Röcke wurden kürzer, Rauchen und Sprechen in der Öffentlichkeit waren keine Tabus mehr. Zwar ging die 68er-Bewegung anders als in Europa und den USA hier noch nicht mit der Revolte der Frauen einher, von der Völker- zur Frauenbefreiung sollten noch ein paar Jahre vergehen. Doch für den neuen lateinamerikanischen Feminismus seit Anfang der 70er Jahre lieferte '68 zweifellos wichtige Anstöße. Schließlich wurde auch die **Kulturproduktion** in den Strudel der rasanten Politisierung aller Lebensverhältnisse gezogen. Auf der Tagesordnung stand die Frage nach den Möglichkeiten der Revolution mit den Mitteln der Kunst, die radikale Infragestellung des Bestehenden und der gängigen Arbeitsteilungen – eben auch die zwischen politischer und künstlerischer Aktion.

„**Erinnerung** ist nicht dasselbe wie Wahrheit", lautet das Credo der argentinischen Soziologin Elizabeth Jelin, eine der bedeutendsten Erinnerungsforscherinnen des Kontinents. (3) Und die Erinnerung politischer Gewalt ist auch nicht automatisch gleichbedeutend mit Recht, also der juristischen Ächtung von Menschenrechtsverbrechen, oder mit Geschichtsschreibung. Erinnern bedeutet vielmehr deuten, also Sinn stiften und Zusammenhänge konstruieren – und zwar stets von den Interessenlagen der Gegenwart aus, als vielstimmiger und konfliktiver Prozess. In Bezug auf '68 ist bis heute vielerorts offen und umstritten, ob das politische Kapital aus den studentischen Kämpfen als Sieg oder Scheitern zu deuten sei. Für Mexiko beantwortete Carlos Fuentes diese Frage einmal mit der Formel der „Pyrrhus-Niederlage": Kurzfristig habe das autoritäre Regime in einer für den Kontinent beispielhaften Geschmeidigkeit die Proteste niedergeschlagen und so den „falschen Frieden" der 70er Jahre ermöglicht. Langfristig aber haben die 68er die späteren Demokratisierungsschübe in Mexiko und anderswo eingeleitet und unausweichlich gemacht. Bislang waren Erinnerungsprojekte und -politiken in Lateinamerika überwiegend, vor allem in den Ländern des *Cono Sur,* mit dem Staatsterror verknüpft. In Mexiko hingegen gibt es eine lange Tradition, den Gedenktag des Massakers von Tlatelolco, den 2. Oktober, zu einem Protestmarsch für politische Forderungen der Gegenwart umzufunktionieren, wie *Sherin Abu-Chouka* in ihrem Beitrag zeigt – ein eindrückliches Beispiel für die **Aktualität** und **Aktualisierung** des „Gedenkens" an die studentische Protestmobilisierung. So ist es womöglich kein Zufall, dass hier das erste – und bislang wohl einzige – 68er-Museum der Welt entstanden ist.

So evident das **Repertoire** gemeinsamer Bezugspunkte der Jugend- und Studentenproteste dies- und jenseits des Atlantiks scheint, so kompliziert gestaltet sich die Frage nach der **Globalität** der lateinamerikanischen 68er, also der Existenz eines „transnational imaginierten Revolutionszusammenhangs", dem *Jan Kunze* in seinem Beitrag nachgeht. Nicht minder komplex stellt sich zudem die Frage nach ihrer Vergleichbarkeit mit europäischen und US-amerikanischen Aufbruchbewegungen. Lange vorherrschend und beliebt war die letztlich eurozentristische Auffassung, die lateinamerikanischen Protestierenden seien lediglich Nachahmer der europäischen und US-amerikanischen Vorbilder und würden, so argumentierte beispielsweise die mexikanische Regierung, wahlweise von physisch wie moralisch verwahrlosten Hippies oder von kommunistischen Weltverschwörern aufgehetzt. Heute scheint, wenn überhaupt von den lateinamerikanischen 68ern die Rede ist, eher die Auffassung vorzuherrschen, die dortigen Bewegungen seien unvergleichbar „politischer" gewesen, weil in ihnen der Glaube an die Machbarkeit von Revolution verbreiteter und sie zudem mit härteren Regimen konfrontiert gewesen seien. Doch auch eine solche Lesart, die auf fundamentale Unterschiede zwischen dem politisierten „Kleinbürgertum" Europas und den „revolutionären Kriegen" Lateinamerikas verweist, wie bei *Hugo Vezzetti* in einer Replik auf *Carlos Fuentes* (4), verkennt, was die Bewegungen eben doch vergleichbar – nicht: gleich – macht: dass das „Revolutionäre", ob in Tat oder Theorie, immer flankiert war von den „Revolten". Dass also auch in Lateinamerika die Revolutionierung des Alltags *in the long run* womöglich nachhaltiger war als alle „Volkskriege" und nationalen oder „sozialistischen" Revolutionen. (5)

Ein Büchlein des vorliegenden Formats, das aus einer studentischen Projektgruppe am Lateinamerika-Institut der Freien Universität Berlin entstanden ist, kann nichts anderes als Fragmente versammeln und Schlaglichter werfen – subjektiv, selektiv, ohne Anspruch auf eine flächendeckende politische oder historische Kartographie. Aber durchaus in der Hoffnung, eine Leerstelle etwas ausgeleuchtet zu haben. Den Berliner Studierenden, die mit ihrem Interesse und Engagement den vorliegenden Band möglich gemacht haben, möchte ich dabei vor allem danken. Ihre Neugier auf eine zeitlich wie geographisch eher ferne „Befreiungsbewegung" scheint mir heutzutage und hierzulande alles andere als selbstverständlich.

Anne Huffschmid

1968 in Lateinamerika und Europa: unterschiedliche Rahmenbedingungen

Wer sich als Studierender in der heutigen Zeit mit der 68er-Generation als Ganzer, auch über die StudentInnenbewegung hinaus, beschäftigt, kann sich die Lage, in der sich die 68er damals befanden, kaum vorstellen. Oft bleiben bei der Auseinandersetzung mit diesem Thema mehr Fragen als Antworten: Was war die besondere Situation in den 60er Jahren? Welche Beweggründe hatte die 68er-Generation und deren innere Entwicklung? Was waren ihre Ziele? Der Vergleich zwischen '68 in Lateinamerika und Europa, und hier vor allem Westdeutschland, wirft dieselben Fragen nach dem Warum und Wofür auf – allerdings mit verschiedenen Antworten auf beiden Seiten des Atlantiks. Im Folgenden soll diese Unterschiedlichkeit entlang der fünf Themenblöcke des Buches – Repertoire, Bewegung, Gewalt, Alltagskultur und Kulturproduktion sowie Erinnerung – kurz beleuchtet werden.

Aus Sicht eines Politikstudenten ist die erste augenfällige Diskrepanz natürlich der politische Rahmen, aber auch die wirtschaftliche und gesellschaftliche Perspektive sowie die unterschiedliche Rezeption des internationalen Kontextes. Verkürzt gesagt, standen den repräsentativen Demokratien in Westeuropa autoritäre Regime und Diktaturen in Lateinamerika sowie in Osteuropa gegenüber. Dabei beschreibt der Begriff „repräsentative Demokratie" lediglich die Existenz von Institutionen der Volksvertretung wie Exekutive und Legislative, die durch das Volk mittels freier Wahlen legitimiert werden. Ein solcher Demokratiebegriff betrifft ausdrücklich nicht die Gesellschaftsordnung und das Vorhandensein eines Rechtsstaates. Im Jahr 1968 waren in zahlreichen lateinamerikanischen Ländern **Militärjuntas** an der Macht. Die prominentesten Beispiele waren die Diktatur von Onganía in Argentinien, die Militärherrschaft des deutschstämmigen Stroessner in Paraguay sowie die Diktaturen in Brasilien und Peru. Ein zentraler Aspekt der politischen Situation in Lateinamerika war zudem die ökonomische, politische und militärische Hegemonialmacht der USA.

Diese politischen Rahmenbedingungen hatten eine Spirale aus staatlicher Repression durch Polizei und Militär sowie der Gegengewalt durch Guerillagruppen zur Folge, die sich aus der ArbeiterInnen-, SchülerInnen- und Studierendenschaft rekrutierten. In Lateinamerika waren die Zusammenstöße zwischen protestierenden Jugendlichen und der Staatsmacht, die zahlreiche Todesopfer auf den Straßen forderten, die ersten Schritte in die Gewaltspirale. Bilder vom ***Massaker von Tlatelolco*** in Mexiko-Stadt (Oktober 1968) und des ***Cordobazo*** in Argentinien (Mai 1969) sind als einschneidende Ereignisse der staatlichen Repression um die Welt gegangen. Weitgehend unbekannt blieben hingegen andere Schauplätze und Ereignisse, wie die immer wieder aufgeflammten Gewaltexzesse in **Guatemala**, wo bei Demonstrationen bereits seit 1956 häufig mehrere tote StudentInnen zu beklagen waren. In **Managua**, der Hauptstadt Nicaraguas richtete die Nationalgarde des Diktators Somoza 1967 ein Blutbad unter Regimegegnern an, man spricht von 200 bis 1.000 Todesopfern. Im Gegensatz dazu blieb in Westdeutschland der im Juni 1967 erschossene Benno Ohnesorg unter den Studierenden das einzige Todesopfer von Polizeigewalt. Der zweite „Märtyrer“ wurde dann der Studentenführer Rudi Dutschke, der im April 1968 von einem fanatisierten Mann angeschossen wurde und 11 Jahre später diesen Verletzungen erlag. Bei den Ausschreitungen während des Pariser Mai gab es mehrere Schwerverletzte. In Osteuropa, etwa beim Einmarsch der sowjetischen Panzer in Prag im August 1968, lag die Zahl der Todesopfer, Presseberichten zufolge an die hundert, allerdings wesentlich höher.

Die unterschiedliche Intensität der staatlichen Reaktion radikalisierte die StudentInnen- und ArbeiterInnenbewegungen auf verschiedene Weise. Zwar bildeten sich sowohl in Lateinamerika als auch in Europa linke **Guerillagruppen**, doch in Lateinamerika hatten die Guerillas einen weit größeren Zulauf an Mitgliedern und SympathisantInnen sowie einen viel stärkeren Rückhalt in der Bevölkerung. Zum Beispiel zählte eine der ersten Stadtguerillas, die der ***Tupamaros*** in Uruguay, zu ihren Hochzeiten bis zu tausend Mitglieder, während ihre Nachahmer der Roten Armee Fraktion (RAF) in ihrer ersten Generation nur etwa 50 MitstreiterInnen hatten. Gemeinsam war den bewaffneten Gruppen auf beiden Seiten des Atlantiks allerdings ihr Kampf mit militärischen Mitteln gegen die von ihnen so bezeichnete herrschende „Oligarchie“ und den „faschistischen“ oder „autoritären“ Staatsapparat sowie für eine sozialistische Gesellschaft.

Der Einbezug der Notstandsgesetzgebung in das deutsche Grundgesetz durch die Große Koalition und der Erlass von **Notverordnungen** in Uruguay im Jahr 1968 waren nach einem formalen Demokratieverständnis an sich weder illegal noch antidemokratisch. Eine Verschiebung zu einer autoritäreren Gesellschaft und eine Einschränkung des

Rechtsstaats aber gingen damit in beiden Ländern klar einher. Auf beiden Kontinenten richteten sich die 68er-Bewegungen gegen den **Autoritarismus**, sowohl innerhalb der Familien wie auch bei der autoritären Organisation und Leitung der Universitäten. So kämpften die Studierenden allerorten vor allem für eine universitäre **Mitbestimmung**. Diese Tradition des *co-gobierno* bestand in Lateinamerika, ausgehend von der Universität von Córdoba in Argentinien, schon seit den Zwanzigerjahren, während in Europa die Demokratisierung der Universitäten eine vergleichsweise neue Forderung der 68er-Bewegung war. In Lateinamerika standen die Universitäten auch klar im Zentrum des Konflikts mit der Polizei und dem Militär: Dabei kam es oftmals zur Belagerung von verschanzten StudentInnen und zur Besetzung von Universitätsgebäuden durch staatliche Sicherheitskräfte. Diesen Grad der Eskalation erreichten die Auseinandersetzungen in Westeuropa kaum.

In Deutschland war die fehlende Auseinandersetzung mit der nationalsozialistischen Vergangenheit und der mangelnden Verfolgung der Täter der wesentliche Grund für das Aufbrechen eines Generationenkonflikts. Die wieder im Wohlstand lebenden Eltern wollten sich nicht mit der unbequemen Geschichte herumschlagen und die Jugend kritisierte die Kontinuität einer autoritären Gesellschaftsordnung. Aus diesem Grund richtete sich die deutsche StudentInnenbewegung viel stärker gegen die gesellschaftlichen Normen und entwickelte **alternative Lebensformen** wie Kinderläden und Wohngemeinschaften. In Lateinamerika stellten die Menschen kulturelle Normen bei Familientraditionen, Erziehungsmodellen und Geschlechterbeziehungen zunächst weniger infrage. Zwar begann die **Frauenbewegung**, die in Ländern wie Frankreich oder Westdeutschland schon im Zuge der StudentInnenbewegung aufkam, in Lateinamerika erst in den Siebzigerjahren. Minirock und Pille aber veränderten auch dort die Alltagskultur.

Die unterschiedliche Ausprägung des Rechtsstaats in Westeuropa und Lateinamerika zeigte sich in der staatlichen Behandlung der jugendlichen Protestierenden: Während in Lateinamerika Massenverhaftungen, Folterungen und Morde an der Tagesordnung waren, ist dies für Westeuropa nicht dokumentiert. Besonders die zögerliche Strafverfolgung der damaligen Täter des staatlichen Repressionsapparats, die bis heute größtenteils straffrei geblieben sind, verleiht der Erinnerung an die 68er in einigen lateinamerikanischen Ländern, vor allem Mexiko, eine große Aktualität. Bis heute wird in diesen Ländern die juristische Aufarbeitung der Menschenrechtsverbrechen der 60er und 70er Jahre gefordert. Durch die staatliche Unterdrückung in Lateinamerika war die **Kulturproduktion** rund um '68 eingeschränkt und die KünstlerInnen nutzten daher indirekte Darstellungen und semi-klandestine Verbreitungsformen. Dagegen kann zur selben Zeit in Westeuropa Kunst und Kultur als vergleichsweise frei bezeichnet werden.

Nach einer fast 20-jährigen Phase des wirtschaftlichen Aufschwungs in Westeuropa und vor allem in Westdeutschland nach Ende des Zweiten Weltkrieges führte die weltweite Rezession von 1966/67 zu einem kurzzeitigen Einbruch der Konjunktur. Doch durch den Eingriff der Großen Koalition erholte sich die deutsche Wirtschaft schnell wieder. In Lateinamerika mehrten sich dagegen die wirtschaftlichen Krisenerscheinungen und es offenbarten sich immer stärker die Strukturprobleme der lateinamerikanischen Volkswirtschaften. Die Regierungen standen den Wirtschaftskrisen oft hilflos gegenüber. In den 60er Jahren entstand die **Dependenztheorie**, die die wirtschaftliche Unterentwicklung Lateinamerikas mit der Abhängigkeit von den westlichen Industrieländern erklärt. Die westeuropäische StudentInnenbewegung war aus dieser Sicht eigentlich „Teil des Problems". Sie solidarisierte sich jedoch mit der „unterdrückten" sogenannten Dritten Welt, die in der Dependenztheorie als Opfer des westlichen Wirtschaftsimperialismus, vor allem dem der USA, erscheint. Der uruguayische Schriftsteller Eduardo Galeano schrieb in seinem berühmten Werk **„Die offenen Adern Lateinamerikas"**: „[Sie] vergessen [...], dass eine Legion von Piraten, Händlern, Bankiers, Marines, Technokraten, Green Berets, Botschaftern und nordamerikanischen Industriekapitänen sich im Laufe einer dunklen Geschichte des Lebens und des Schicksals der Mehrzahl der Völker im Süden bemächtigt haben und dass augenblicklich auch die Industrie Lateinamerikas am Grunde des Verdauungsapparates des Imperiums ruht." (6) Diese Abhängigkeit und Perspektivlosigkeit der wirtschaftlichen Situation fachte in Lateinamerika die Frustration und Rebellion der Studierenden an. Die extrem ungleiche Vermögensverteilung zwischen wenigen Reichen und dem Heer der Armen ließ sozialistische Forderungen in der StudentInnenbewegung und später auch in den Guerillagruppen stark werden. Einzelne Guerillas begegneten dieser Ungleichheit auch durch direkte Aktionen wie die Vertreibung von Großgrundbesitzern und die Umverteilung von Land an arme Bauern.

Im internationalen Kontext spielten vor allem die erfolgreiche **Kubanische Revolution**, aber auch der geographisch weiter entlegene **Pariser Mai** und der Krieg der USA gegen das kommunistische Nordvietnam eine Rolle. Der **Vietnamkrieg** wurde dies- und jenseits des Atlantiks als imperialistischer, neokolonialistischer Krieg der Weltmacht USA gegen einen kleinen Staat gesehen, der sich auf dem „richtigen“ kommunistischen Weg befand. In Lateinamerika kam noch die Sorge über ein Ausgreifen des Imperialismus und Neokolonialismus der USA in den Süden des Kontinents hinzu. So lässt sich resümieren: Trotz der in Europa und Lateinamerika – und in jedem einzelnen Land – jeweils spezifischen Rahmenbedingungen gab es kontinentübergreifend durchaus ein Repertoire gemeinsamer politischer, theoretischer, literarischer und kultureller Bezugspunkte. Beides, Unterschiede wie Gemeinsamkeiten, sind Thema des vorliegenden Buches.

Markus Rauchecker

Solidaritätspreis 1,50 DM
CHILE-NACHRICHTEN
NUMMER 19 JG. 2 1.9.1974 WESTBERLIN

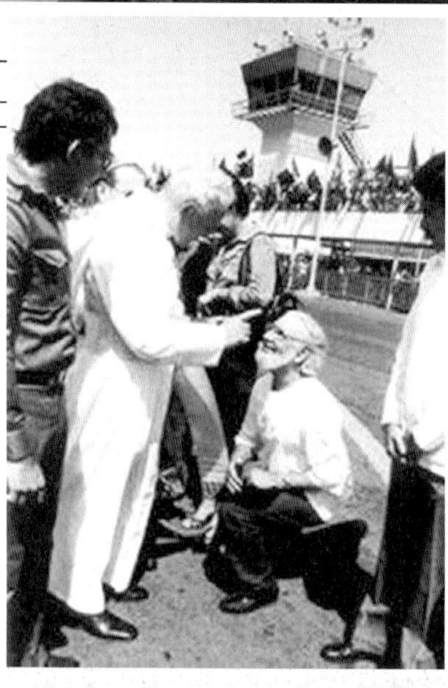

Repertoire

Befreiungstheologie

„Die Befreiungstheologie ist ein Zusammenschluss von Ideen, Theorien und Konzepten. Man kann kein genaues Datum, keinen alleinigen Autor oder Denker benennen. Es war eine Explosion an Veränderung, alltäglicher und spiritueller Art", (7) sagt die kubanische Theologin María López Vigil heute. Damit trifft sie die Eigenart der – oftmals als **Theologie der Armen** oder **lateinamerikanische Theologie** bezeichneten – Befreiungstheologie, die in Lateinamerika in den 60er Jahren entstanden war.

Diese stand in einem wechselseitigen Verhältnis zu den sozio-politischen und wirtschaftlichen Veränderungen der Zeit: Zum einen speiste sie sich aus dem Repertoire an neuem Wissen und Erfahrungen, andererseits stellte sie selber einen wichtigen Referenzpunkt vieler in dieser Zeit entstandenen Bewegungen dar. Inhalte der Bibel wurden auf die Lebensrealität in Lateinamerika angewandt, man positionierte sich gegenüber der bis dahin dominierenden europäischen Kirche und entwickelte eine lateinamerikanische Interpretation des christlichen Glaubens.

Die Befreiungstheologie versteht sich nach Aussage eines ihrer wichtigsten Vertreter, des peruanischen Theologen Gustavo Gutiérrez, selber als eine „kritische Reflexion der historischen Praxis im Licht des Glaubens" (8). Ihre Autoren sehen sich nicht als „Erfinder" einer neuen Theologie, sondern als Sprachrohr der Unterdrückten und verwenden ihre Interpretation der biblischen Tradition als Impuls für eine umfassende Gesellschaftskritik. Sie sehen die **Befreiung als durchgehendes Hauptthema der Bibel** und definieren die Armen und Unterdrückten als zentrale Adressaten dieser Befreiung. Gemeint ist eine Theologie, die von der sozialen Wirklichkeit der Menschen ausgeht und soziale Gerechtigkeit in ihr Zentrum stellt.

Um die Entstehung der Befreiungstheologie zu begreifen, bedarf es jedoch weniger einer Auflistung ihrer Vertreter und deren Schriften als viel mehr einer genaueren Betrachtung der damaligen Lebensumstände: Mitte des vergangenen Jahrhunderts stehen nicht wenige lateinamerikanische Länder unter der Führung autoritärer Regime oder repressiver Militärdiktaturen, das Elend ist groß, Arbeits- und Hoffnungslosigkeit bestimmen das Leben der Menschen. Als Reaktion darauf bildeten sich schon Ende der 50er Jahre die sogenannten

Basisgemeinden heraus, vor allem in wirtschaftlichen Randgebieten, wo große soziale Not herrschte. Mitglieder waren meist *campesinos*, Slumbewohner oder Analphabeten. Innerhalb der Gemeinden wurden die Botschaften der Bibel auf die eigene Lebenswirklichkeit übertragen und die Vision einer urchristlichen Gemeinschaft und Gesellschaftsordnung im Interesse der Armen entworfen. Das Ergebnis war die Idee einer Kirche, die sich nicht länger als Kirche *für* die Armen, sondern vielmehr als Kirche *der* Armen verstand: Durch die Ausbildung von Pastoralteams und Laienkatecheten, durch Bibelkurse und andere Aktivitäten sollte den Gläubigen das Bewusstsein vermittelt und die Fähigkeit gegeben werden, selber Kirche zu sein und die wesentlichen Dienste, die eine christliche Gemeinde ausmachen, eigenständig zu übernehmen. Man traf sich ein oder mehrmals in der Woche, man las gemeinsam einen Abschnitt des Evangeliums und diskutierte. In diesen Gemeinden entstanden die Grundideen der Befreiungstheologie.

Eine philosophische Auseinandersetzung fand erst später, gegen Ende der 60er Jahre, statt. Auf der **II. Allgemeinen lateinamerikanischen Bischofskonferenz von Medellín 1968** formulierten „progressive“ Bischöfe das erste Mal die vorrangige Option der Kirche für die Armen, man prangerte die gewaltigen sozialen Ungerechtig-

© CAFOD

„Der Freiheitsschrei dieses Volkes ist eine Klage, die bis zu Gott aufsteigt.“
Oscar Romero (Wandmalerei in San Salvador)

keiten in Lateinamerika an, stellte sich an die Seite der Unterdrückten und forderte, die Theologie aus dieser Perspektive neu zu verstehen. Im Zentrum stand zudem die Kritik am Missbrauch der Religion und der traditionellen Nähe des Klerus zur Macht („Thron und Altar"). Die Erkenntnis der Theologen gründete auf ihren unmittelbaren Erfahrungen, die sie in den Elendsvierteln und Basisgemeinden gemacht hatten, in denen sie arbeiteten und oft auch lebten.

Die Ergebnisse der Bischofskonferenz waren jedoch nicht nur eine Reflektion der Lebenssituation in Lateinamerika, sondern zugleich ein lateinamerikanisches Echo auf die Geschehnisse im Vatikan zu dieser Zeit. Das **II. Vatikanische Konzil von 1962 bis 1965** hatte die Erneuerung der Kirche auf allen Ebenen und in allen Bereichen propagiert – eine Reaktion auf die drohende Säkularisierung. Für lateinamerikanische Theologen bot dies den Anlass, sich endlich selbstbestimmte Freiräume innerhalb des Glaubens zu schaffen.

Ein wachsender Teil von Christengemeinden und Befreiungstheologen stellte sich auf die Seite der um Befreiung kämpfenden Bewegungen, trat für soziale Gerechtigkeit und politische Reformen ein und katapultierte sich somit ins Visier der herrschenden Militärdiktaturen. In Predigten wurde darüber aufgeklärt, dass Armut und Unterdrückung nicht durch Gott bestimmt seien, die Prediger und Laien unterstützten die Basisgemeinden und einzelne Geistliche – nach Vorbild des kolumbianischen **„Guerilla-Priesters" Camilo Torres** – nahmen sogar aktiv an den Befreiungsbewegungen teil und schlossen sich bewaffneten Gruppen an. Camilo Torres wurde bei seinem ersten Gefecht 1966 von der kolumbianischen Armee getötet, nachdem er sich der Befreiungsarmee *Ejército de Liberación Nacional* (ELN) angeschlossen hatte. Die Kampfansage der Befreiungstheologie blieb nicht ohne Folgen für ihre Anhänger. Nicht nur bewaffnete Kämpfer, auch Nonnen und Priester, die auch nur im Verdacht standen, der Befreiungskirche anzugehören, wurden verfolgt, gefoltert und getötet. Slogans wie „Diene deinem Vaterland – töte einen Priester" waren an der Tagesordnung. Berühmt geworden ist der Fall des befreiungstheologisch inspirierten Erzbischofs von San Salvador, **Óscar Romero**, der 1980 während einer Predigt von einem Auftragsmörder der Regierung erschossen wurde.

Doch nicht nur in ihrer jeweiligen Heimat stießen die Befreiungstheologen auf massiven Widerstand, auch die konservativen Kreise im Machtzentrum der katholischen Kirche versuchten die neue Theologie der Armen zu zerschlagen. Berufs- und Predigtverbote wurden ausgesprochen und einzelnen Vertretern bisweilen sogar ihre Priesterrechte entzogen – bis zum Ausschluss aus der katholischen Kirche reichten die „erzieherischen“ Maßnahmen. Man rechtfertigte dies mit dem Vorwurf eines **„Marxismus in christlicher Tarnung“** und einer drohenden Politisierung der Kirche. Der brasilianische Befreiungstheologe Clodovis Boff reflektierte diese Kritik in seinem 1986 erschienen Buch „Die Befreiung der Armen“ wie folgt: „Gewiss werden vereinzelt Elemente aus dem Marxismus assimiliert. Wenn dies aber geschieht, dann immer aus der Realität heraus. Was dann herauskommt, ist so stark verändert und abgewandelt, dass man es nicht mehr als Marxismus bezeichnen kann, sondern lediglich als ein *kritisches Verständnis der Wirklichkeit.*“ (9)

Dieses kritische Verständnis hinterließ auch in anderen Disziplinen seine Spuren: Neben der Theologie entstanden sowohl eine Pädagogik als auch eine Philosophie der Befreiung. Bei der **Befreiungspädagogik,** als deren Gründer der Brasilianer Paulo Freire mit seiner „Pädagogik der Unterdrückten“ gilt, wird davon ausgegangen, dass Befreiung von Herrschaft durch Bildung möglich ist. Freire entwickelte auch für die UNESCO Methoden der Alphabetisierungsarbeit. Als ein Standardwerk der **Befreiungsphilosophie** gilt „Die Ethik der Befreiung“ des argentinischen Philosophen Enrique Dussel.

Mareike Lühring

Ernesto Cardenal – Vom revolutionären Priester zum Kulturminister

© Peter Hammer Verlag (2)

Eine schwarze Baskenmütze auf langem weißen Haar, ein weißes Bauernhemd, Jeans und Jesuslatschen: Kein Bild, auf dem Ernesto Cardenal – nicaraguanischer Poet, Priester und Politiker – nicht in dieser Kluft zu sehen ist. Cardenal versteht sich selber als „Sandinist, Marxist und Christ", was ihm sowohl theologische als auch politische Kritik einbrachte: Kaum ein anderer Dichter hat in Lateinamerika als Politiker und Befreiungstheologe für so viel Aufsehen gesorgt. Über sein Leben sagt er selber:

Ich wurde als Dichter geboren und vollzog eine Konversion zu Gott. Anschließend vollzog ich eine Konversion zum Volk, das heißt zur Revolution. Das war eine Bekehrung zugunsten eines sozialen Wandels für die Ärmsten. (10)

Als Sohn einer wohlhabenden Patrizierfamilie wurde er 1925 in Granada, Nicaragua, geboren. Er begann früh mit dem Schreiben, sein erster Gedichtband erschien noch während seiner Studienzeit. Schon diese ersten Arbeiten zeugten von einem kritischen Bewusstsein für die Geschichte und die politische Gegenwart Zentralamerikas. Es folgten Studienjahre in New York und eine Reise nach Europa. Sein weiterer Lebensweg führte ihn über ein Novizenkloster in den USA und eine Anstellung als Lehrer in einem kolumbianischen Priesterseminar zurück nach Nicaragua, wo er 1965 die katholische Priesterweihe erhielt. Während seiner Zeit in Kolumbien entstanden seine **„Psalme“**, die zu den wichtigsten Werken lateinamerikanischer Poesie gehören und die noch heute für viele die **poetische Grundlage der Befreiungstheologie** darstellen. Ein weiteres, über die Grenzen Nicaraguas hinweg ausstrahlendes Werk ist **„Das Evangelium der Bauern von Solentiname“**. Mitte der 60er Jahre hatte Cardenal auf der Insel Mancarron in der Solentiname-Gruppe des Großen Sees von Nicaragua eine Kommune gegründet, deren Lebensstil an urchristlichen Vorstellungen orientiert war und die als Ort der Besinnung und der Solidarität mit den Armen weltbekannt wurde. Doch die politische Realität des Landes erreichte auch das kleine Inselarchipel: 1977 besetzten Anhänger der Kommune die Polizeistation in San Carlos, eine kleine Stadt am Ufer des Nicaragua-Sees. Sie bezogen so deutlich Stellung gegenüber den Missständen im Land und solidarisierten sich mit der Befreiungsbewegung. Die Antwort der Staatsmacht war drastisch, im Oktober des gleichen Jahres zerstörten Soldaten der somozistischen Nationalgarde die Kommune. Cardenal selbst schloss sich der Sandinistischen Befreiungsfront an und wurde nach der erfolgreichen **Sandinistischen Revolution 1979** Kulturminister der neuen Regierung. Der Vatikan entzog ihm aufgrund seines politischen Engagements das Priesteramt. Ein Foto von Ernesto Cardenal und Papst Johannes Paul II. ging 1983 um die Welt. Der Papst – mit erhobenem Zeigefinger als Zeichen der Missbilligung – verweigert dem vor ihm knienden Cardenal die päpstliche Segnung.

Heute zählt Cardenal, der in Managua lebt und dort weiterhin als Schriftsteller aktiv ist, zu den schärfsten Kritikern seines ehemaligen Gefährten **Daniel Ortega**, derzeit amtierender Präsident Nicaraguas und Anführer der Revolutionspartei ***Frente Sandinista de Liberación Nacional*** **(FSLN)**. Aus dieser war Ernesto Cardenal 1994 enttäuscht ausgeschieden, vor allem als Protest gegen den autoritären Führungsstil Ortegas.

Mareike Lühring

Die Kubanische Revolution und ihre Bedeutung für die 68er

Am 1. Januar 1959 erlebte ganz Lateinamerika eine transzendentale Erfahrung, als die Kubanische Revolution über die USA-orientierte Diktatur von Fulgencio **Batista** siegte und eine revolutionäre Regierung die Macht auf der Karibikinsel übernahm. Seit dieser Zeit durchlief Kuba tiefgreifende Transformationen und wurde das erste und bis dahin einzige sozialistische Land Amerikas. Noch nie gab es in Lateinamerika eine Auseinandersetzung, die so tiefe und weitreichende Folgen für die progressiven Bewegungen des Kontinents hatte. Darum wurde dieses Ereignis in Kuba von einigen Autoren als eines der wichtigsten des zeitgenössischen Lateinamerika bezeichnet, weil es enormen Einfluss auf den Kontinent und seine sozialen Bewegungen hatte:

Die propagandistische Selbstdarstellung der Revolution als Bauern- und Guerillaumwälzung bestimmte die Vorstellungen einer ganzen Generation über das „Wie" gesellschaftlicher Veränderungen. Eine lange Welle von Guerillabewegungen war die direkte Folge der Kubanischen Revolution. (11)

An Kuba anknüpfend, entstand in den Sechzigerjahren das Projekt der Ausdehnung des bewaffneten Kampfes in andere Länder Südamerikas. In Bolivien versuchte man 1967 in Gestalt des *comandante* Che Guevara den erfolgreichen Guerillakampf nach kubanischem Vorbild zu wiederholen. Auch in anderen Ländern Lateinamerikas orientierte man sich an der Politik der Verteidigung nationaler Souveränität und der nationalen Reformpolitik durch das Militär; nicht wenige Regierungen suchten nach einem „dritten Weg" zwischen Kapitalismus und Kommunismus. Dies waren vor allem die Regierungen von General Velasco Alvarado (1968-1975) in Peru, Omar Torrijos (1968-1981) in Panama oder Salvador Allende (1970-1973) in Chile. Außerdem kämpften gegen Ende der Sechzigerjahre bereits in ganz Lateinamerika bewaffnete linke Bewegungen, inspiriert durch die erfolgreiche Kubanische Revolution, um die Macht im Staat, wie die *Movimiento de la Izquierda Revolucionaria* (MIR) in Peru, die Tupamaros in Uruguay oder die argentinischen Montoneros.

Zugleich bemühte sich die kubanische Regierung um eine Führungsrolle in der – damals sogenannten – Dritten Welt. Che Guevaras Idee des ***Tricontinentalismo*** postulierte, dass in Asien, Lateinamerika und Afrika eine neue Weltordnung errichtet werden sollte. Der *Tricontinentalismo* wurde zur politischen und moralischen Alternative Kubas und hatte eine grundlegende Bedeutung als geopolitische Strategie und zugleich als rhetorischer Hebel Havannas auf der internationalen Bühne. Havanna bot ein Modell der Befreiung für die unterdrückten Länder, die gegen den von den USA geführten Imperialismus kämpfen sollten. Schon 1966 wurde in Havanna die **Trikont-Konferenz** mit VertreterInnen aus Afrika, Asien und Lateinamerika abgehalten, auf der die TeilnehmerInnen eine gemeinsame anti-imperialistische Politik zu formulieren versuchten.

Kuba spielte auch eine große Rolle auf der diskursiven Ebene für die linke Politik in den Vereinigten Staaten. Der Inselstaat funktionierte für US-amerikanische Radikale wie ein Fenster in die sogenannte Dritte Welt – und das gelang, weil die kubanische Regierung Havanna in das Zentrum der Dritte-Welt-Bewegung setzte. Die amerikanische Linke hielt über Kanada ihre Kommunikationskanäle mit Kuba offen, und radikale KünstlerInnen und Intellektuelle brachten kubanische Werke aus Kunst oder Literatur in die USA zurück. Die Kubanische Revolution hatte für linke US-Amerikaner genügend Relevanz, eine Reflexion über die imperialen Aspekte des eigenen *american way of life* zu provozieren.

Die Aufstände in Europa, besonders in Paris, wurden von dem französischen Trotzkisten Alain Krivine, einer wichtigen Figur des Pariser Mai, als Nachweis des revolutionären Potenzials in Europa bezeichnet; Kuba diente als wichtige Referenz dieser Revolten. In seiner Autobiographie (2006) schreibt Krivine:

Unser wichtigster Bezugspunkt unter den Befreiungskämpfen der Länder der Dritten Welt war zweifellos die kubanische Revolution, was uns das Etikett „Trotsko-Guevaristen" einbrachte. [...] Insbesondere Che Guevara verkörperte in unseren Augen das Ideal des revolutionären Kämpfers. (12)

In Frankreich wurde von einigen Figuren der Pariser 68er-Bewegung die Rolle der Avantgarde, analog zum guevaristischen Revolutionskonzept, den StudentInnen zugeschrieben. Pierre Frank schrieb im Juni 1968 in seinem Artikel über die Mai-Ereignisse: „Es wird allgemein akzeptiert, dass die Jugend im Mai die revolutionäre Avantgarde bildete" (13), die „direkte Aktion" propagierte und sich Straßenschlachten mit der Polizei lieferte. So dienten Guevaras Konzeptionen bei den Auseinandersetzungen um den Pariser Mai als Rechtfertigung des studentischen Aktivismus.

Die Ereignisse in Castros Kuba wurden zu einer wichtigen Stütze für die französische StudentInnenbewegung im Jahr 1968. Die Guerilla-Strategie, die Guevara in Lateinamerika verfolgte, wurde dabei auf Frankreich übertragen. Régis Debray, ein französischer Intellektueller, Journalist und Schriftsteller gilt als wichtiger Vermittler der Kubanischen Revolution in sein Heimatland. Nach dem Studium in Paris bei dem berühmten marxistischen Philosophen Louis Althusser ging er als überzeugter Marxist-Leninist nach Kuba, um die Theorie in revolutionäre Praxis umzusetzen. Dort lernte er Fidel Castro und Che Guevara kennen. Später ging er mit Letzterem nach Bolivien, wo er im September 1967 gefangen genommen und zu 30 Jahren Haft verurteilt wurde. Im Gefängnis schrieb Debray das Buch *Revolution in der Revolution* (1967) und verbreitete damit in Frankreich und in ganz Europa eine Theorie für den Guerilla-Aufstand.

Die Komplexität, in der die Revolution wahrgenommen wurde, und die Bedeutung, die um sie herum konstruiert wurde, hat der Lateinamerika-Experte und britische Historiker Alistair Hennessy folgendermaßen beschrieben:

Sie [die Kubanische Revolution, Anm. d. Verf.] *forderte linke Orthodoxien heraus: sie weitete den Kalten Krieg nach Amerika aus, sie popularisierte eine neue revolutionäre Strategie des bewaffneten Kampfes, in dem Entwurzelte zu Führern werden; sie vertiefte das Konzept der Dritte-Welt-Solidarität [...], indem es diese mit Widerstand gegen die US-Hegemonie gleichsetzte.* (14)

Gintarė Malinauskaitė

Plaza Martiana
Zona Nº 22

Socialismo
e
Muerte

LA DEFENDEREMOS...

Che

Der Internationale Kulturkongress von Havanna

Knapp vier Monate nach dem Tod von Che Guevara im bolivianischen Dschungel trafen sich auf Einladung von Fidel Castro in Kuba fast fünfhundert Kulturschaffende, Intellektuelle und BefreiungskämpferInnen aus aller Welt zu einem Kongress über die Rolle der Kultur im Dienst künftiger Revolutionen. Eine Woche lang, vom 4. bis 11. Januar 1968 diskutierten in den Salons des heutigen Hotels ***Habana Libre*** prominente LiteratInnen, lateinamerikanische Guerilla-VeteranInnen, PhilosophInnen und WissenschaftlerInnen über den Kampf der Dritten Welt mit dem US-amerikanischen Imperialismus. Neben Delegierten von **antikolonialen Bewegungen** aus Ländern wie Guinea, Martinique, Südvietnam, Syrien, Mali oder Algerien kamen auch **LateinamerikanerInnen** wie der Argentiner Julio Cortázar, der mexikanische Wandmaler und *muralista* David Álvaro Siquieros und der chilenische Architekt und Maler Roberto Matta. Aus den Vereinigten Staaten nahmen Mitglieder der ***Black Power***-Bewegung teil, die für die Bürgerrechte der AfroamerikanerInnen in den USA kämpften und während der Olympischen Sommerspiele 1968 in Mexiko-Stadt international bekannt wurden. Die ChinesInnen hatten die Einladung höflich abgelehnt, um die Gefahr einer Spaltung des Kulturkongresses zu vermeiden. Die **Sowjetunion** und andere Staaten des Ostblocks waren durch eine Delegation parteitreuer kommunistischer ProfessorInnen vertreten, nur die Tschechen hatten zum Kongress den Leichtathleten und Olympiasieger Emil Zátopek geschickt. Aus dem **westlichen Europa** kamen der britische Historiker Eric Hobsbawm, der italienische Komponist Luigi Nono. Der deutsche Schriftsteller Hans Magnus Enzensberger repräsentierte die linke Bundesrepublik. Aus Frankreich waren der Sozialphilosoph und Sartre-Schüler André Gorz sowie der Physiker Jean Vigier angereist. Der 62-jährige **Jean Paul Sartre**, der während der Kubanischen Revolution geäußert hatte „dass es für Intellektuelle des 20. Jahrhunderts unmöglich ist, nicht pro-kubanisch zu sein“ (15), konnte wegen einer Arthritis-Attacke nicht persönlich am Kongress teilnehmen und schickte eine Grußbotschaft aus Paris: „Ich bitte Sie, meinen Brüdern aus Afrika, Lateinamerika und Asien auszurichten, dass ihre Arbeit meine volle Solidarität hat und ich den Kongress für ein historisches Ereignis halte.“ (16) Dennoch kam es im Jahr 1971 zum endgültigen Bruch von Sartre mit Castros Kuba. Grund dafür war die Verhaftung des kubanischen Schriftstellers Heberto Padilla, der als angeblicher Konterrevolutionär angeklagt und verhaftet wurde.

Das Medieninteresse im Januar 1968 war groß, einhundertzehn akkreditierte JournalistInnen aus vierzig Ländern berichteten von dem kulturrevolutionären Gipfeltreffen. Man bildete Arbeitsgruppen zu Themen wie **Neokolonialismus und kulturelle Unabhängigkeit**, der Rolle der Intellektuellen, Massenmedien, ganzheitlichen Bildung, Kunst sowie der wissenschaftlichen und technologischen Entwicklung. Das politische Spektrum war denkbar weit: Dabei waren SurrealistInnen und TrotzkistInnen, Friedensbewegte und Guerilla-VertreterInnen, Freudianer, KatholikInnen und KommunistInnen. Man kritisierte den Kolonialismus und Imperialismus der *Yankees*, vor allem in Vietnam, Kuba und anderen Ländern, einschließlich der arabischen Welt. Zu einer ähnlich scharfen Verurteilung Israels kam es aufgrund von Meinungsverschiedenheiten nicht. Außerdem hielten sich die sozialistischen Länder der sogenannten Zweiten Welt in den Diskussionen auffällig zurück. Oftmals waren die Delegierten der Ostblockländer, vor allem die VertreterInnen der Sowjetunion, der Kritik anderer TeilnehmerInnen ausgesetzt. Hauptkritikpunkte an der Sowjetunion waren die mangelnde Solidarität mit anderen revolutionären Bewegungen in der sogenannten Dritten Welt und die ökonomische Kooperation mit den oligarchisch geprägten Regimen in Lateinamerika. Der ecuadorianische Schriftsteller Jorge Enrique Adoum meinte dazu: „Wir können uns mit jedem Land eher identifizieren als mit der Sowjetunion." (17)

Die Intellektuellen richteten sich nicht nur gegen politischen und ökonomischen, sondern auch **gegen kulturellen Imperialismus**. Ein zentrales Beispiel für die kulturelle Hegemonie war der Prozess der Abwanderung einer riesigen Anzahl von WissenschaftlerInnen der sogenannten Zweiten und Dritten Welt in die USA. Dazu wurde der wachsende Einfluss US-amerikanischer Universitäten, Medien und wissenschaftlicher Stiftungen als Gefahr für die restliche Welt diskutiert. Besonders aktiv war hier der deutsche Schriftsteller und Herausgeber **Hans Magnus Enzensberger**, der in der Bundesrepublik großen Einfluss auf die StudentInnenbewegung hatte, mit seinem Aufruf zur Befreiung von der imperialistischen „Bewusstseins-Industrie". In dem „Appell von Havanna", der als einer von drei offiziellen Dokumenten des Kulturkongresses gilt, ist der Vorschlag eines **Boykotts von US-amerikanischen Stipendien** und wissenschaftlichen Einladungen enthalten. Die Annahme einer solchen Förderung von US-Seite wurde als „Kollaboration mit der amerikanischen Kulturpolitk in den Enwicklungsländern" (18) kritisiert. Enzensberger überraschte dann auch wenig später eine US-amerikanische Universität mit der Absage eines Stipendiums, zu dem diese den Schriftsteller eingeladen hatte.

Der Kulturkongress in Havanna war ein Versuch von Fidel Castro, die Kubanische Revolution zu verteidigen und weltweit Befürworter zu finden, die später mit ihren Werken seine Figur und seine historische Bedeutung hervorheben würden. In seiner Abschlussrede im Chaplin-Theater von Havanna meinte er, dass heutzutage nicht die politischen Parteien und die Regierungen, sondern die **Studierenden und Intellektuellen die Träger der Revolution** in der sogenannten Dritten Welt sind. In seiner langen Rede sagte er bemerkenswerte Dinge:

Es gibt nichts Anti-Marxistischeres als ein Dogma, es gibt nichts Anti-Marxistischeres als Versteinerung von Gedanken. Und da werden im Namen des Marxismus sogar Vorstellungen durchgesetzt, welche offenkundig echte Fossile sind. Der Marxismus muss sich entwickeln, eine gewissse Sklerose überwinden, die Realitäten der Gegenwart in einer wissenschaftlichen Weise auswerten, sich wie eine revolutionäre Kraft und nicht wie eine pseudorevolutionäre Kirche geben. (19)

Zudem erinnerte Castro an das heldenhafte Beispiel des revolutionären Intellektuellen Che Guevara und rief zum anti-imperialistischen Kampf gegen den Krieg der USA in Vietnam auf. Diese Einigkeit war jedoch von kurzer Dauer. Spätestens im August 1968, als der *máximo líder* die brutale Niederschlagung des Prager Frühlings durch sowjetische Panzer begrüßte, spaltete sich die Kulturlinke Europas und Lateinamerikas – der Traum eines vom Sowjetimperium unabhängigen Sozialismus schien ausgeträumt.

Gintarė Malinauskaitė

Der Pariser Mai – Revolutionäre Inspiration aus dem Herzen Europas?

Carlos Fuentes, mexikanischer Schriftsteller, Mai 1968:

En Paris, en las barricadas, en las manifestaciones, en el diálogo maravilloso que ha sido el triunfo mayor de la revolución, nos hemos encontrado y nos hemos reconocido: chilenos y españoles, argentinos y mexicanos, brasileños y peruanos, portugueses y centroamericanos... Hemos discutido el destino probable, los imposibles sueños y las pesadas condenas de nuestros países: en el espejo de los sucesos franceses, era posible discernir la imagen mutilada de la comunidad de habla española y portuguesa, sus carencias y aspiraciones. (S. 101)

In Paris, auf den Barrikaden, bei den Demonstrationen und bei dem wundervollen Dialog, der der größte Sieg der Revolution gewesen ist, haben wir uns getroffen und wiedererkannt: Chilenen und Spanier, Argentinier und Mexikaner, Brasilianer und Peruaner, Portugiesen und Zentralamerikaner... Wir haben über das wahrscheinliche Schicksal, die unmöglichen Träume und die schweren Lasten unserer Länder diskutiert: Im Spiegel der französischen Ereignisse war es möglich, das verstümmelte Bild der spanisch- und portugiesischsprachigen Gemeinschaft zu erkennen, ihre Mängel und ihr Streben.

Porque algo más que la mentira de la felicidad en la abundancia murió en las barricadas de Paris. Murió también la imagen de la „affluent society“ que nos ofrecen, ya no los anacrónicos regímenes castrenses feudales de América Latina, sino las avanzadas „liberales“ de la Alianza para el Progreso y los gobiernos burgueses de México, Perú, Chile, Venezuela y Uruguay (S. 102).

Auf den Barrikaden von Paris ist etwas mehr als die Lüge vom Glück des Überflusses gestorben. Es starb auch das Bild der „affluent society“, das uns heute nicht mehr die anachronistischen Militär- und Feudalregime von Lateinamerika vorhalten, sondern die entwickelten

HIPPIES

por gorla

—Albert es retrógrado, se castiga con vinacho...

—Está ejecutando una canción de protesta contra el trabajo...

—¡Horror! ¡Un hippie mersa con radio portátil!

—¡No es un perro lo que encontraste en la calle, querido!

—¡Le voy a sacar a mi hijo esas ideas de la cabeza!

LA PAGINA DE LOS GUERRILLEROS

Entre estos trece guerrilleros hay, como ustedes saben, una dama. Si no la consigue descubrir en 48 hs., le sugerimos que dé vuelta la página.

Dicen que en este bosque en Taco Ralo, se ha perdido un guerrillero, y que la policía de Tucumán no lo encuentra. Descúbralo usted y será recompensado.

„liberalen“ Länder der Allianz für den Fortschritt und die bürgerlichen Regierungen von Mexiko, Peru, Chile, Venezuela und Uruguay.

En Paris hemos visto desnudo el emperador. En París hemos visto en calzoncillos a los periodistas mentirosos del Brasil, a los militares argentinos, a los industriales chilenos a sueldo de los monopolios del cobre, a los imbéciles que pergeñan los programas de televisión en Perú, a la policía represiva de Guatemala, a los líderes sindicales corruptos de México [...] (S.102).

In Paris haben wir den Kaiser nackt gesehen. In Paris haben wir die lügnerischen Journalisten aus Brasilien in Unterhosen gesehen, die argentinischen Militärs, die chilenischen Industriellen im Dienst der Kupfermonopole, die Idioten, die sich die Fernsehprogramme in Peru ausdenken, die repressive Polizei in Guatemala, die korrupten Gewerkschaftsführer in Mexiko [...].

La revolución, que sólo ayer parecía privilegio del tercer mundo, ha hecho aparición en el mundo industrial neocapitalista y neosocialista. [...] Tengo la impresión de que estos jóvenes, en oriente y en occidente, encarnan un renacimiento poderoso y profundo de la idea de soberanía. (S. 103)

Die Revolution, die gestern noch ein Privileg der Dritten Welt zu sein schien, ist heute in der industriellen Welt des Neokapitalismus und des Neosozialismus aufgetaucht. [...] Ich habe den Eindruck, dass die jungen Menschen im Osten und im Westen die mächtige und tiefgreifende Wiedergeburt einer Idee von Souveränität verkörpern.

Nosotros, los latinoamericanos, ligados a Francia por tantos motivos del corazón y de la cabeza, debemos felicitarnos de que hayan sido los estudiantes, intelectuales y obreros franceses los primeros actores de esta gran transformación. A través de Francia podemos comprender y ser comprendidos. Esa revolución también es la nuestra. Es sólo el comienzo. La lucha continúa. (S. 104)

Wir, die Lateinamerikaner, die wir uns Frankreich aus so vielen Gründen des Herzens und des Kopfes verbunden fühlen, sollten uns dazu beglückwünschen, dass die Studierenden, die Intellektuellen und die französischen Arbeiter die wichtigsten Akteure dieser großen Transformation gewesen sind. Über Frankreich können wir verstehen – und selbst verstanden werden. Diese Revolution ist auch die unsere. Es ist nur der Beginn. Der Kampf geht weiter.

Auszüge aus einer Reportage von Carlos Fuentes über den Studentenaufruhr von Paris, verfasst im Mai und Juni 1968; veröffentlicht zuerst in der Beilage *La Cultura de México* der Wochenzeitschrift *Siempre,* später dann in dem Buch *Los 68: Paris, Praga, México* (Buenos Aires 2005: Editorial Sudamericana).

Hugo Vezzetti, argentinischer Kulturwissenschaftler und Psychoanalytiker, Januar 2008:

Es gab kein globales 1968 [...]. Ein konsolidierter kapitalistischer Staat, der von einer dem Reformismus ergebenen Arbeiterklasse getragen wurde und Teil des imperialistischen Herrschaftsbereiches war, konnte nicht von einer Bewegung gestürzt werden, die von einem universitären Kleinbürgertum angeführt wurde. Diese politische Deutung verhinderte allerdings nicht, dass von den linken Intellektuellen, die größtenteils von französischen Denkern (von Jean-Paul Sartre bis Louis Althusser) geprägt waren, immer wieder das Bild der Barrikaden der Pariser Bewegung beschworen wurde. Doch der Eindruck von Homogenität all jener Rebellionen, die ihren Ausdruck in dem Bild des Che Guevara als Ikone für jede Art von Inkonformität fand, wurde letztlich erst im Nachhinein konstruiert. [...]

Und was geschah im Mai 1968? In der besagten Publikation [*Cristianismo y revolución*, Anmerkung d. Ü.] wurden die Ereignisse in Paris mit keinem Wort erwähnt. Das Französische war in dem Werk von Régis Debray verkörpert, der allerorten zitiert und interviewt wurde, und zwar vor und nach seinem unglückseligen Bolivien-Abenteuer: ein Intellektueller, der verkündete, dass das Gewehr künftig das Schreiben zu ersetzen – und auch zu leiten – hätte. [...]

Außer von Vietnam und den Kämpfen der Dritten Welt berichtete man nur noch regelmäßig über die Black-Power-Bewegung, die als Präsenz unterdrückter Völker in den USA galt. [...] Angesichts der retrospektiven Visionen, die aus einem *wishful thinking* heraus – etwa bei Carlos Fuentes – den Pariser Mai mit dem Prager Frühling und den lateinamerikanischen Rebellionen in Einklang bringen wollen, sollte man zunächst die raue und widersprüchliche Textur einer historischen Epoche rekonstruieren.

Auszug aus einem Essay von Vezzetti in dem Dossier „Die globale Revolte" des Goethe-Instituts, unter http://www.goethe.de/ges/pok/prj/akt/wlt/ame/arg/de2996953.htm.

José Revueltas, mexikanischer Autor, Mai 1968: „Offener Brief an die französischen Revolutionäre":

Vosotros habéis inscrito en vuestra propaganda que „se prohibe prohibir". Digamos: „se prohibe prohibir la Revolución". Impediremos que nuestras revoluciones – por el camino en que deban realizarse – sean prohibidas, bien por la represión del enemigo o por las mediatizaciones o componendas de las viejas direcciones burocráticas del estalinismo. La Revolución puede ser retrasada, puede sufrir derrotas y puede registrar todo tipo de oscilaciones: Pero jamás dejará de triunfar si los revolucionarios, seguidos por los pueblos, actúan a tiempo antes del desastre inimaginable de una guerra nuclear.
No nos desmayemos. Nuestras voces serán escuchadas. La victoria será nuestra.

Ihr habt in Eurer Propaganda geschrieben „Verbieten verboten". Sagen wir doch gleich: „Es ist verboten, die Revolution zu verbieten." Verhindern wir, dass die Revolutionen – wie auch immer sie stattfinden werden – verboten werden, entweder durch die Repression des Feindes oder den Kuhhandel und die Verhandlungen der alten bürokratischen Führungen des Stalinismus. Die Revolution kann aufgehalten werden, sie kann Niederlagen erleiden und alle Arten von Schwankungen durchleben. Aber sie wird niemals aufhören zu siegen, wenn die Revolutionäre, gefolgt von den Völkern, angesichts der unvorstellbaren Zerstörung eines Atomkriegs beizeiten handeln. Lasst uns nicht verzagen. Unsere Stimmen werden gehört. Der Sieg wird unser sein.

Fragment aus José Revueltas: *México 68: Juventud y Revolución*, Mexiko-Stadt: Ediciones Era, 1978, S. 37.

Roberto Escudero, Akademiker und Ex-Aktivist, Mai 1978:

Está perfectamente claro que ninguno de los participantes pensaba, ni remotamente, que en nuestro país estaba próximo un movimiento de la envergadura del 1968 mexicano. Concretamente: pensábamos en la posibilidad de un acto masivo de solidaridad con los estudiantes franceses [...].

Es ist völlig klar, dass keiner von den Teilnehmern im Entferntesten daran gedacht hat, dass unser eigenes Land kurz vor einer Bewegung von der Reichweite der mexikanischen 1968er steht. Genau genommen haben wir an die Möglichkeit gedacht, eine größere Solidaritätsaktion für die französischen Studenten zu organisieren [...].

Zitat aus José Revueltas, *México 68: Juventud y Revolución*, Mexiko-Stadt: Ediciones Era 1978, S. 13.

Auswahl und Übersetzung: Anne Huffschmid

Transatlantische Lektüren

Lektüren waren dies- und jenseits des Atlantiks seit jeher der Treibstoff von Revolten und revolutionären Bewegungen, so auch in den Aufbrüchen der späten Sechzigerjahre. Selten zuvor hatte sich die Lektüre von Theorie und Belletristik derart transnationalisiert, sodass

© Horst Hoheisel

32 Bücher und das Geheimnis einer Leidenschaft

Am 6. April 1964 betrat ein Mann mit zwei Handkoffern die Stadtbibliothek ‚Mario de Andrade' in São Paulo, erzählt der Künstler Horst Hoheisel zu seinem Foto. Dort blieben sie zwanzig Tage lang stehen, bis einer der Hausmeister beschloss, sie zu öffnen. Die beiden Koffer enthielten 32 Bücher – Bücher, die in den Tagen der Razzien und Durchsuchungsaktionen durch die Militärdiktatur ihren Besitzer das Leben kosten konnten. Genau diesen Ort, die größte Bibliothek der Stadt, hatte der Mann sich zum Versteck für seinen Bücherschatz auserkoren. Der damalige Leiter des Kulturbercichs wies an, eine Liste der in dem Koffer befindlichen Bücher erstellen zu lassen. Nach Ende der Militärdiktatur sollte dieser Koffer nun ausfindig gemacht werden – leider vergebens. Was bleibt, ist der Vermerk in den Akten – und die Geschichte einer geheimen Leidenschaft.

Inga Kleinecke

’68 auch eine Zeit des weltumspannenden, politisierten Lesens war. Zum einen wurden Werke von Jean-Paul Sartre, Jürgen Habermas, Herbert Marcuse und anderen „Theoriestars“ aus Europa und den USA dank versierter ÜbersetzerInnen intensiv in Lateinamerika rezipiert. Zum anderen boomte, ermöglicht durch ein neues kulturelles Selbstbewusstsein, nicht zuletzt im Zuge der Kubanischen Revolution, die internationale Kenntnisnahme lateinamerikanischer Produktion. Auf den Markt kamen Übersetzungen theoretischer Beiträge (Stichwort: Dependenz-Theorie), vor allem aber von Poesie und weiterer Literatur. Um 1968 erschienen in Deutschland Werke von Autoren wie Mario Vargas Llosa, Carlos Fuentes, Jorge Luis Borges oder Alejo Carpentier, aber auch Schriften von Régis Debray, Che Guevara oder Fidel Castro.

Die Suche nach einem „Neuen Menschen“ (*hombre nuevo*) – ein Konzept, das erstmals 1965 von Che Guevara in einem Essay entworfen wurde – wurde zum Leitmotiv einer neuen und revolutionären Literatur. Unter dem Begriff des *hombre nuevo* wurde eine starke und motivierte Person verstanden, die ohne materielle Belohnung für die Solidarität und das Gemeinwohl der Gemeinschaft kämpfte. Die deutsche Ethnologin und Mythenforscherin Elke Mader schreibt dazu: „Mit den Mythen des Ursprungs teilte der Mythos vom Neuen Menschen deren Begründungs- und Beglaubigungsfunktion und legitimierte Institutionen wie ausgeübte Herrschaft – der Partei und der politischen Führung – als Avantgarde der Revolution.“ (20) Viele damals aktive SchriftstellerInnen und PhilosophInnen meinten, dass es die Funktion der neuen Gesellschaft und der neuen Literatur sei, die Entstehung eines „neuen Menschen“ zu fördern.

Mit dem Roman *Hundert Jahre Einsamkeit* von Gabriel García Márquez wurde der in Europa traditionell eher unbeachtete lateinamerikanische Roman mit einem Mal populär. Die Werke von Erzählmeistern wie García Márquez, Julio Cortázar, Mario Vargas Llosa und Carlos Fuentes bezauberten europäische LeserInnen. Die Bücher, die fast alle zum „Magischen Realismus“ gezählt wurden, präsentierten ein dem Mythos verhaftetes Wirklichkeitsverständnis. Dazu heißt es in der Literaturkritik:

Der Ausdruck Realismus beinhaltet [...] nicht nur den technischen Gesichtspunkt einer detailliert beschriebenen Romanwirklichkeit, sondern auch den weltanschaulichen einer Beleuchtung eines Aspekts der tatsächlichen Wirklichkeit, nämlich jenes Teils unserer Welt, der mit den Mitteln unserer Rationalität nicht mehr erklärbar ist, was aus dem Ausdruck magisch hervorgeht. (21)

1968 erschienen in deutscher Sprache eine ganze Reihe von lateinamerikanischen Büchern, darunter der berühmte Diktator-Roman des guatemaltekischen Literaturnobelpreisträgers Miguel Ángel Asturias, *Der Herr Präsident,* der Roman des Argentiniers Julio Cortázar *Reise um den Tag in 80 Welten*, die Bücher des Mexikaners Carlos Fuentes *Nichts als das Leben* und der kurz nach der Kubanischen Revolution geschriebene Roman *Der Tod des Artemio Cruz*, in dem der Autor seine Enttäuschung über die mexikanische Revolution zum Ausdruck brachte.

Die späten Sechzigerjahre waren nicht nur die Jahre des Aufstands der sozialen Bewegungen, sondern auch des Aufstands der Poesie, die als ein lebenswichtiger Bestandteil aller Revolutionen bezeichnet wurde. Es wurde von dem Argentinier Jorge Luis Borges, auch wenn dieser ausdrücklich kein linker Dichter war, in Deutschland erstmals eine Sammlung poetischer Prosa und Gedankenlyrik (*Jorge Luis Borges und ich: Gedichte und Prosa)* herausgegeben. In den Sechzigerjahren fanden auch endlich in der Bundesrepublik die lang ignorierten Werke Pablo Nerudas Anerkennung. Hans Magnus Enzensberger allerdings kritisierte, dass Neruda „die Poesie zur Magd der Politik" gemacht habe. Der Chilene war Mitglied der kommunistischen Partei seines Landes, und deswegen bis dahin vor allem in der ideologisch verwandten DDR sehr populär; dort wurden sogar Straßen und eine Grundschule nach ihm benannt.

Umgekehrt traten in Lateinamerika europäische Werke ins Rampenlicht. Mit engen Verflechtungen von Literatur und Philosophie hatte der in Europa entstandene **Existenzialismus**, der vor allem von Jean-Paul Sartre verkörpert wurde, bis in die 60er Jahre hinein eine weltweite Ausstrahlungskraft mit unterschiedlichen Ausprägungen, vor allem auch in Lateinamerika. Mario Vargas Llosa erinnert sich an diese Zeit:

Wir wollten schreiben und gleichzeitig etwas verändern. Am Beispiel Sartres eröffnete sich die Möglichkeit, am sozialen und politischen Kampf teilzunehmen. Auf einem Kontinent, auf dem man von Diktatoren umgeben war und diese unfassbaren sozialen und wirtschaftlichen Gegensätze erlebte, klangen diese Ideen ganz besonders überzeugend. (22)

1968 las man von Buenos Aires bis Mexiko-Stadt nicht nur die philosophischen Werke Jean-Paul Sartres (*Die Mauer, Die Wörter*), sondern auch die anderer Franzosen, wie André Malraux (*So lebt der Mensch*) und Albert Camus (*Der Fremde, Der Mensch in der Revolte*). Der Existenzialismus hatte einen großen Einfluss auf die Entwicklung der Befreiungstheologie und -philosophie und hinterließ Spuren im damaligen lateinamerikanischen Kulturleben. Der deutsche Romanist Klaus Dieter-Ertler schreibt zum Einfluss der Existenzphilosophie auf die lateinamerikanische Literatur:

Zwei große Untergattungen bildeten sich unter diesen Bedingungen in Lateinamerika heraus: zum einen die phantastische Literatur von Jorge Luis Borges, zum anderen die These der „wunderbaren Wirklichkeit" von Alejo Carpentier oder des „magischen Realismus" von Miguel Ángel Asturias. (23)

Aber niemand war Ende der Sechzigerjahre so sehr Brückenbauer zwischen Lateinamerika und Europa wie der französische Intellektuelle, Journalist, Schriftsteller, Professor und Kampfgenosse Che Guevaras Régis Debray. Anfang der Sechzigerjahre studierte er Philosophie an der geisteswissenschaftlichen Elitehochschule ENS in Paris, unter anderem bei Louis Althusser. Später ging er nach Kuba, lernte Castro und Che Guevara kennen, begleitete Letzteren 1967 nach Bolivien und wurde dort von den bolivianischen Behörden gefangen genommen. Nach der Intervention der französischen Regierung 1971 wurde Debray, Sohn einer einflussreichen Familie, während der kurzen Regierungszeit des linksgerichteten Generals Juan José Torres wieder freigelassen. Danach zählte Debray zum Freundes- und Beraterkreis des chilenischen Präsidenten Salvador Allende. Nach Allendes Sturz kehrte er nach Frankreich zurück und verarbeitete zunächst seine Erfahrungen in Lateinamerika in zahlreichen revolutionstheoretischen Werken (*Revolution in der Revolution* (1967), *Kritik der Waffen* (1974)), aber auch mit Romanen wie etwa *Der Einzelgänger* (1975). In *Ein Leben für ein Leben* (1977) setzte Debray der in Bolivien umgekommenen deutschen Guerillakämpferin Monika Ertl ein literarisches Denkmal und erhielt dafür 1977 den renommierten *Prix Fémina.*

Doch nicht nur die revolutionäre Lektüre wurde transnationalisiert, auch die SchriftstellerInnen und PhilosophInnen führten ein aktives politisches und „transnationales“ Leben. Im Jahre 1968 lebten und schrieben Autoren wie Julio Cortázar, Mario Vargas Llosa, Miguel Ángel Asturias oder Carlos Fuentes in Paris und wurden dabei Zeugen der Ereignisse des Pariser Mai. Die Mehrheit der Schriftsteller hielt Fidel und der Idee der Kubanischen Revolution die Treue. Cortázar und Vargas Llosa besuchten das sozialistische Kuba und äußerten sich begeistert zur Figur Fidel Castros. Auch europäische Autoren blieben nicht gleichgültig gegenüber der Kubanischen Revolution. Sartre und Simone de Beauvoir besuchten noch in den ersten Jahren der Revolution die Insel und schwärmten von Che Guevara als „dem **vollkommensten Menschen unserer Zeit**“. (24)

Gintarė Malinauskaitė

Marta Harnecker – Unermüdliche intellektuelle „Guerillera“

© David Olmos

Marta Harnecker raucht nicht und trinkt keinen Kaffee, sie lackiert sich auch nicht die Nägel und trägt keinen Lippenstift. Sie ist 73 Jahre alt, und die einzige Frau, die dem venezolanischen Präsidenten Hugo Chávez heute so nahe steht. Die gebürtige Chilenin ist eine der von Chávez ausgewählten Intellektuellen, die den Aufbau und die Weiterentwicklung des „Sozialismus des 21. Jahrhunders“ in Venezuela evaluieren. Doch ist die marxistische Publizistin Marta Harnecker als eine der bis heute einflussreichsten 68er-Figuren nicht nur in Venezuela, sondern in ganz Lateinamerika von Bedeutung. Sie hat zahlreiche Standardwerke der politischen Bildung verfasst, wie etwa die berühmte „Einführung in die Elementaren Begriffe des historischen Materialismus“ (1969), die in verschiedenen Ausgaben auf dem ganzen Kontinent erschienen ist. Das Werk wurde zu einem der meist gelesenen Texte zu diesem Thema und das Lieblingsbuch aller jungen Menschen, die sich an der Revolution beteiligen wollten.

Marta Harnecker ist die Tochter österreichischer Einwanderer. Sie selbst sagt, ihr Vater sei ein erfolgreicher „kapitalistischer Ingenieur“ und ihre Mutter Hausfrau gewesen. Harnecker studierte Soziologie an der Universidad Católica. Sie besuchte 1960 als Studentin Kuba und erlebte die Kubanische Revolution aus nächster Nähe. Zu dieser Zeit war sie noch überzeugte Katholikin und ging fast täglich in die Kirche. Aufgrund ihrer Mitgliedschaft in der „Katholischen Aktion“ (*Acción Católica*), einer kirchlichen Laienorganisation, konnte sie sich jedoch nicht stärker in der Kubanischen Revolution engagieren. So begann sie, sich von der Acción Católica zu distanzieren.

In ihrer Studienzeit verliebte sie sich in Rodrigo Ambrosio, der später zu einem der Gründer der *Movimiento de Acción Popular Unitaria* (MAPU) wurde, einer kleinen linken Partei in Chile. (Dieser reiste später nach Kuba und bat Fidel Castro um Waffen für die bedrohte chilenische Revolution.) 1962 ging Marta Harnecker mit dem damals noch Studierenden Ambrosio nach Paris. Dort wendete sie sich endgültig vom katholischen Glauben ab, inspiriert vor allem von ihrem Tutor, dem marxistischen Philosphen Louis Althusser, und wendete sich dem wissenschaftlichen Sozialismus zu.

Im Jahre 1968 kehrte sie nach Chile zurück und begann sich dort während der Allende-Regierung für die Sozialistische Partei (*Partido Socialista*) zu engagieren. Sie war Herausgeberin der linken Zeitschrift *Chile Hoy* und Professorin an der Fakultät für Wirtschaftswissenschaften der *Universidad Católica*. Ihre *Cuadernos de Educación Popular*, ein Kompendium von wichtigen Dokumenten für die Volksbildung unter der Allende-Regierung, kennen alle, und ihre Vorlesungen besuchten viele bekannte Persönlichkeiten, darunter die ehemalige Medizinstudentin und heutige Präsidentin Chiles, Michele Bachelet, oder andere ehemalige Studenten wie Minister Jaime Estévez und Nicolás Eyzaguirre. Ein ehemaliger Kommilitone von Eyzaguirre erinnert sich sehr deutlich an einen Ausspruch kurz vor dem Militärputsch, bei einem Treffen der *Izquierda Cristiana*: „Nachdem ich die Texte von Marta Harnecker gelesen hatte, kam ich zu dem Schluss, dass man sich, um eine Revolution zu machen, in einer Arbeiterpartei engagieren muss." (25) Und er wurde Mitglied der *Juventudes Comunistas*.

Ein anderer Student von Harnecker war Sebastían Edwards, bekannt als Ökonom und „linker Chicago Boy", der bei Milton Friedman in die Lehre ging. Dieser ist etwas kritischer und macht seiner ehemaligen Lehrerin keine Komplimente: „Wir haben den Marxismus mit einem Lehrbuch für Idioten gelernt und es war das Handbuch von Marta Harnecker." (26)

Nach dem Militärputsch unter Augusto Pinochet ging sie ins Exil nach Kuba und schloss sich dort einer Gruppe von chilenischen Exilanten an. Während der Feier des 26. Juli im Hotel *Habana Libre* traf sie den Guerillero Manuel „Barbarroja" Piñeiro, der mit Fidel Castro in der Sierra Maestra gekämpft hatte und später zu den wichtigsten Personen des kubanischen Geheimdienstes zählte. Die beiden heirateten und bekamen ihre Tochter Camila; diese forscht heute, nach einem Studium an der *University of California*, Berkeley, über die Auswirkungen der partizipativen Demokratie auf die kommunale Entwicklung in Venezuela. In Kuba schrieb Marta Harnecker Bücher und war auf soziale und Arbeiterbewegungen in ganz Lateinamerika spezialisiert. Ihre Beziehung mit Castro hat nie zu einer engen Freundschaft geführt, trotz der starken Verbindung ihres Mannes mit dem kubanischen Anführer. Sie bekamen Besuch von vielen politischen Persönlichkeiten, wie dem brasilianischen Präsident Lula oder dem Präsidenten Uruguays, Tabaré Vázquez, und natürlich Fidel Castro selbst. 1998 starb Piñeiro bei einem Autounfall in Havanna. Seither verbringt Marta Harnecker weniger Zeit auf Kuba und lebt zwischen zwei Welten: dem *Arauco Hilton* Hotel in Venezuela, wo sie als Beraterin Chávez' tätig ist, und Kanada, der Heimat ihres zweiten Ehemannes, des linken kanadischen Intellektuellen Michael Lebowitz.

Gintarė Malinauskaitė

Gisela Richter – Berlins 68er-Botschafterin in Südamerika

Die 22-jährige Gisela Richter nahm 1961 ihr Lehramtsstudium der Romanistik und Geschichte in Berlin auf. Schon in ihrem zweiten Studienjahr trat sie dem Sozialistischen Deutschen Studentenbund (**SDS**) bei. Über die holländische Studentengemeinde, die *Students for a Democratic Society* aus den USA und mit finanzieller Unterstützung des Weltkirchentages fuhr die junge Studentin im Mai 1968 nach Santiago de Chile zu einem Kongress internationaler Kirchenaktivisten. Sie sollte den Austausch zwischen den verschiedenen studentischen Protestgruppen dies- und jenseits des Atlantiks voranbringen. Ein zentrales Thema des Kongresses war die **Pädagogik der Befreiung** nach Paulo Freire.

Im Anschluss an die Versammlung reiste sie über Bolivien, Peru und Kolumbien bis nach Venezuela. Staunend stellte sie auf ihrer Reise fest, dass in Lateinamerika starke Studentenvertretungen nach dem Konzept des ***co-gobierno***, der studentischen Mitregierung, bestanden, während in Deutschland zu dieser Zeit nur relativ schwache AStA-Verbände existierten.

Neben Treffen mit Studierenden und linken Gruppierungen standen auch eine Reihe von Interviews auf dem Programm, beispielsweise mit untergetauchten Gueriller@s oder Angehörigen des 1966 erschossenen „Guerilla-Paters“ **Camilo Torres**. Auf die Frage nach Gewaltanwendung zur Durchsetzung einer besseren Gesellschaft antwortet Gisela Richter heute im Gespräch: „Überzeugt hat mich vor allem auch die Ansicht, dass eine neue emanzipatorische Gesellschaft nicht durch den militärischen Sieg einer streng hierarchisch und machistisch strukturierten Organisation entstehen könnte.“ (27)

In Venezuela erfuhr sie, dass dort im Gegensatz zu Deutschland Frauen in vielen Fächern, auch in scheinbaren Männerdomänen wie Technik und Ingenieurwissenschaften, die Hälfte der Studierenden ausmachten. Die venezolanische Frauenbewegung hat nach Aussage von Gisela Richter dennoch erst Mitte der Siebzigerjahre begonnen. Zu dieser Zeit war auch sie selbst in der feministischen Bewegung Venezuelas aktiv, die sich aus dem intellektuellen Milieu heraus entwickelte; zu Beginn der Achtzigerjahre entstanden dort erste feministische Zeitschriften wie *La mala vida, Voz Feminista* und *Miércoles.*

Am 23. August 1968 wurde Gisela Richter, zusammen mit ihrem französischen Freund und späteren Ehemann Marc Geoffroy, in Caracas verhaftet und der Spionage als „Agentin des internationalen Castro-Kommunismus“ bezichtigt. Doch nach sieben Tagen Haft ließ man sie, unter tätiger Mithilfe des deutschen Konsuls, frei und sie wurde nach Puerto Rico ausgewiesen. Über New York, wo sie an einem internationalen Studentenkongress teilnahm, und Paris, wo sie den gleichfalls abgeschobenen Geoffroy wiedertraf, kehrte sie nach Berlin zurück. 1972 emigrierten Gisela Richter und Marc Geoffroy nach Venezuela und kehrten erst 14 Jahre später nach Deutschland zurück. In Caracas studierte Gisela Richter Entwicklungsplanung und arbeitete im Ministerium für Stadtplanung, in der Abteilung, die für Armenviertel zuständig war. Ab 1989 engagierte sie sich in der Grünen-nahen FrauenAnstiftung in Hamburg und war bis 2002 Mitherausgeberin der internationalen feministischen Zeitschrift *LOLAPRESS*, die Redaktionen in Uruguay, Südafrika und Berlin unterhielt. Seit 1992 lebt Gisela Richter wieder in ihrer Geburtsstadt Berlin.

Markus Rauchecker

LEYES...
LABORES...
JUSTAS...

DESLINDE DE
Y EL PUEBLO OFENDIDO ABRIRA LOS OJOS.
LIBERTAD
DESLINDE DE

Bewegung

Vier „magische Monate" – Die Studentenproteste in Mexiko

© Comité 68

Friedliche Kundgebung auf dem „Platz der drei Kulturen" – einige Stunden bevor der Terror begann

Das mexikanische '68 war ein kurzer, heftiger Sommer der Rebellion. Die ersten Auseinandersetzungen explodierten Ende Juli, als zwei Demonstrationszüge von der Polizei brutal auseinandergetrieben wurden. Es kam zu Straßenkämpfen, die Studierenden protestierten gegen die Polizeigewalt. Wenige Tage später wurden diverse Hochschulen im Stadtzentrum vom Militär besetzt, an die tausend Studierende festgenommen, einige hundert verletzt. Schon am 1. August gab es den ersten großen Protestmarsch gegen das Vorgehen der Armee, der sogar vom Universitätsrektor Javier Barros Sierra angeführt wurde – eine Besonderheit der mexikanischen Studentenbewegung.

Die Studierenden traten in den Streik und wählten einen nationalen **Streikrat** (*Consejo Nacional de Huelga*, CNH) – neu in der autoritären politischen Kultur war vor allem die **Basisdemokratie** auf den Vollversammlungen. Anfang August befanden sich bereits siebzig Universitäten und Hochschulen im Ausstand. Die domestizierte Presse sprach damals von „Moskaus Marionetten" und denunzierte die Protestierenden als ImitatorInnen der Aufstände von Prag oder

Paris, wie die ehemalige Aktvistin Elisa Ramírez erinnert. An vielen Instituten entstanden studentische **Brigaden**, die der Bevölkerung Sinn und Ziel des Streikes näher bringen sollten. Studierende, darunter viele Frauen, verteilten Flugblätter, beklebten Wände und Autobusse mit Wandzeitungen, machten Straßentheater und Mund-zu-Mund-Propaganda. „Wir haben uns unzählige Wege überlegt, wie wir unsere Sache dem Volk näherbringen können", erzählt Ana Ignacia Rodríguez alias *La Nacha*. „Die Brigaden waren die einzige Form, wie die Bewegung wachsen konnte." (28)

Angesichts der blindwütigen Repression schwollen die studentischen Proteste tatsächlich binnen weniger Wochen zu einer **Massenbewegung** an. Der Krimiautor Paco Ignacio Taibo II staunt noch heute über das, was er die „vier magischen Monate" nennt: „Wir waren eine Studentenbewegung, die keine einzige studentische Forderung erhob" (29). Es ging aber auch so gut wie nie um gewaltsamen Umsturz. In einem **Sechspunkte-Katalog** (*pliego petitorio*) verlangte man vor allem die Freilassung der „politischen Gefangenen" und einen „öffentlichen Dialog" mit dem Staatschef.

Der öffentliche Dialog: eine Forderung der Studierenden (Zeitgenössische Grafik)

Zwar waren auch die mexikanischen Studierenden von der blühenden Gegenkultur der Sechzigerjahre, *La Onda* genannt, geprägt. In erster Linie aber wandten sie sich gegen den politischen Autoritarismus und die staatliche Repression; ihre Hauptanliegen waren Meinungs- und Demonstrationsfreiheit. Der Präsident und die ihm ergebenen Medien sahen jedoch ausländische Agitatoren und kommunistische Verschwörer am Werk. Jede Unruhe auf den Straßen galt im Angesicht der bevorstehenden **Olympiade** als Störfaktor; die Demonstrierenden wurden mit einer bis dahin nie gesehenen Härte attackiert. Höhepunkt der Mobilisierung war Mitte September ein gigantischer **Schweigemarsch**, bei dem fast eine halbe Million Menschen mit Fackeln in das Stadtzentrum zog. Wenige Tage später ließ der Präsident den Campus der besetzten *Universidad Nacional Autónoma de México* (UNAM) von der Armee räumen, eine Woche später drang das Militär auf das Gelände der anderen großen Hochschule, des *Instituto Politécnico Nacional* (IPN), ein. CNH-Delegierte begannen mit UnterhändlerInnen der Regierung über den Forderungskatalog zu verhandeln. Doch der Präsident setzte unbeirrt auf Eskalation – die Bewegung endete im Massaker. „Auf alles hatten wir uns vorbereitet, auf die Schläge und auf das Gefängnis", erinnert Elisa Ramírez. „Nur auf den Tod waren wir nicht vorbereitet." (30) Am 4. Dezember beschloss der CNH die Aufhebung des Streiks.

Anne Huffschmid

Elisa Ramírez – „*Rayuela* war unsere Bibel"

© Privatarchiv Elisa Ramírez

© Anne Huffschmid

Aufgewachsen ist Elisa Ramírez in Mexiko-Stadt in einer liberalen Akademiker-Familie. Der Vater war Psychoanalytiker, auch die Mutter beschäftigte sich mit dem damals neuen Feld der **Psychoanalyse**. Ramírez zählte bereits zur dritten Generation von Frauen, die an der Hochschule studierten. Die junge Frau war somit das Diskutieren gewöhnt, als sie 1966 ihr Studium der Politikwissenschaft an der *Universidad*

Nacional Autónoma de México (UNAM) begann. Dort wurde sie zunächst von der **Kommunistischen Jugend** rekrutiert.

Doch während ich noch dabei war, Texte zu lesen und mich diszipliniert damit auseinanderzusetzen, worum es ging, warben mich die Spartakisten ab. Ich war auch dort gar nicht richtig dabei, als wir schon wieder in Massen zu den Trotzkisten überwechselten. Wir gründeten schließlich eine kleine anarchistische Partei, was für damalige Verhältnisse ziemlich ungewöhnlich war. (31)

Die junge Politikstudentin engagierte sich im „Kampfkomitee" ihrer Fakultät, organisierte einige der „**Frauenbrigaden**" und gehörte zum libertär-kulturellen Flügel der Bewegung („*Rayuela* war unsere Bibel"), der unter Hardlinern als „kleinbürgerlich" verschrien war.

Das Jahr '68 hat einige Prozesse beschleunigt, die ohnehin gekommen wären. Die sexuelle Befreiung hatte schon vorher begonnen, sie war weder inexistent noch unsichtbar, aber leiser. Was mit dem Minirock, dem freien Ausleben unserer Sexualität und unserer Körperlichkeit begonnen hatte, setzte sich schließlich in einer neuen Sprache fort. (32)

Am 3. Oktober 1968, genau einen Tag nach dem Massaker von Tlatelolco – das Elisa aus Zufall nicht leibhaftig miterleben musste – lernte die junge Frau den Maler Francisco **Toledo** kennen und ging mit ihm für zwölf Jahre in dessen Heimatstadt Juchitán in Südmexiko. Dort baute sie zusammen mit ihm die *Casa de la Cultura de Juchitán* auf und begann, sich intensiv mit indigenen Kulturen zu beschäftigen. Heute lebt und arbeitet Elisa Ramírez als freiberufliche Soziologin, Schriftstellerin, Lyrikerin, Dozentin und Übersetzerin wieder in Mexiko-Stadt.

Anne Huffschmid

Paco Ignacio Taibo II – Der Geschichtenerzähler

© Anne Huffschmid

Der mexikanische Schriftsteller und Historiker wurde 1949 im spanischen Gijón geboren und zog mit seinen Eltern – sein Vater war der Ende 2008 verstorbene Journalist Paco Ignacio Taibo I – als Achtjähriger nach Mexiko. Dort studierte er zunächst Literatur, Soziologie und Geschichte und erlebte die 68er-Bewegung hautnah und aktiv als Student – nachzulesen in dem 1991 verfassten Büchlein *„68"*, auf deutsch erschienen unter dem Titel „1968 – Gerufene Helden. Ein Handbuch zur Eroberung der Macht" (Hamburg/Berlin, Assoziation A). Neben seiner Popularität als Autor surreal anmutender Krimis ist Taibo vor allem berühmt geworden als historischer **Chronist linker Geschichte** und Lebensläufe. Seine Biographie des Che Guevara (1997 auf deutsch erschienen) gilt als Standardwerk, auch die Monumentalbiographie des Revolutionshelden Pancho Villa (2006) wurde in viele Sprachen übersetzt und insgesamt über hunderttausendmal verkauft. Auf Einladung des Subcomandante Marcos verfasste er mit diesem den Episodenroman „Unbequeme Tote" (Assoziation A, 2005). Einmal im Jahr organisiert Taibo in seiner Geburtsstadt Gijón die *Semana Negra,* ein internationales **Krimifestival**. Wenn er nicht gerade auf einer Lesereise ein neues Buch vorstellt, lebt und schreibt er im traditionsreichen Condesa-Kiez von Mexiko-Stadt.

Anne Huffschmid

Auszüge aus dem Buch „68“ von Paco Ignacio Taibo II (Verlag Joaquín Mortiz, 1991):

[Fue] una parte de la generación de estudiantes que hicieron el movimiento de 68, una pequeña parte, no más de siete o ocho millares [...]. Se habia construido en un caldo de cultivo político-cultural que tenía la virtud de la globalidad. [...] Vivíamos rodeados de la magia de la revolución cubana y la resistencia vietnamita. El Che era el hombre que había dicho las primeras y las últimas palabras. [...] Era el fantasma número uno. [...] Oíamos a Joan Baez y a Bob Dylan [...] y escuchábamos a escondidas (por lo menos los del sector meloso) a Charles Aznavour y Cuco Sánchez. [...] El cine era parte del entramado. El cine era subversión. Todos aullábamos como mujeres argelinas en las escalinatas del cine Roble después de „La batalla de Argel“. (S. 16-18)

Es war nur ein Teil der Studentengeneration, die die 68er-Bewegung gemacht haben, nicht mehr als sieben- oder achttausend [...]. Die Bewegung ist aus einem politisch-kulturellen Nährboden entstanden, der die Tugend der Globalität in sich trug. [...] Die Magie der Kubanischen Revolution umgab uns und auch der vietnamesische Widerstand. Der Che war der Mann, der stets die ersten und stets die letzten Worte sagte. [...] Er war das Gespenst Nummer eins. Wir haben Joan Baez und Bob Dylan gehört [...] und die Kitsch-Fraktion unter uns hörte dann noch heimlich Charles Aznavour und Cuco Sánchez. [...] Das Kino gehörte dazu. Kino war Subversion. Auf den Treppenstufen zum Kino Roble haben wir nach dem Film „Die Schlacht von Algerien“ alle wie algerische Frauen geheult.

Militábamos al viejo estilo aunque vivíamos al nuevo. Éramos sectarios. [...] El enemigo era grande, ajeno, distante. [...] Estábamos dispuestos a dar guerras ideológicas interminables, a redactar periódicos ilegibles cargados de citas de Lenin y Mao, Trotsky o Bakunin, según el club al que perteneciéramos. (S. 19)

Wir haben zwar in neuem Stil gelebt, Politik aber machten wir in alter Manier. Wir waren Sektierer. [...] Der Feind war groß, fern und fremd. [...] Wir waren bereit, unendliche ideologische Schlachten zu führen, unlesbare Zeitungen zu produzieren, die von Zitaten von Lenin und Mao, Trotzki und Bakunin nur so strotzten, je nach dem Club, dem wir gerade angehörten.

No éramos mexicanos. Vivíamos en una ciudad pequeña dentro de una ciudad enorme. (S. 20) Éramos extranjeros también en la historia. No veníamos del pasado nacional. No sabíamos por qué pero el pasado era un territorio internacional donde se producían revoluciones y novelas [...] Nada teníamos que ver con Morelos, con Zapata, con Villa [...] eran personajes de la historia ajena [...] eran cuando más nombres de calles. (S. 22)

Wir waren eigentlich keine Mexikaner. Wir lebten in einer kleinen Stadt inmitten einer riesigen Stadt. [...] Wir waren auch in unserer Geschichte Fremde. Wir kamen nicht aus der nationalen Vergangenheit. Wir wussten auch nicht, warum, aber die Vergangenheit war eher internationales Territorium, in dem Revolutionen und Romane produziert wurden. [...] Wir hatten mit Morelos, Zapata oder Villa nichts zu schaffen. [...] Das waren Figuren aus einer fremden Geschichte [...], bestensfalls Straßennamen.

Pero de repente, en el mundillo de las sectas de la izquierda la realidad-real [...] irrumpía y una universidad era tomada por el ejército, un preso político iniciaba una huelga de hambre. (S. 20)

Und dann brach in dieser kleinen Welt der linken Sekten plötzlich die wirkliche Wirklichkeit ein [...]: die Universität wurde von der Armee besetzt, ein politischer Gefangener begann einen Hungerstreik.

El movimiento estudiantil fue muchas cosas al mismo tiempo: un desenmascaramiento del estado mexicano, [...] fue escuelas tomadas y creación de un espacio comunal libertario basado en la asamblea; fue debate familiar en millares de hogares [...] fue también violencia, represión, miedo, cárcel, asesinatos. Pero sobre todo, más que nada, ante todo, significó el relanzamiento de una generación de estudiantes sobre su propia sociedad, la retoma del barrio hasta ahora desconocido. (S. 48-49)

Die Studentenbewegung war vieles gleichzeitig: die Demaskierung des mexikanischen Staates, [...] besetzte Schulen, die Schaffung eines libertären gemeinsamen Raumes – die Vollversammlung; familiäre Konflikte in tausenden Familien [...] sie war auch Gewalt, Repression, Angst, Gefängnis, Morde. Aber vor allem, über allem, in erster Linie bedeutete sie, dass eine Studentengeneration ihre eigene Gesellschaft wieder entdeckte, die Rückeroberung des bis dahin unbekannten Stadtviertels.

Después de todo, solo había sido un movimiento estudiantil de 123 días de duración. Nada más. Nada menos. Pero nos había dado, a una generación completa de estudiantes, pasado y país, tierra debajo de los pies. [...] Nos dió este combustible de resistencia y terquedad que marcó al conjunto del movimiento, [...] una „noción de patria". (S. 114)

Letztlich war es nichts anderes als eine Studentenbewegung, die genau 123 Tage dauerte. Nicht mehr. Nicht weniger. Aber sie hat uns, einer ganzen Generation von Studierenden, unsere Vergangenheit und unser Land zurückgegeben, den Boden unter den Füßen. [...] Sie gab uns diesen Treibstoff aus Widerstand und Sturheit, der die Bewegung prägte, [...] sie gab uns eine „Ahnung von Heimat".

Auswahl und Übersetzung: *Anne Huffschmid*

Studentenbewegungen in Kolumbien – Auch ein 68er-Symptom?

Die 68er-Zeit, geprägt von Generationsbrüchen und politischen wie kulturellen Umwälzungen, welche nationale Grenzen überschritten, gilt oft als eine bis heute nachwirkende **globale Erfahrung**. Doch gilt dies für alle Länder Lateinamerikas? Sind tatsächlich überall die 68er von besonderer Bedeutung? Dafür ist es interessant, den Fall Kolumbien näher zu beleuchten. Dort spielte das Jahr 1968 national keine bedeutende Rolle und auch der Begriff der 68er-Generation ist dort nicht gebräuchlich. Dennoch können Verbindungen zwischen den studentischen Bewegungen, die es in Kolumbien in den Sechzigerjahren gab, mit denen in anderen Teilen der Welt gezogen werden.

Die universitäre Welt war auch in Kolumbien der zentrale Schauplatz dieser sozialen und kulturellen Umwälzungen. Die Anzahl der Universitäten, sowohl der staatlichen als auch der privaten, war zu Beginn der Sechzigerjahre enorm angestiegen. So konnten zahlreiche junge Menschen, darunter auch vermehrt Frauen, die Hochschule besuchen und somit auch auf einen sozialen Aufstieg hoffen. Dieser Zustrom von Studierenden aus der wachsenden Mittelschicht, aber auch das Aufkommen der Sozialwissenschaften mit ihrer sozialen Kritik, prägten die weitere Entwicklung des Hochschulsystems und der studentischen Bewegungen. Schon in den 50er Jahren entstanden studentische Organisationen, die zwar geschlossen gegen das Militärregime unter Rojas Pinilla (1953-57) agierten und auch als **„Helden der Demokratie"** in die Geschichtsbücher eingingen. Doch schon wenige Jahre später war diese Geschlossenheit passé und divergierende politische Meinungen wurden sichtbar. Dabei schrieben sich diese nicht mehr in die traditionelle Spaltung zwischen Liberalen und Konservativen ein, sondern gingen eigene Wege, die bis heute die Entwicklung der Linken in Kolumbien prägen.

Eine der spannendsten Phasen studentischer Proteste in der Geschichte Kolumbiens ist die Zeit der ***Frente Nacional*** (FN), ein Zweiparteienpakt, der den erbitterten Kämpfen zwischen Liberalen und Konservativen ein Ende setzen sollte. Über einen Zeitraum von siebzehn Jahren, von 1957 bis 1974, teilten die beiden Traditionsparteien die politische Macht untereinander auf. Diese zweigeteilte Monopolstellung führte zu einem Ausschluss jeglicher legaler Opposition. Gleichzeitig überging dieser Pakt andere soziale und politische Kräfte und produzierte vielfältige Exklusionen. Die StudentInnen gelten als eine der sichtbarsten Akteursgruppen jener Zeit, die sich gegen das System auflehnten.

Ihre Protestaktionen umfassten Demonstrationen, Streiks, Versammlungen, Besetzungen und wurden im Laufe der Zeit immer radikaler. Die bekannteste studentische Organisation jener Zeit ist die 1963 gegründete *Federación Universitaria Nacional* (FUN), die versuchte, die verstreuten kolumbianischen StudentInnenbewegungen für einen gemeinsamen Kampf gegen die FN zu organisieren. Die Politisierung der StudentInnenschaft und die Organisation von Studentenräten gehörten zu ihren Erfolgen. Die führenden Köpfe der FUN wandten sich jedoch einige Jahre später dem bewaffneten Kampf zu. Die Reaktionen der Regierung radikalisierten sich ebenso wie die studentischen Proteste: Universitäten wurden geschlossen, Studenten exmatrikuliert, Streiks wurden verboten und die FUN illegalisiert.

Eine Symbolfigur für die kolumbianischen StudentInnenbewegungen war der katholische Priester und Befreiungstheologe **Camilo Torres**, der aufgrund seiner politischen Aktivitäten seinen Posten an der *Universidad Nacional* verlor und sich der *Ejército de Liberación Nacional* (ELN) anschloss. Seinem Beispiel folgten führende Köpfe der StudentInnenbewegungen. Damit brach zwar einerseits das studentische Organisationspotenzial weg. Andererseits gingen die neu entstandenen Guerillagruppen, die sich der Revolution und dem bewaffneten Kampf verschrieben hatten, gestärkt daraus hervor.

Ende der 60er Jahre existierten in Kolumbien die drei **Guerilla-Organisationen** *Fuerzas Armadas Revolucionarias de Colombia* (FARC), ELN und *Ejército Popular de Liberación* (EPL), welche zum Teil bis heute am bewaffneten Konflikt in Kolumbien beteiligt sind. Somit sind die StudentInnenbewegungen jener Zeit eng mit der Entwicklung der kolumbianischen Linken verknüpft.Die kolumbianischen StudentInnenbewegungen während der *Frente Nacional* zersplitterten, der Versuch, eine schlagkräftige landesweite Bewegung zu schaffen, scheiterte nicht zuletzt an der staatlichen Repression. Dennoch gilt deren Aufbegehren gegen die *Frente Nacional* bis heute als Erfolg. Denn die StudentInnenbewegungen schafften es immerhin, der Opposition eine Stimme zu geben gegen ein Regime, welches jede Mobilisierung von Volksbewegungen stets einzudämmen versuchte.

Die Proteste der Studierenden während der *Frente Nacional* richteten sich sowohl gegen den regierenden Zweiparteien-Pakt als auch gegen das kolumbianische Bildungssystem. Zwar hatten sie gegen die Diktatur von Rojas Pinilla eine Erhöhung der Bildungsausgaben erwirkt, ihrer **Forderung nach Autonomie von Forschung und Lehre** kam die Regierung jedoch nicht entgegen. Das Dekret Nr. 1357 von 1968 unterstellte die staatlichen Universitäten sogar direkt dem Bildungsministerium, sodass sie zum verlängerten Arm der Exekutive wurden. Die staatlich bestellten und regierungstreuen Rektoren verfolgten die aufständischen StudentInnen und machten ihrem Ruf als *rectores policías* alle Ehre.

Die Studierenden protestierten vor allem gegen die fehlende Autonomie der Hochschulen, forderten Strukturreformen, bessere Planung und eine eigenständige Verwaltung der Universitäten. Wie auch in anderen lateinamerikanischen Staaten kritisierten sie vor allem den zunehmenden Einfluss der USA auf das einheimische Bildungssystem. Insbesondere der sogenannte Atcon-Bericht von 1961, der eine Umwandlung der staatlichen Universitäten in private und autonome Stiftungen vorsah – diese sollten teilweise vom Staat, aber auch aus privatwirtschaftlichen Vermögen finanziert werden – wurde von den universitären Bewegungen abgelehnt.

Diese Forderungen nach Strukturreformen und Autonomie, nach Verbesserung der Lehre und staatlicher Finanzierung prägen die studentischen Proteste in Kolumbien bis heute. Noch immer äußert sich, vor allem an den staatlichen Hochschulen, radikaler Unmut, der sich insbesondere den **Kampf gegen die Privatisierung** auf die Fahnen schreibt. Ein Beispiel sind die landesweiten Streiks und Demonstrationen im Frühjahr 2007.

Die Verbindung mit den globalen 68ern ist offensichtlich nicht auf der Ebene konkreter Ereignisse, sondern vielmehr auf ideologischer und kultureller Ebene zu finden. Betrachtet man die Literatur, die sie gelesen haben, Idole und Werte, für die zahlreiche Studierende in den „revolutionären“ Kampf gezogen sind, so entsteht das **Bild einer globalen Generation,** die sich gegen Autoritarismus, Repression und Krieg verschworen hat. Der kolumbianische Historiker Álvaro Acevedo Tarazona stellt die Studierenden seines Landes mit denen Mexikos, Nordamerikas und Europas in eine Reihe und charakterisiert sie folgendermaßen: Sie entstammten zumeist der Mittelschicht, sympathisierten mit Parteien und ideologischen Strömungen der Linken und lasen mit Leidenschaft über das Leben von Revolutionären wie Che, Trotzky und auch – vor allem in Kolumbien – Camilo Torres. Acevedo Tarazona zufolge handelt es sich durchaus um eine Jugend, die sich gegen die sozialen Konventionen stellte und erstmals einem „globalen Erfahrungskontext" entsprang.

Helena Schrank

Camilo Torres – Vom Priester zum Guerillero

Der 1929 in Bogotá geborene Camilo Torres war katholischer Priester, Befreiungstheologe und Guerillero in einer Person. Als Mitglied der Nationalen Befreiungsarmee (*Ejercito de Liberación Nacional,* ELN) kämpfte er an der Seite der ersten lateinamerikanischen Guerillabewegung, die auch Christen unter ihren Mitgliedern hatte. Zeit seines Lebens bemühte sich Torres um den **Dialog zwischen Marxismus und Katholizismus**. Sein zunächst ideell geführter und später bewaffneter Kampf endete früh, noch zwei Jahre vor der großen 68er-Revolte mit dem Tod.

© www. filosofia.org

Der 1954 zum Priester geweihte Camilo Torres schrieb sich im gleichen Jahr in der Fakultät für **Politikwissenschaft** an der Katholischen Universität Leuven in **Belgien** ein. Nach der Rückkehr in seine Heimat begann er dort als Studentenpfarrer und Dozent für Soziologie zu arbeiten. In der von ihm 1960 gegründeten Fakultät für Soziologie an der *Universidad Nacional de Colombia,* entstand unter seiner Führung die Studentenorganisation *Movimiento Universitario de Promoción Comunal* (MUNIPROC). Mit dieser Gruppe wollten Studierende, die meist einer privilegierten Oberschicht entstammten, auf die Realität der am meisten benachteiligten Gesellschaftsschichten Kolumbiens aufmerksam machen. Mit dem Ziel einer sozialistischen Revolution proklamierte Camilo Torres die Errichtung einer vereinigten Volksfront (*Frente Unido del Pueblo, FU)*, die gegenüber der regierenden *Frente Nacional* die Interessen der Armen vertrat. Als Kopf der FU führte er zusammen mit Studierenden einen friedlichen Kampf, den er *marcha pacífica* nannte, für die Rechte der Landbewohner und der Armen sowie gegen die „eingeschränkte Demokratie".

Ab 1964 förderte Torres verstärkt Zusammenkünfte zwischen Politikern der Kommunistischen Partei Kolumbiens mit der Jugend der *Movimiento Revolucionario Liberal* (MRL) sowie mit Kräften der *Frente Unido*. Diese Zeit ist wichtig für das Leben von Camilo Torres, da er die verschiedenen Sektoren der kolumbianischen Linken näher kennenlernt und den Schritt vom Soziologen zum politischen Führer vollzieht. Kurz darauf folgt ein weiterer Schritt, diesmal in Richtung bewaffneter Kampf: 1965 schließt sich Torres der ELN an, in dem Bestreben, den Idealen der Befreiungstheologie durch den revolutionären Kampf näher zu kommen. Schon kurz darauf, im Februar 1966 wird der gerade 37-Jährige bei seinem ersten Gefecht in der ELN mit der kolumbianischen Armee getötet. Nach seinem Tod wird Torres zum Märtyrer der ELN, die sich seither auch *Union Camilista-Ejercito de Liberación Nacional* (UC-ELN) nennt. Seine Geschichte wurde 1977 in *Der Tod des Camilo Torres* für das deutsche Fernsehen verfilmt.

Henriette Friede

Die Schüler- und Studentenbewegung 1968 in Uruguay

Ende der 60er Jahre war die Lage in Uruguay angespannt: Große Teile der gut ausgebildeten SchülerInnen- und StudentInnenschaft waren desillusioniert, da sie aufgrund der Wirtschaftskrise und der strukturellen Probleme des Landes wenig Chancen auf dem Arbeitsmarkt sahen. Die Schriften von Fidel Castro, Ernesto Che Guevara und Régis Debray, und auch die Werke von Marx, Lenin, Marta Harnecker und die Dependenztheorie fanden weite Verbreitung. Die Studierenden des ***Instituto Alfredo Vázquez Acevedo* (IAVA)** gaben die kleine Tageszeitung *Barricada* heraus, die die Proteste journalistisch begleitete. Das IAVA war in den Sechzigerjahren die qualitativ beste und zahlenmäßig größte Hochschule in Uruguay und das aktivste Zentrum der StudentInnenbewegung im Jahr 1968.

Fassade des Gymnasiums 17 in der Hocquard Straße, das von seinen Schülern besetzt ist.
Montevideo 1964.

Aus der ersten Hälfte der 60er Jahre, Montevideo.

Die immer autoritärer agierende Regierung und schließlich der **Erlass von Notstandsgesetzen** heizten die Stimmung an den liberal und demokratisch ausgerichteten Universitäten und höheren Schulen auf. Der staatliche Angriff auf die Autonomie der Hochschulen ließ die Studierenden mit DozentInnen und universitären Verwaltungsangestellten zusammenrücken. Schon seit Jahren schlossen sie sich den immer wieder aufflammenden Protesten der Gewerkschaften an. Durch den Kampf gegen den gemeinsamen Feind brachen die politischen Gräben in der ideologisch stark zersplitterten StudentInnenschaft nicht offen auf.

Als im Mai 1968 die **Busfahrpreise erhöht** wurden, besetzten SchülerInnen und Studierende diverse Hochschulen; Studierende und sich solidarisierende DozentInnen der *Universidad de Trabajo de Uruguay* (UTU) traten in den **Streik**. In der Innenstadt Montevideos legten studentische Sitzblockaden teilweise den Verkehr lahm und StudentInnen bewarfen Busse mit Steinen. Später griffen Protestierende die Busse mit **Molotowcocktails** und kleinen Sprengsätzen an. Das führte dazu, dass viele Transportunternehmen ihre Busse von der Straße holten. Durch die Proteste, die Besetzung von Schulen und Universitäten sowie die Lähmung des Verkehrs geriet das Zentrum in eine Art Belagerungszustand. Die StudentInnen forderten die Rücknahme der Fahrpreiserhöhung und die Verbesserung der Studienbedingungen, wie zum Beispiel die Schaffung einer Mensa. Der Streit um die Besetzung der Schulbehörde brachte das Fass zum

Demonstration der Textilarbeiter in der Sarandi Straße.
Montevideo April 1965.

Öffentlicher Unterricht gegenüber dem Kongressgebäude; im Rahmen des Konflikts um die Forderung nach mehr Budget für Bildung unter Anwesenheit der Mitglieder der Glasarbeitergewerkschaft *Federación Obrero de la Industria del Vidrio*, Montevideo 1964.

Überlaufen. Rechte Kräfte im Senat verhinderten durch ihr Veto die Ernennung eines zuvor gewählten, linksgerichteten Schulrats.

Ende Mai kam es zu ersten Zusammenstößen zwischen Protestierenden und Polizei. Bei weiteren Demonstrationen, bei denen sich immer mehr ArbeiterInnen und Studierende mit den Protestierern solidarisierten, wurden Autos in Brand gesetzt und Scheiben vor allem

US-amerikanischer Firmenvertretungen eingeworfen. Mit der Radikalisierung der Proteste verschärfte sich auch die staatliche Repression. Die Polizei begann, die besetzten Schulen und Universitäten zu belagern und bei den Straßenkämpfen wurden mehrere StudentInnen angeschossen und schwer verletzt. Es kam zu Massenverhaftungen und es wurde von Folterungen berichtet. Auf den gewerkschaftlich organisierten Generalstreik reagierte die Regierung mit der Militarisierung der öffentlich Beschäftigten. In einer in der Geschichte Uruguays beispiellosen Aktion wurde ein Großteil der Staatsbediensteten zum Militärdienst eingezogen. Am 17. Juli wurde die Pressefreiheit per Notverordnung eingeschränkt. Die Proteste radikalisierten sich nun auch inhaltlich: War es bei der studentischen Mobilisierung anfangs vor allem gegen die Erhöhung der Fahrpreise gegangen, so wurden nun weitergehende Forderungen, wie die Verstaatlichung des Transportwesens, die Verteidigung der universitären Autonomie und die Aufhebung der Notstandsgesetze laut. Auch andere gesellschaftliche Gruppen schlossen sich dem Protest der ArbeiterInnen und Studierenden an.

Demonstration für einen höheren Bildungsetat. Montevideo 1964.

Am 14. August 1968 gab es bei Zusammenstößen den ersten Toten. Ein junger Student namens **Líber Arce** starb an den schweren Verletzungen, die ihm Polizisten am Vortag zugefügt hatten. Sein Tod löste eine Welle der Empörung im ganzen Land aus. Am 21. September wurden zwei weitere Studenten durch Schüsse der Polizei getötet. Diese Erschütterungen verarbeitete der populäre, linke Liedermacher **Daniel Viglietti** in seinem Lied *Sólo digo compañeros* mit der Textzeile „Papier bringt nichts gegen Kugeln, ein unbewaffnetes Lied kann es nicht mit einem Gewehr aufnehmen". Am Tag nach den tödlichen Schüssen verkündete die Regierung die **Schließung aller Universitäten** und höheren Schulen für einen Monat. Zudem verschärfte sie die Pressezensur. In der Hochzeit des Widerstandes nach dem Tod von Líber Arce wurde das Arbeiterviertel *El Cerro* in Montevideo zum Zentrum der Proteste.

Die Polizeigewalt ließ die Situation weiter eskalieren. Innerhalb der Bewegung wurde zunehmend über den bewaffneten Kampf diskutiert. Unter den Protestierern herrschte allerdings keine Einigkeit über die Notwendigkeit des militärischen Widerstands. Die wichtigste Organisation der StudentInnenbewegung, die *Frente Estudiantil Revolucionario* (FER), spaltete sich 1970 an der Streitfrage um die Beteiligung an der Guerilla. Die BefürworterInnen des bewaffneten Kampfes organisierten sich neu in der FER-68, die zugleich als

Zusammenstöße zwischen Staatsangestellten und der Polizeieinheit *Guardia Metropolitana* in der Avenida 18 de Julio, Montevideo 29. Januar 1969.

Nährboden der Guerilla ***Movimiento de Liberación Nacional – Tupamaro*** innerhalb der StudentInnenbewegung diente. Auch viele AktivistInnen der Schüler- und Studentenbewegung außerhalb des FER schlossen sich den Tupamaros an. Eine neue Welle der Mobilisierung für die bewaffneten Gruppen begann – eine zweite, jüngere Generation von Guerriller@s war geboren.

Der **Militärputsch** im Juni 1973 markierte den Wendepunkt. Die Diktatur machte der sich bereits auflösenden StudentInnenbewegung mit brutaler Repression den Garaus. Bereits ein Jahr zuvor waren die Tupamaros militärisch zerschlagen worden, denen viele Studierende angehörten. Im Jahr 1972 waren bereits 1.276 Mitglieder inhaftiert, die meisten von ihnen kamen erst nach dem Ende der Diktatur 1985 wieder frei, viele wurden gefoltert. Mit dem Militärputsch war die angeblich stabilste Demokratie in Lateinamerika Geschichte.

Markus Rauchecker

Eduardo Galeano – Der fußballverrückte Schriftsteller

© Gerhard Dilger

Der Autor wurde 1940 in Montevideo unter dem Namen Eduardo Hughes Galeano geboren. Seine journalistische Laufbahn begann er bei der uruguayischen Wochenzeitung *El Sol,* bereits mit 19 Jahren war er Redaktionsleiter der Wochenzeitung *Marcha* und wurde nur vier Jahre später Direktor der Tageszeitung *Época*. Galeano ist einer der einflussreichsten Autoren der linken Publizistik Lateinamerikas, dessen bekanntestes Werk – das 1971 erstmals erschienene Buch *Las venas abiertas de América Latina* (**Die offenen Adern Lateinamerikas**) – in dutzende Sprachen übersetzt wurde. Es ist eine Abhandlung über den kolonialen und imperialistischen Aderlass Lateinamerikas seit der Eroberung bis in die 1960er Jahre. Zu den Protestbewegungen der 60er und 70er Jahre und der staatlichen Repression im *Cono Sur* schrieb Galeano 1978 in einem neuen Kapitel der „offenen Adern“:

Der tiefgreifende Veränderungsprozess unter der Regierung Allendes, die Fahnen der beginnenden Gerechtigkeit, die die argentinischen Arbeitermassen auf die Straßen trieben, [...] sowie die schnell fortschreitende Politisierung der Jugend Uruguays waren Herausforderungen, die ein ohnmächtiges und sich in Krisen befindendes System nicht ertragen konnte. Der stürmische Wind der Freiheit war tödlich für die Gespenster des Systems und unverzüglich wurden seine Wächter auf den Plan gerufen, um die alte Ordnung zu retten. Ihre Säuberungsmaßnahmen sind Ausrottungsmaßnahmen. (33)

In seiner Heimat war das Buch, das schnell zum Standardwerk auch der radikalen Linken wurde, während der 12-jährigen Militärdiktatur verboten.

In früheren Büchern wie *Guatemala – clave de latinoamérica* (1968) und *Guatemala – país ocupado* (1967) hatte er sich mit der staatlichen Gewalt in dem zentralamerikanischen Land beschäftigt. Aufgrund seiner Nähe zur Stadtguerilla ***MLN-Tupamaros*** wurde Galeano von der Militärjunta, die Uruguay ab 1973 regierte, ins argentinische Exil gezwungen. Dort gründete und leitete der Autor die Zeitschrift *Crisis*. Aus seiner argentinischen Zuflucht musste er, nachdem sich dort 1976 ebenfalls das Militär an die Macht geputscht hatte, nach Spanien fliehen. Galeano kehrte nach dem Ende der Diktatur 1985 nach Montevideo zurück und lebt dort bis heute.

Er unterstützt das seit 2004 in Uruguay regierende Parteienbündnis *Frente Amplio*, dem auch ehemalige Aktivisten der *Tupamaros* angehören. Seit der Gründung im Jahr 2005 ist er außerdem Mitglied des Verwaltungsrats des lateinamerikanischen Senders *TeleSur,* der als Gegenpol zu den US-Nachrichtensendern ins Leben gerufen wurde. Galeano bekam diverse internationale Auszeichnungen für sein literarisches Werk, darunter im Jahr 1989 den *American Book Award* für seine Trilogie *Memoria del Fuego*. Seine Fußball-Leidenschaft verarbeitete er in seinem Buch *El fútbol a sol y sombra* (2000). Darin widmet er sich sowohl der „Einsamkeit des Torwarts“ und der Faszination einzelner Partien als auch Spielzügen und Ballkünstlern; zugleich prangert er die Kommerzialisierung des Fußballgeschäfts und die Verbindung zwischen Sport und Macht an. Im Jahr 2008 wurde Galeano zum Ehrenbürger seiner Geburtsstadt Montevideo ernannt.

Markus Rauchecker

Die 68er in Peru – *La Nueva Izquierda*

Das Jahr 1968 ist in Peru das Jahr eines **linken Militärputsches**: Militante revolutionäre Kräfte unter der Führung von General Juan Velasco Alvarado stürzten die konservative Regierung von Fernando Belaúndes (1963-1968). Internationale Ereignisse der Zeit, wie die Studentenunruhen in Paris, die Kubanische Revolution, der Tod Che Guevaras, der Vietnamkrieg oder die Kulturrevolution in China, bildeten den Hintergrund, vor dem sich an den Universitäten Limas die Bewegung der „Neuen Linken" *(Nueva Izquierda)* entwickelte. Diese „Neue Linke" galt als das Dach der linken Bewegungen, die einen eigenen revolutionären Weg gegen den der reformistischen Militärbewegung zu finden versuchte. Ihr gehörten vor allem Intellektuelle und Studierende der Mittelschicht an, die an den Universitäten Limas studierten und lehrten. Am wichtigsten war dabei die staatliche *Universidad San Marcos*. Aber auch Studierende der Universitäten *Universidad de Ingeniería*, *Universidad Agraria* oder der *Pontificia Universidad Católica del Perú* (PUCP) beteiligten sich an den Bewegungen. Aus der „Neuen Linken" heraus entstanden zwei Parteien, die Revolutionäre Avantgarde (*Vanguardia Revolucionaria, VR)* und die Revolutionäre Kommunistische Partei. Weitere politische Bezüge der „Neuen Linken" finden sich in der *Movimiento de Izquierda Revolucionaria* (MIR), den Trotzkisten und, wenn auch in geringerem Ausmaß, bei den Maoisten.

Kann man in Peru überhaupt ohne Einschränkung von einer „68er-Generation" sprechen? **Maruja Barrig**, seinerzeit selber Aktivistin der *Vanguardia Revolucionaria*, heute Frauenrechtlerin und Dozentin an der PUCP, verneint diese Frage. Die 1968 installierte revolutionäre Militärregierung habe keine von der Doktrin abweichenden Einflüsse erlaubt und so die Entstehung einer Bewegung – wie etwa in Mexiko – erheblich erschwert. Zudem sei es unter Velasco häufig zu **Deportationen** von „Andersdenkenden" gekommen. Ein Beispiel ist der heutige linke Politiker und Publizist Javier Diez Canseco, der damals an der *San Marcos* und an der PUCP studierte. Der Aktivist und Gründer der *Vanguardia Revolucionaria* wurde selbst Opfer von Deportationen unter dem Militärregime von Velasco. Aufgrund seiner politischen Aktivitäten wurde er erst nach Argentinien und später nach Paris ausgewiesen. Dennoch hatten sich Ende der Sechziger- und in den Siebzigerjahren eine Reihe von Parteien und

Organisationen unter dem Dach der „Neuen Linken“ gebildet, die an außerparlamentarischem Einfluss gewannen.

An der staatlichen *Universidad San Marcos* positionierte sich die studentische Bewegung seit 1968 immer radikaler auf Seiten der Linken und forderte die Entwicklung einer klar marxistisch ausgerichteten Soziologie. Trotz der ideologischen Parallelen mit der traditionellen peruanischen Linken, als deren wichtigste Inspirationsquelle José Carlos Mariátegui gilt, bildete die „Neue Linke“ in den 70er Jahren eine eigene Richtung: Diese positionierte sich nicht nur gegen die Militärregierung, sondern zugleich gegen eine mächtige Vertreterin der traditionellen Linken, die Partei *Alianza Popular Revolucionaria Americana* (APRA). Diese ursprünglich linke, von Victor Haya de la Torre gegründete Partei nahm immer mehr Züge einer konservativen, christdemokratischen Partei an. Linkspolitische AktivistInnen der peruanischen 68er stellten sich sowohl gegen die Korruption der Politik unter der Herrschaft der *„Criollos“*, der Oligarchie, als auch gegen die APRA. Mariátegui hingegen blieb allgemeiner Referenzpunkt und dabei vor allem seine berühmten sieben Essays *„7 Ensayos de Interpretación de la Realidad Peruana“*, eine Sammlung von Aufsätzen, in denen er sich mit den Spezifika der peruanischen Realität auseinandersetzt. Mariátegui suchte stets einen vom europäischen Modell abweichenden, spezifisch peruanischen Sozialismus.

Natürlich wurden auch in Peru die Studierenden von politischen Ereignissen und kulturellen Einflüssen außerhalb ihres Landes geprägt. Die Studentenunruhen in Paris, Autoren wie Simone de Beauvoir oder Jean-Paul Sartre, die Rolling Stones oder die Beatles waren auch in dem Andenland präsent. Jedoch färbte sich die peruanische Bewegung durch die politischen und kulturellen Ereignisse im eigenen Land mit einer eigenen Farbe. Neben den Beatles hörten die Protestierenden Paco Ibáñez, Los Chalchaleros, Jorge Cafrune, **Atahualpa Yupanqui** oder Violeta Parra. Neben Marx, Beauvoir und Sartre lasen sie **Mariátegui** und **Arguedas**.

Mit dem Sturz der Regierung wollten die progressiven Militärs um General Juan Velasco das Land von Grund auf umgestalten, die traditionelle oligarchische Ordnung sollte zu Gunsten des „Volkes“ aufgelöst werden. Die „Neue Linke“ an den Universitäten befürchtete in den Jahren der Militärregierung den Verlust ihrer Stimme und ihres Einflusses auf die revolutionäre Entwicklung. Einer ihrer

Hauptkritikpunkte war, dass die Militärregierung „nicht radikal genug" sei. Dabei entwickelte die *Nueva Izquierda* eine Form der Kritik, die der damalige Universitätsdozent und Ex-Aktivist **Alberto Flores Galindo** als „charakteristisch" bezeichnet: eine oberflächliche Kritik ohne tiefgehende Analyse, vor allem aber die reine Negation. Typische Negationen waren die Behauptungen, dass es „keine nationale Bourgeoisie in Peru" gäbe oder die Regierung von Velasco Alvarado „keine Revolution" gewesen sei. Daneben kultivierte die *Nueva Izquierda* eine Art Mystifizierung des Sozialismus, den einige mit der chinesischen oder Kubanischen Revolution verbanden, andere eher mit dem Bild des Che Guevara. Diese Idealisierung war Flores Galindo zufolge allerdings kein breites gesellschaftliches Projekt, sondern eher die Glorifizierung eines passionierten „Marsches in Richtung Volk" (*„marcha hacia el pueblo"*).

Die sozialen Unterschiede innerhalb der peruanischen Gesellschaft auf Grund traditioneller „Rassen-" und Klasseneinteilungen waren einer der Hauptkritikpunkte der „Neuen Linken". Maruja Barrig bemerkt dazu, dass man damals dieser radikalen politischen Haltung durch die Anpassung des eigenen Lebens (*„vivir la condición obrera"*) an das der Arbeiterklasse Nachdruck verleihen wollte. Die Hochzeit mit einem Arbeiter, einer Arbeiterin oder einem anderen „Angehörigen des Volkes" stellte aus Sicht der *Nueva Izquierda* die konsequenteste Form der ***Convivencia***, des Zusammenlebens von Personen unterschiedlicher sozialer Klassen oder Hautfarben, dar. Die Bereitschaft vieler AktivistInnen, die eher der peruanischen Mittel- und Oberklasse angehörten, ihren Status aufzugeben und von einem reichen in einen ärmeren Stadtteil Limas zu ziehen, bezeichnet Maruja Barrig als Entwurf für ein „ethisches Leben" *(„vida ética")*. Die 68er-Bewegung in Peru habe sich vor allem durch ihre Bereitschaft zu diesem ethischen Engagement ausgezeichnet.

Sucht man nach weiteren Charakteristika der „Neuen Linken" Perus, so wird man in den religiösen Gemeinden jugendlicher und studentischer Gruppen fündig. 1968 ist das Geburtsjahr der **Theologie der Befreiung** (*Teología de la Liberación*), welche auf einer Versammlung von lateinamerikanischen Theologen im peruanischen Dorf Chimbote zum ersten Mal – von dem peruanischen Theologen Gustavo Gutiérrez – als solche explizit benannt wurde. Viele der auf dieser Versammlung in Chimbote diskutierten Ideen wurden auf der Bischofskonferenz in Medellín im Jahr 1968 wieder aufgegriffen.

Gutiérrez war zugleich ein wichtiger Kopf der *Nueva Izquierda,* der an der PUCP theologische Seminare über Marx und Sartre abhielt und in der Studentenschaft viele Anhänger hatte.

Henriette Friede

Alberto „Tito“ Flores Galindo – Utopien für ein andines Peru

© www.librosperuanos.com

Alberto Flores Galindo war ein von innerer Unruhe und Wissensdrang geplagter Utopist, der sich stets mit den Fragen beschäftigte: Wie geht es weiter mit Peru? Wie kann die kolonial gespaltene Gesellschaft ausgehend von ihren andinen Wurzeln neu geordnet werden? „Andine Utopie“ bedeutete für ihn die Neuordnung der Gesellschaft von unten und den Bruch mit kolonialen Machtgefügen.

Der heute als intellektuelle Leitfigur der peruanischen 68er geltende Flores Galindo, von seinen Zeitgenossen auch oft Tito genannt, verstarb 1990 im Alter von 41 Jahren und wurde vor allem für sein international bekannt gewordenes Hauptwerk: „Auf der Suche nach einem Inka: Identität und Utopie in den Anden“ *(Buscando un Inca: Identidad y Utopía en los Andes)* bekannt. Das Buch wurde 1986 zum ersten Mal publiziert und erhielt noch im selben Jahr den Essay-Preis des Amerikahauses in Kuba.

Auch wenn Flores Galindo von Freunden und Zeitgenossen als Marxist bezeichnet wird, so war er doch kein typischer Dogmatiker. Er bezeichnete sich selbst als „überführten und geständigen Marxisten“ („*marxista convicto y confeso*“) (34). Politisch beheimatet war er in der Nähe der Parteien der „Neuen Linken“ wie der MIR oder der *Vanguardia Revolucionaria* – und war zugleich deren ständiger Kritiker.

Der Historiker, Sozialwissenschaftler und Essayist studierte an der *Pontificia Universidad Católica del Perú (PUCP)* in Lima und an der *École Practique des Hautes Études* in Paris. Nach seiner Rückkehr nach

Peru widmete er sich der Arbeit als Dozent an der PUCP und zugleich dem Journalismus in verschiedenen Zeitungen und Zeitschriften, die für die intellektuelle Debatte der 68er-Bewegung von großer Bedeutung waren, darunter *La Jornada, El Caballo Rojo, 30 días, Amauta, Cambio*. Unter dem Einfluss von Ereignissen wie dem Pariser Mai, dem Vietnamkrieg, der Kubanischen Revolution sowie dem Sturz der Belaúnde-Regierung durch die „linke" Militärregierung unter General Velasco beschäftigte sich Flores Galindo mit den drastischen sozialen Ungleichheiten und deren Tradition in der peruanischen Gesellschaft. Wie andere seiner intellektuellen Zeitgenossen befand er einen radikalen Wechsel als unausweichlich, welcher sich vor allem auf den Sturz der oligarchischen Strukturen der Gesellschaft bezog.

Den Weg für seine Suche nach einer neuen „andinen" Nationalität ebneten die beiden peruanischen Denker José Carlos Mariátegui sowie José Maria Arguedas, welche für die linke Debatte Perus bis heute von zentraler Bedeutung sind. Mariátegui postulierte in seinem bekanntesten Werk: *„7 Ensayos de Interpretación de la Realidad Peruana"* (7 Essays über die Interpretation der peruanischen Realität) die Notwendigkeit, eine eigene peruanische Form des Sozialismus zu finden. Der Band wurde eine wichtige Leitlektüre für die gesamte lateinamerikanische Linke. Der Dramatiker José Maria Arguedas thematisierte, wie auch später Flores Galindo, die „rassische" Spaltung des Landes in die indigenen Anden, das Hochland und die moderne Küstenregion der *„Criollos"*, der kreolischen Bevölkerung. In Flores Galindos so gelobter wie diskutierter Essaysammlung *„Buscando un Inca: Identidad y Utopía en los Andes"* definierte der Autor Utopie als das, was keinen Platz findet – weder im Raum noch in der Zeit. Flores Galindo kämpfte bis zuletzt für einen Platz der andinen Geschichte, geprägt von Ausgrenzung und Unterordnung, im nationalen Gedächtnis seines Landes.

Henriette Friede

ABAIXO A DITADURA
POVO NO PODER

Die brasilianische Studentenbewegung – *Resistir, resistir!*

Der Militärputsch am 31. März 1964 und die damit beginnende Repression gegen linke StudentInnen leitete einen Generationswechsel in der linken Studentenunion *União Nacional dos Estudantes* (UNE) ein: Schon nach dem **Brandanschlag** auf das UNE-Hauptgebäude in der Nacht des Putsches, bei dem sich noch einige Studierende im Gebäude befanden und nur mit knapper Not dem Feuer entgingen, sahen sich viele gezwungen, ins Exil oder in den Untergrund zu gehen. Jedoch spätestens ab dem 27. Oktober desselben Jahres als das Gesetz *Ley Suplicy de Lacerda* erlassen wurde, das die UNE und andere StudentInnenorganisationen verbot.

Demonstration gegen die Diktatur und in Erinnerung an den erschossenen Schüler Edson Luis

Die UNE existierte jedoch in der Illegalität weiter und führte unter dem Motto ***„Resistir, resistir!“*** („Widerstand leisten!“) den Kampf gegen die verschärfte Repression und auch gegen den *Acordo MEC-USAID* fort. Das Abkommen zwischen dem brasilianischen Bildungsministerium (MEC) und der *United States Agency for International*

Development (USAID) strebte eine Bildungsreform nach US-Vorbild an, mit dem Ziel, die Schul- und Studienzeiten stark zu verkürzen und einige Fächer, wie etwa Philosophie und politische Bildung, ganz zu streichen. Studierende, aber auch ProfessorInnen und Intellektuelle, protestierten gegen die geplante Umstrukturierung wie auch allgemein gegen die Beschneidung der Bürgerrechte durch die Diktatur.

Bis zum 28. März 1968 verliefen die Protestaktionen überwiegend friedlich. An diesem Tag sollte in Rio de Janeiro eine spontane Demonstration vor dem Gebäude des *Instituto Cooperativo de Ensino* (Oberschule, die zum Abitur führte), auch *Calabouço* – oder von den Militärs *Instituto Comunista de Ensino* – genannt, stattfinden. Das Calabouço, in dem auch die StudentInnenorganisation Rio de Janeiros Asyl gefunden hatte, war bereits in der Vergangenheit häufig Ausgangspunkt studentischer Demonstrationen gewesen. Noch bevor der Protestmarsch für die Renovierung des Calabouço, niedrigere Essenspreise und mehr Hygiene stattfand, marschierte die Militärpolizei vor der Mensa auf. Die rund 600 SchülerInnen und Studierenden verbarrikadierten sich im Gebäude und verteidigten sich mit Knüppeln und Steinen. Daraufhin stürmte die Polizei das Gebäude und verletzte fünf SchülerInnen schwer, einer von ihnen starb später im Krankenhaus. Der erst 18-jährige Schüler Edson Luis de Lima Souto wurde an Ort und Stelle erschossen – er war das erste **Todesopfer** der 68er-Bewegung in Brasilien. Aus Angst, die Polizisten könnten seinen Leichnam verschwinden lassen und das Verbrechen vertuschen, trugen die Schüler den toten Edson Luis in einer spontanen Prozession, während diese von den Polizisten mit Tränengas beschossen wurde, durch die Straßen Rio de Janeiros zum Regierungssitz. An den darauf folgenden Tagen kam es im ganzen Land zu Protestkundgebungen.

In den Folgemonaten verhandelten die Studierenden sowohl mit der Universitäts- wie auch mit der Staatsführung, zeigten Präsenz im Stadtleben durch Demonstrationen und politische Aktionen. Zugleich machten sie ihre Anliegen in ländlichen Gegenden über Theater-Workshops und Alphabetisierungskampagnen, frei nach dem Konzept von Paulo Freire, publik. Einerseits ging es darum, die Analphabetenrate in der ländlichen Bevölkerung zu senken. Andererseits aber suchten sie die Unterstützung aller Bevölkerungsschichten für ihren politischen Kampf.

Den Höhepunkt der Mobilisierung gegen die Staatsgewalt markierte am 26. Juni die *Passeata dos Cem Mil* (**Demonstration der 100.000**) in Rio de Janeiro. Im Gegensatz zu den Gewaltausbrüchen der vergangenen Wochen blieb diese Massendemonstration friedlich und wurde von der Polizei nicht attackiert. Eine kleine Kommission aus StudentenführerInnen und ProfessorInnen durfte am Ende sogar ihre Forderungen vor Präsident Costa e Silva persönlich vorbringen: mehr finanzielle Mittel für die Universitäten, mehr Freizeit, Freilassung aller inhaftierten StudentInnen und die Wiedereröffnung des nach Edson Luis' Tod geschlossenen *Calabouço*. Franklin Martins (damals Vize-Präsident der Studentenunion Rio de Janeiros, der UME, heute Presseminister unter Lula) erinnert sich an die Reaktion des Präsidenten: „Über die ersten beiden werde er nachdenken, die Freilassung der inhaftierten Studenten läge nicht in seiner Zuständigkeit und die Wiedereröffnung des Calabouço wäre nicht hinnehmbar." (35) Dennoch sieht die Historikerin Maria Paula Araujo in der Demonstration der Hunderttausend „den Höhepunkt der Studentenbewegung. Von da an verlor die Bewegung die Puste und das Regime begann, seine politische Vorherrschaft zurückzuerobern." (36)

Im zweiten Halbjahr 1968 wurden zahlreiche Universitätsgelände und Fakultäten von der Polizei besetzt. Ein Beispiel ist die äußerst

© Evandro Teixeira

gewalttätige Besetzung des Campus der *Universidade de Brasília*, über die der Filmemacher Vladimir Carvalho 2001 den Dokumentarfilm *Barra 68* drehte. Am 2. Oktober wurde die Fakultät für Philosophie und Geisteswissenschaften der *Universidade São Paulo*, die in der Rua Maria Antônia liegt, von rechten Paramilitärs gestürmt. In der Presse war die Rede von verfeindeten StudentInnengruppen. Das bestritt der Studentenführer José Dirceu vehement:

Es ist nicht wahr, dass es Zusammenstöße zwischen Maria Antônia und Mackenzie [presbiterianische Universität, mit einer kleine Gruppe rechter StudentInnen, Anm. d. Verf.] *gab. Es gab eine Minderheit bei Mackenzie, die von Agenten des DOPS* [Departamento de Ordem Político e Social; spezielle Polizeieinheit, Anm. d. Verf.] *trainiert und bewaffnet wurde, mit exklusiven Waffen der Spezialkräfte. Es war nur eine kleine Gruppe von Mackenzie und anderen, die provozierte, die Maria Antônia besetzen und zerstören wollte, um die Studentenbewegung aus der Innenstadt zu vertreiben.* (37)

Auf dem Jahreskongress der UNE im Oktober 1968 in Ibiúna, einer Kleinstadt nahe São Paulo, drohte die Spaltung der Bewegung in einen eher kommunistischen und einen militanten Teil. Da der Kongress geheim gehalten werden sollte, war eine Infrastruktur für rund tausend CamperInnen auf offenem Feld schlicht nicht vorhanden. Aufgrund dieser katastrophalen Bedingungen verhandelten die einzelnen Gruppen darüber, ob man den Kongress und die Wahl der UNE-Führung überhaupt abhalten sollte oder nicht. Bevor eine Entscheidung getroffen wurde, hatte die Polizei den Ort des Treffens ausfindig gemacht und alle TeilnehmerInnen festgenommen und identifiziert – darunter fast die gesamte Führung der StudentInnenorganisation. Später, als das Regime nach den Kämpfern der Guerillagruppen suchte, waren diese Fotos äußerst nützlich. José Genoino (damals UNE-Mitglied, später Guerillero, Mitbegründer der *Partido dos Trabalhadores* und deren ehemaliger Vorsitzender, heute Abgeordneter des Staates São Paulo) erinnert sich:

Nach dem Kongress von Ibiúna begann der Abstieg der Studentenbewegung. Die äußerst brutale Repression gegen den Kongress zerstörte die Bewegung. Denn dort war die Avantgarde versammelt. Niemals vergesse ich das Fotoalbum von Ibiúna, in dem 70 % der abgebildeten Leute nicht mehr existieren. Dieses Album war für mich ein starkes Symbol, da es auch mich verriet, nachdem ich als

Guerillero aus Araguaia verhaftet wurde. Ich war bis dahin nur eine Person und ein Name gewesen – und dann identifizierten sie mich anhand eines Fotos aus dem Ibiúna-Album. (38)

Mit dem **Erlass des AI-5** (*Ato Institucional N° 5*) am 13. Dezember 1968, dem sogenannten „Putsch im Putsch", wurden mit einem Schlag alle politischen Vereinigungen und Kundgebungen verboten, das Parlament aufgelöst und die meisten demokratischen Grundrechte abgeschafft. Erneut tauchten viele der mobilisierten StudentInnen in den Untergrund ab und schlossen sich Guerillagruppen wie der *Ação Libertadora Nacional* (ALN) um Carlos Marighella oder der *Vanguardia Popular Revolucionaria* (VPR) an. Mit den Ereignissen von '68 beginnen *„os anos de chumbo"* – **die bleiernen Jahre** bis 1974, in denen Repression und Unterdrückung in Brasilien ihren Höhepunkt erreichten.

Beinahe 40 Jahre nach der Ermordung Edson Luis', am 28. März 2008, wurde auf einem kleinen Platz in der Nähe des heutigen StudentInnenrestaurants *Calabouço* ein modernistisches Denkmal für den erschossenen Schüler errichtet. Paulo Vanucchi, Staatssekretär für Menschenrechte, sagte bei der Einweihung auf dem Platz Ana Amélia:

Heute wird zum ersten Mal ein Denkmal auf einem öffentlichen Platz errichtet, das die Menschen daran erinnert, dass es auch im 20. Jahrhundert Helden gab. [...] Dieses Denkmal zeigt die Dummheit des Militärregimes. Es ist das erste in einer Reihe weiterer Denkmäler, die wir gemeinsam mit den Studenten an anderen Orten in ganz Brasilien noch aufstellen wollen. (39)

Katharina Seeger

Vladimir Palmeira – Aus dem Gefängnis ins Parlament

© Evandro Teixeira (2)

Vladimir Palmeira ist eine der Schlüsselfiguren der brasilianischen StudentInnenbewegung. Der heute 65-Jährige stammt aus einer sehr konservativen Familie. Sein Vater war ein angesehener Abgeordneter der **rechtsliberalen** *União Democrática Nacional* (UND), der später auch Vladimirs Bruder beitrat. Sein Onkel war Abgeordneter der *Aliança Renovadora Nacional* (ARENA), der Regierungspartei der Militärjunta zur Zeit der Diktatur. Auf die Frage eines Journalisten, ob es da nicht Probleme aufgrund seiner eigenen politischen Einstellung gegeben habe, antwortete Palmeira, dass sich seine Mutter eher um ihn gesorgt habe, da sein Konterfei ab 1965 regelmäßig in der Presse erschien und er stets als ein „Anführer der linken Studentenbewegung" dargestellt worden sei – nicht ohne Grund.

Seine politische Laufbahn begann der junge Vladimir als Schulsprecher in seiner Heimatstadt Rio de Janeiro. Dort studierte er später Rechtswissenschaften und schloss sich der linken *Movimento de Reforma* an, die 1964 die StudentInnenwahlen gewann. Er nahm an den studentischen Mobilisierungen teil und wurde 1968 zum Präsidenten der **Studentenunion** Rio de Janeiros, der ***União Metropolitana dos Estudantes*** (UME), gewählt. Die Rio-Sektion ist wiederum Teil der mächtigen landesweiten Studentenorganisation *União Nacional dos Estudantes* (UNE). Auf allen Demonstrationen des Jahres

– besonders auf der ***Passeata dos 100 Mil*** (Demonstration der 100.000) – war Palmeira einer der Hauptredner. Dieses Engagement brachte ihm Verfolgung und Gefängnis ein: Immer wieder – im Jahre 1967, im August 1968 und schließlich nach dem **Kongress von Ibiúna,** im Oktober 1968 – wurde er inhaftiert.

Palmeira war dann einer von 15 **politischen Gefangenen**, die die Guerriller@s der *Ação Libertadora Nacional* (ALN) durch die Entführung des US-Botschafters Charles Burke Elbrick im Juni 1969 freipressten. Einer der Entführer war der linke Journalist Fernando Gabeira, später der erste Abgeordnete der Grünen im brasilianischen Parlament. Seine Darstellung der Entführung sowie der Ereignisse des Jahres '68 veröffentlichte Gabeira in dem Bestseller *O que é isso, companheiro?* (1979, auf Deutsch unter dem Titel „Die Guerilleros sind müde" erschienen).

Nach seiner Befreiung ging Palmeira ins **Exil**, zunächst nach Mexiko-Stadt, dann nach Kuba, Chile und schließlich nach Brüssel, wo er Wirtschaftswissenschaften studierte. Ein Jahr nach der **Amnestie** von 1978 kehrte er nach Brasilien zurück und war dort – noch zur Zeit der Diktatur – einer der Mitbegründer der linken, sozialdemokratischen und gewerkschaftsnahen **Partido dos Trabalhadores** (PT), der auch der heutige Präsident Luiz Inácio „Lula" da Silva angehört. 1982 wurde der Wirtschaftsexperte Palmeira in den Senat gewählt und bekleidete seither verschiedene politische Ämter. Er ist bekannt, obwohl selber PT-Mitglied, für seine öffentliche Kritik an parteipolitischer Doppelmoral und Korruption.

Palmeira kann bis heute nicht verstehen, warum „sich die Studenten auf der Sonnenseite der Welt zur selben Zeit in Bewegung setzten, aus so ganz anderen Motiven". (40) Denn der **Pariser Mai** hat seiner Ansicht nach die brasilianische 68er-Bewegung kaum beeinflusst. In einem Interview mit der Zeitschrift *G1* vom 10. Mai 2008 sagte er dazu: „In Frankreich begann alles, weil die Jungs mit den Mädchen schlafen wollten. In Brasilien gab es einen seit 1964 andauernden Kampf gegen die Militärdiktatur." Wichtiger für die Mobilisierung in seiner Heimat seien die *Black-Power*-Bewegung, der US-Feminismus und die Kubanische Revolution gewesen. (41)

Katharina Seeger

Zentrale der Tupamaros in Montevideo (1997)

Repression & Gegengewalt

Der Massenmord von Tlatelolco

Drei bengalische Lichter blitzten in der Abenddämmerung – damit beginnt nahezu jede Erzählung über das Massaker von Tlatelolco. Etwa zehntausend Studierende und SympathisantInnen hatten sich an jenem 2. Oktober auf dem **Platz der drei Kulturen** in Mexiko-Stadt zusammengefunden; soeben hatte man beschlossen, die Versammlung aufzulösen, um „Provokationen zu vermeiden". Auf die grünen Lichtblitze aus den Armeehubschraubern folgten die Schüsse. Zwei Stunden lang wurde in die panische Menge hineingeschossen, mal als endloses Rattern, mal vereinzelt, von überall her. Alles rannte, suchte Zuflucht in Hauseingängen, klopfte an die Kirchenpforte – vergeblich. „Schlimmer als jedes Bombardement, das ich in Vietnam gesehen habe", sollte die bekannte Kriegsberichterstatterin **Oriana Fallaci**, die selber angeschossen wurde, gegenüber der mexikanischen Autorin Elena Poniatowska kurz darauf äußern. „Dort hat es wenigstens immer irgendeinen Unterschlupf gegeben" (42). Noch bis in die Nachtstunden durchkämmten Militärs jedes Stockwerk der umliegenden Wohnblocks auf der Suche nach den StudentInnenführern. An die zweitausend wurden in jener Nacht festgenommen, viele von ihnen misshandelt, einige Hundert verschwanden für Jahre im Gefängnis. Unzählige wurden bei der Flucht verletzt, mit Schusswunden im Rücken, im Nacken oder im Gesäß.

© Paris Match, Nr. 1014, 12.Oktober 1968

© Por qué? Revista Independiente 1968 (Mexiko)

„Blut über Mexiko – Die Spiele in der Krise", „Mörder! Wer führt in Mexiko?"

Die genaue **Zahl der Toten** ist bis heute unbekannt. Anfangs war in der internationalen Presse von tausend oder fünfhundert Toten die Rede, bis vor kurzem noch von 250. Doch bislang konnten nur an die 40 Ermordete namentlich ermittelt werden – mehr als auf der von AktivistInnen aufgestellten Gedenktafel, in die nur 22 Namen eingraviert sind, doch weniger als lange geglaubt. Der Autor Paco Ignacio Taibo II hält es für möglich, dass letztlich nicht mehr als 40 oder 50 erschossen wurden, dafür habe es womöglich umso mehr Schwerverletzte gegeben. Es habe eine „Dynamik der Falschinformation“ (43) gegeben, sagt er heute. Die Regierung habe lange gesagt, es gebe gar keine Toten. „Daraufhin meinten wir dann – oh doch, und zwar tausend! Oder 400!“ (44). Augenzeugen berichteten allerdings von LKW-Ladungen voller Leichen, die – ebenso wie die Blutspuren und die unzähligen Schuhe auf der *Plaza* – am nächsten Morgen verschwunden waren.

Während das Massaker von der heimischen Presse fast durchgehend totgeschwiegen oder zum „Feuergefecht“ zwischen StudentInnen und Sicherheitskräften umgedichtet wurde, haben die Fotos von den blutüberströmten Leichnamen weltweit für Entsetzen gesorgt; der Dichter **Octavio Paz**, selber schon lange kein Linker mehr, trat aus Protest umgehend von seinem Botschafterposten in Indien zurück. Doch die Empörung währte nicht lange. In den 70er Jahren machte sich ausgerechnet Mexiko als Zufluchtsort für politische Verfolgte aus

nuestro editorial

Campeonato sudamericano de revoluciones

Hasta no hace mucho tiempo, cada dos años se disputaba el Campeonato Sudamericano de Fútbol. Desgraciadamente, este torneo ya no se juega más, privándose a la hinchada de los países de América del Sur de tan apasionante espectáculo. Pero, por fortuna, ahora se ha creado un nuevo torneo: el Campeonato Sudamericano de Revoluciones, en el que todos los competidores tienen posibilidades de ganar, pero justo es reconocer que nuestro país, gracias a sus conocimientos técnicos y a su severo entrenamiento, cuenta con mayores posibilidades de triunfo. Analicemos los países que intervienen en el Campeonato de Revoluciones, y juzguemos sus posibilidades.

ARGENTINA. — Muy buen equipo, aguerrido y afiatado, especialmente desde 1930, año en que se implantó el profesionalismo. Cuenta con notables actuaciones, como la revolución de Uriburu, la de Rawson-Ramírez, y la de Lonardi. Las últimas performances lo han cotizado como favorito en la competencia: basta con recordar los golpes que depusieron a Frondizi y a Illia.

BRASIL. — El más serio rival de la Argentina. Buena actuación desde la época de Vargas, y renovación de su táctica en los últimos años, después de los fragotes contra Janio Quadros y João Goulart.

PERU. — En los últimos tiempos, este país se ha colocado casi a la par de la Argentina y de Brasil. De técnica similar a la nuestra, el último golpe de Velasco Alvarado lo ha colocado, sorpresivamente, entre los más serios candidatos para lograr la codiciada copa.

BOLIVIA. — Es un país que no hay que descuidar, pues, además de no haber rivales chicos en este torneo, se encuentra muy bien colocado en el cuadro de posiciones; su actuación es muy regular, y en cualquier momento puede tomar la delantera, a pesar de que, desde que derrocaron a Paz Estenssoro, no se produjo en este país ningún nuevo movimiento de fuerza.

ECUADOR. — Las revoluciones de este país se encuentran estrechamente vinculadas con José María Velazco Ibarra, ya que casi siempre se hacen para derrocarlo. Como actualmente Velazco Ibarra es presidente del pequeño país, no sería difícil que al aparecer publicadas estas líneas, un general sea el nuevo presidente del Ecuador. De ser así, habría que sumar dos nuevos puntos a los muchos que tiene este país.

VENEZUELA. — Si bien muy temible hasta el año 1957, en que se produjo la caída de Pérez Jiménez, desde ese año a esta parte han permanecido sus fuerzas armadas bastante tranquilas, por lo que no sería de extrañar que estén preparando algo gordo.

Hasta el momento, el cuadro de posiciones del Campeonato Sudamericano de Revoluciones es el siguiente:

1º	Argentina	18 revoluciones
2º	Brasil	16 „
2º	Perú	16 „
3º	Bolivia	15 „
4º	Ecuador	13 „
5º	Venezuela	12 „
5º	Colombia	12 „
6º	Chile	10 „
7º	Uruguay	8 „

A mantener vivas las esperanzas, entonces, y a hinchar con todas nuestras fuerzas para que nuestro país se imponga en este dificilísimo torneo. ¿No les pa?

TIO LANDRU

—¿Qué hacemos, mi general? Desde la Argentina nos acusan por plagio.

„Blutiges Mexiko“: Das Massaker von Tlatelolco in der Weltpresse den Diktaturen Südamerikas einen Namen – und betrieb zeitgleich eine brutale Aufstandsbekämpfungspolitik im Süden des eigenen Landes. Für den Schießbefehl von Tlatelolco ist bis heute kein Politiker, kein Polizist und kein General hinter Gittern gelandet. **Luis Echeverría**, als damaliger Innenminister und späterer Präsident (1970-1976) einer der Hauptverantwortlichen, steht seit einiger Zeit zwar unter Hausarrest. Alle Verfahren wegen Genozid und *desaparición forzada*, wie die Verschleppungen durch staatliche Sicherheitskräfte genannt werden, sind bislang im Sande verlaufen und inzwischen größtenteils verjährt. Die Aussicht, dass auch nur ein Einziger rechtskräftig verurteilt wird, schätzen Experten „gleich null" ein.

Anne Huffschmid

„Memorial de Tlatelolco" von Rosario Castellanos

La oscuridad engendra la violencia
y la violencia pide oscuridad
para cuajar el crimen.
Por eso el dos de octubre aguardó hasta la noche
para que nadie viera la mano que empuñaba
el arma, sino sólo su efecto de relámpago.

¿Y a esa luz, breve y lívida, quién? ¿Quién es él que mata?
¿Quiénes los que agonizan, los que mueren?
¿Los que huyen sin zapatos?
¿Los que van a caer al pozo de una cárcel?
¿Los que se pudren en el hospital?
¿Los que se quedan mudos, para siempre, de espanto?

¿Quién? ¿Quiénes? Nadie. Al día siguiente, nadie.
La plaza amaneció barrida; los periódicos
dieron como noticia principal
el estado del tiempo.
Y en la televisión, en el radio, en el cine,
no hubo ningún cambio de programa,
ningún anuncio intercalado ni un minuto de silencio en el banquete.
(Pues prosiguió el banquete.)

No busques lo que no hay: huellas, cadáveres
que todo se le ha dado como ofrenda a una diosa,
a la Devoradora de Excrementos.

No hurgues en los archivos pues nada consta en actas.

Más que aquí que toco una llaga: es mi memoria.
Duele, luego es verdad. Sangre con sangre
y si la llamo mía traiciono a todos.

Recuerdo, recordamos.
Ésta es nuestra manera de ayudar a que amanezca
sobre tantas conciencias mancilladas,
sobre un texto iracundo, sobre una reja abierta,
sobre el rostro amparado tras la máscara.
Recuerdo, recordemos
hasta que la justicia se siente entre nosotros.

Ein Ausschnitt dieses Gedichtes, das die berühmte mexikanische Dichterin (1925-1974) über den Tag nach dem Massaker schrieb, ist in die 1993 aufgestellte Gedenktafel von Tlatelolco eingraviert.

Ana Ignacia „La Nacha“ Rodríguez – Die Brigadistin

© Anne Huffschmid

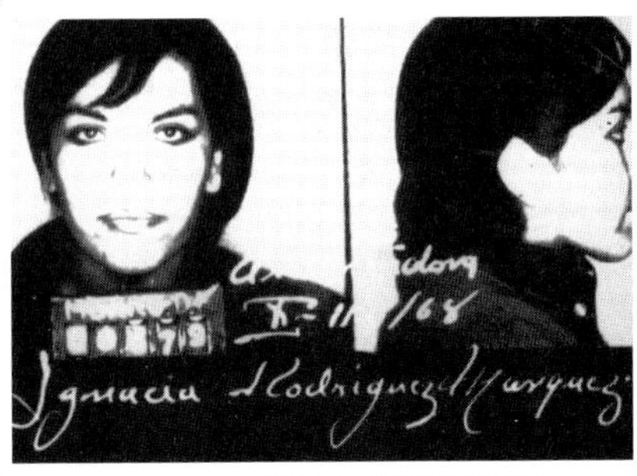

© Privatarchiv Nacha

Die junge Ana Ignacia Rodríguez, die eine der wenigen bekannten Frauen der mexikanischen Revolte werden sollte, kam aus einer konservativen Provinzfamilie 1962 nach Mexiko-Stadt, um dort **Jura** zu studieren – ohne „politische Bildung", eher mit einem vagen Gefühl, „den Armen helfen zu wollen" (45), wie sie sich heute erinnert. Ihre ersten Jahre in der großen Stadt verbringt sie zwischen Tanzsalons und Milch-Shakes – und entdeckt erst allmählich die urbanen Freiheiten.

Ich kam mit der festen Überzeugung, vor der Hochzeit nicht meine Jungfräulichkeit aufs Spiel zu setzen. Dann habe ich in der Fakultät die Parole gehört: „Jungfräulichkeit macht Krebs" – die Konfrontation mit der sexuellen Befreiung war ein Schock, eine vollkommen neue Welt für mich. Und dann begannen sie auch mir vom Vietnam-Krieg und von Kuba zu erzählen... Ich bin das Produkt dieses Schocks. (46)

Die Fakultät war eine Hochburg der Regierungspartei, als Gegenbewegung dazu gründete sie mit anderen 1966 die Progressive Studentenpartei, die zunächst vor allem Kulturaktionen organisierte. In die 68er-Unruhen geriet sie, weil sie – wie jedes Jahr – an der Demonstration zum Jahrestag der Kubanischen Revolution teilnahm. In der Mobilisierung ab Juli 1968 war sie vor allem an den studentischen **Brigaden** beteiligt, die in der Öffentlichkeit über den StudentInnenstreik aufklärten – eine „typisch weibliche" Aufgabe, die in den überwiegend männlich geprägten 68er-Erinnerungen eher unterging.

La Nacha, wie sie im Strafregister geführt wurde, landete mehrfach hinter Gittern. Auch als das mexikanische Militär im September 1968 den Universitätscampus stürmte, gehörte sie wieder zu den Inhaftierten. Doch nach kurzer Zeit wurde sie auf öffentlichen Druck freigelassen. So war sie eine derjenigen, die am Nachmittag des 2. Oktober 1968 auf dem Platz der drei Kulturen standen, als die Schüsse begannen. Nach dem Massaker tauchte *La Nacha*, wie viele andere, unter. Im Januar 1969 wurde sie trotzdem von Sicherheitskräften verschleppt und zu **sechzehn Jahren Gefängnis** verurteilt. Ihre Zelle im Frauengefängnis von Mexiko-Stadt teilte sie mit einer anderen Aktivistin, Roberta Avendaño, besser bekannt als **La Tita** – eine der wenigen weiblichen Delegierten im studentischen Streikrat CNH. Erst im Dezember 1970 wurden beide auf internationalen Druck – darunter auch eine deutsche amnesty-international-Gruppe – im Zuge eines Amnestie-Dekrets freigelassen. Im Unterschied zu den männlichen Aktivisten, die in Lecumberri als politische Gefangene gewisse Freiheiten genossen, waren die beiden Studentinnen im Trakt mit den Kriminellen zusammengesperrt. Die zwei Jahre hinter Gitter haben Nacha, so sagt sie heute, „traumatisiert": nicht nur die „gestohlene

Zeit“, in der die junge Studentin weder erotische noch intellektuelle Erfahrungen machen konnte, auch die sexuellen Übergriffe der Mitgefangenen und das Klima der Gewalt.

Viele Jahre musste sie sich als überwiegend alleinerziehende Mutter mit ihren beiden Töchtern Tania und Havana, heute 35 und 30 Jahre alt, durchschlagen. „Ich konnte mir das politische Engagement einfach nicht leisten“ (47), sagt sie. Erst im Jahr 1998 stieß *La Nacha* zum *Comité 68*, einer Gruppe ehemaliger AktivistInnen, die sich für die politische Erinnerung und die Strafverfolgung der Täter einsetzt – bis heute vergebens.

Anne Huffschmid

José Revueltas – Intellektueller „Drahtzieher“ der mexikanischen Proteste

© Oscar Menéndez

Der mexikanische Schriftsteller wurde 1914 in eine Künstlerfamilie hineingeboren: Sein Bruder war der berühmte Komponist Silvestre Revueltas, sein anderer Bruder der Maler Fermín Revueltas und seine Schwester Rosaura Schauspielerin (*Salz der Erde*, 1954). Schon als 14-Jähriger trat er der Kommunistischen Partei Mexikos (PCM) bei, wurde wegen seiner Kritik an den bürokratischen Strukturen jedoch 1943 ausgeschlossen. Im Jahr 1961 begründete er die Spartakistische Liga und später die *Partido Popular Socialista* (PPS), aus der er jedoch wegen parteiinterner Kritik ebenfalls ausgeschlossen wurde. Als im Sommer 1968 die mexikanischen Universitäten bestreikt wurden, solidarisierte sich der damals schon 54-jährige Autor vom ersten Tag an mit der Mobilisierung der Studierenden. Sein größtes Interesse galt dabei der universitären Selbstverwaltung und dem Experimentieren mit direkter Demokratie. Wenige Wochen nach dem **Massaker von Tlatelolco** wurde Revueltas Mitte November als „intellektueller Drahtzieher“ verhaftet und saß zweieinhalb Jahre im berüchtigten „Schwarzen Palast“ ein, dem **Gefängnis von Lecumberri**, wo er politische Schulungen für seine Mithäftlinge organisierte und schriftstellerisch tätig war. Im Mai 1971 wurde er auf Bewährung entlassen. Er starb 1976 an den Spätfolgen eines vierzigtägigen **Hungerstreiks** im Gefängnis. Zwei Jahre nach seinem Tod wurde seine Textsammlung *México 1968: Juventud y Revolución* (Ediciones Era), eines der zentralen Werke der mexikanischen 68er-Literatur, veröffentlicht. Seine Tochter Andrea Revueltas hatte schon 1977 die Interviewsammlung *Conversaciones con José Revueltas* herausgegeben, die zum 25. Todestag des selbst von politischen Gegnern wie Octavio Paz geschätzten „Marxisten ohne Partei“ wieder aufgelegt wurde.

Anne Huffschmid

Der *Cordobazo*

Die gewaltsamen Zusammenstöße in der Provinzhauptstadt Córdoba im Mai 1969 sind als der Höhepunkt des „argentinischen ’68“ in die Annalen eingegangen. Fast vierzehn Jahre nach dem Putsch gegen Juan Domingo Perón und im dritten Jahr der stabilisierten **Diktatur unter General Juan Carlos Onganía** wurde das Klima sowohl bei ArbeiterInnen wie auch bei Studierenden im Frühjahr 1969 explosiv. Die Hochschulen waren politisiert, die nationale Universität wurde vorübergehend sogar geschlossen. Die gewalttätigen Auseinandersetzungen zwischen Bevölkerung und Staatsgewalt wurden nicht nur in Buenos Aires, sondern auch in den Provinzen immer häufiger. Hinzu kamen Lohnkürzungen und die gerade erst beschlossene Abschaffung des *sábado ingles,* des arbeitsfreien Samstags. Córdoba gehörte zu den wirtschaftlich prosperierenden Regionen des Landes, eine Vorzeigeregion der Regierung Onganías – trotzdem oder vielleicht gerade deshalb spitzten sich hier die Konflikte zu. Die lokalen Gewerkschaften Córdobas galten aufgrund ihrer organisatorischen und finanziellen Autonomie als besonders „antibürokratisch“ und militant.

Im Stadtzentrum war es schon seit Mitte Mai 1969 zu Tumulten gekommen. Ein Grund dafür war die Ermordung von vier StudentInnen und ArbeiterInnen in den entlegenen Provinzen Corrientes, Rosario und Tucumán. Am 26. desselben Monats organisierten verschiedene Arbeiterführer, darunter **Agustín Tosco** alias *El Gringo* von der *Confederación General del Trabajo de los Argentinos* (CGTA), verschiedene Versammlungen in der Stadt. Dabei gelang es ihnen, Kontakt zwischen den lokalen Gewerkschaften, StudentInnengruppen und der katholischen Bewegung der „Priester der Dritten Welt“ herzustellen – eine bis dahin ungewöhnlich breite Allianz.

Konfrontation zwischen den Demonstranten und der Polizei

Die Gewerkschaften rufen für den Morgen des 29. Mai einen aktiven Streik, den ***paro activo***, aus. Gegen Morgen ist die Situation in der altehrwürdigen Universitätsstadt angespannt. Die Polizei positioniert sich im Stadtzentrum, die Straßen werden abgesperrt. Gegen 11 Uhr verlassen viele der Beschäftigten ihre Arbeitsplätze und setzen sich Richtung Stadtzentrum in Bewegung. Studierende halten Versammlungen auf der Straße ab und schließen sich spontan dem Zug an. „Das war eine kollektive Entscheidung“, erinnert sich ein Arbeiter einer Autofabrik in einem Interview mit der Zeitschrift *Umbrales* dreißig Jahre nach den Vorfällen. „Ich weiß gar nicht mehr, wie es dazu gekommen ist. Niemand hat den Befehl oder irgend so etwas gegeben, aber wir sind alle gegen die Polizei vorgerückt. Ich hatte verfaulte Mandarinen in der Hand, ich hatte gar nichts, womit ich mich hätte verteidigen können. Aber wir sind einfach immer weiter gegangen..." (48). Die Polizei will den Zug ins Stadtzentrum aufhalten und setzt Tränengas ein, kurz darauf wird scharf geschossen. Über Seitenstraßen gelangen die ArbeiterInnen schließlich doch ins Zentrum. Gegen das Tränengas werden Feuer auf den Straßen entzündet, die Luft ist voller Rauch. Die Polizei geht in *actos relámpagos*, sogenannten Blitzeinsätzen, gegen die DemonstrantInnen vor, es fallen immer mehr Schüsse. Eine Gruppe von Automechanikern leistet Widerstand mit dem, was sie zur Hand haben, vor allem Steine und Eisenteile. Molotowcocktails werden gebaut, Autos gehen in Flammen auf, Fensterscheiben klirren. Busse, Geschäfte und Büros werden angezündet. In den Morgenstunden des

© Editorial Sudamericana S.A.

Die Verhafteten warten auf ihre Anklage vor dem Kriegsgericht

30. Mai ist Córdoba kurzzeitig eine **eroberte Stadt**, die Polizeikräfte sind besiegt. Die Regierung beschließt, die Stadt zurückzuerobern und die Armee gegen die DemonstratInnen einzusetzen. Die offiziellen Angaben über die Opfer schwanken: Die Rede ist von 14 bis 34 **Toten**, 200 bis 400 **Verletzten** und etwa 2.000 **Verhafteten**. 34 Demonstran-

ten, darunter auch *El Gringo* Tosco, werden von einem Kriegsgericht zu Strafen von drei Monaten bis zu acht Jahren verurteilt.

Der *Cordobazo* hat sich als kurzer, aber symbolisch bedeutender Moment der **erfolgreichen Gegenwehr** in die argentinische Geschichte eingeschrieben: Der Provinzgouverneur musste zurücktreten, kurze Zeit später räumte auch die Regierung Onganía das Feld. „Das Ziel war nicht, Córdoba in Flammen aufgehen zu lassen", erinnert sich der Gewerkschafter Felipe Alberti. „Es ging um legitime Selbstverteidigung für die Rechte der Arbeiter und die Freiheit der gesamten Gesellschaft." (49)

Das politische Klima hatte sich nach dem *Cordobazo* in den Städten verändert. Die Diktatoren konnten das Image ökonomischer und politischer Stabilität nicht mehr aufrechterhalten. Die lokalen ArbeiterInnenbewegungen versuchten sich auch auf nationaler Ebene zu organisieren, Studierende forderten Autonomie für die Universitäten und schalteten sich zunehmend in die politischen Debatten ein. Spannend bleibt die Frage nach Ursache und Wirkung der **Gewaltspirale**. Beim *Cordobazo* kam es zu der bis dahin heftigsten Entladung von Gewalt in Argentinien, er gilt daher als wichtiger Faktor für die zunehmende Gewalt auf Seiten der Protestakteure und der Staatsmacht. Die sozialen Widerstandsbewegungen wurden durch den *Cordobazo* in ihrer Notwendigkeit, aber auch in ihren Einflussmöglichkeiten weiter bestärkt. Doch statt die Jugend verstärkt in den politischen Prozess einzubinden, so argumentiert die Historikerin Mónica Gordillo, wurde sie immer mehr aus der öffentlichen Sphäre heraus und zu militanten Organisations- und Kampfformen gedrängt. Hier liege ein wichtiger Grund für die Entstehung bewaffneter Gruppen wie der **Montoneros**.

Luis, ein ehemaliger Studentenführer, beschreibt den *Cordobazo* als Mythos:

Der Cordobazo wurde zu einem romantischen Bild, das bei allen weiteren Vorfällen präsent war, und begründete eine sehr mächtige Mystik. Da ist diese ***romantische Idee des Klassenbewusstseins****. Im individuellen Bewusstsein von allen, die wir damals dabei waren, setzte sich etwas fest: das ist genau das, was die Menschen wollen. Und der Cordobazo beschleunigt das alles, man hatte keine Zeit zu verlieren und dabei stürzt man sich voll hinein in Aktionen,* *bei denen man alles riskiert. Nicht nur für jeden persönlich, sondern auch als Organisation. Es gibt diese Dringlichkeit, diese Überstürzung...* (50)

War der *Cordobazo* nun Teil eines globalen '68? Seit Beginn der 60er Jahre war die Kubanische Revolution in Argentinien sehr präsent. Die argentinische ArbeiterInnenbewegung identifizierte sich mit den revolutionären Idealen und forderte die Abschaffung des Kapitalismus und den Aufbau einer sozialistischen Gesellschaft. Vielleicht handelt es sich hier eher um eine globale Bewegung, die sich von der westlichen Welt abgrenzt? So bezieht sich beispielsweise Enrique Juárez, ein Vertreter des Kinokollektivs *Realizadores de Mayo,* ausdrücklich nicht auf den Pariser Mai, sondern auf die Unabhängigkeitskämpfe Algeriens oder die erfolgreiche Kubanische Revolution. Sie entwerfen die Idee eines *Tercermundismo,* einer Befreiung der „Dritten Welt" vom Neokolonialismus und von staatlicher Gewalt. In seinem Dokumentarfilm *„Ya es tiempo de violencia"* (1969) über den *Cordobazo* wird vor allem auf lateinamerikanische Ereignisse, etwa die Entwicklungen in Brasilien, Kolumbien, Venezuela und in der Dominikanischen Republik, verwiesen.

Zwar verglich Juan Domingo Perón, der sich zu dieser Zeit im spanischen Exil befand, in seiner Grußbotschaft an die argentinischen Studierenden den *Cordobazo* mit dem Pariser Mai, wie sich der ehemalige Student Carlos erinnert. Doch im Grunde sei der Zusammenstoß ein Ausdruck des Widerstandes gegen die zunehmende Repression im eigenen Land gewesen:

Der 29. Mai 1969 war der Höhepunkt einer ganzen Serie von Protesten, speziell der Gewerkschaften und Studenten. Aber er ist auch allgemein als große demokratische Forderung der Bevölkerung zu verstehen, gegen die Diktatur einer militärischen Elite und für die politischen Rechte als Bürger. (51)

Inga Kleinecke

El Gringo Tosco – Idol für ArbeiterInnen und „AntibürokratInnen"

© Editorial Sudamericana S.A.

Agustín José Tosco wurde 1930 in einem Dorf in der Provinz Córdoba als Sohn einer Bauernfamilie geboren. In der Provinzhauptstadt trat er als jugendlicher Elektriker und Gelegenheitsarbeiter schon früh der Gewerkschaft ***Luz y Fuerza*** bei. Dort wurde er bereits als Zwanzigjähriger zum Delegierten gewählt. Seine Kameraden tauften den blonden jungen Mann „El Gringo". Mit nur 27 Jahren wurde er zum Generalsekretär der *Federación Argentina de Trabajadores Luz y Fuerza* ernannt. Er wandte sich besonders gegen die gewerkschaftliche Bürokratie und setzte sich für die Selbstbestimmung der ArbeiterInnen ein. „Agustín Tosco war der beste Arbeiterführer, den ich je kennengelernt habe", schreibt der Historiker und Publizist Osvaldo Bayer noch 30 Jahre später. „Er war ein echter Sohn des Volkes. Kein Anti-Peronist, aber ein Antibürokrat. Darin lag für ihn das Krebsgeschwür der Arbeiterbewegung: Der Mangel an Basisdemokratie, der Caudillismus, die Korruption." (52)

In den 60er Jahren organisierte Tosco ArbeiterInnenproteste innerhalb des Gewerkschaftsdachverbands CGT. Zwar wurde er im Mai 1969 schon 48 Stunden vor dem ***Cordobazo*** als „Rädelsführer" verhaftet. Dennoch verurteilte ihn ein Militärgericht wegen der Unruhen zu acht Jahren Gefängnis. In einem Brief an seine Eltern aus dem Gefängnis in Rawson beteuert er seinen Optimismus:

Ich glaube fest an den tieferen Sinn unseres Kampfes für die Verteidigung unserer Rechte. Ich trage hier die Konsequenz eines Arbeiters und Syndikalisten, der keine Rückschritte und Missachtung seiner Rechte akzeptiert. All meine Energien gelten dieser Überzeugung, welche die unerschütterliche Basis meiner Ruhe und meines

Vertrauens ist. Egal wie hart diese Haft auch sein mag, von der ich nicht weiß, wie lange sie noch dauern wird. (53)

Auf öffentlichen Druck seiner AnhängerInnen kam Tosco nach nur 17 Monaten wieder aus dem Gefängnis frei. Er war eine wichtige Figur einer bis dato ungewöhnlichen Allianz, da er erstmals gemeinsame Aktionen zwischen ArbeiterInnen, StudentInnen und der katholischen Bewegung der „Priester für die Dritte Welt" ermöglicht hatte. Auch die Guerillagruppe *Fuerzas Armadas Peronistas* versuchte, ihn für ihren bewaffneten Kampf zur Verwirklichung einer echten „Argentinischen Revolution" zu gewinnen. Doch er wollte sich nicht von seinem politischen Projekt verabschieden. (54)

Auch war es ihm wichtig, parteilos zu bleiben, um sich nicht korrumpieren zu lassen. In den 70er Jahren wurde Tosco als prominenter und kompromissloser Gewerkschaftsführer bekannt. Verfolgt von der antikommunistischen, paramilitärischen Organisation *Triple A* (*Alianza Anticomunista Argentina*) musste er noch vor dem letzten Militärputsch von 1976 untertauchen. Er starb 1975 im Alter von 45 Jahren in seinem Versteck an einer Infektion.

„Lateinamerika leidet an einer institutionalisierten Gewalt", wird Tosco noch 2004 in einer Veröffentlichung zum Thema „Syndikalismus der Befreiung" zitiert. „Diese sät ihre Reaktion erst, welche oftmals der reinen Selbstverteidigung dient. (...) Wir glauben, dass der Mensch ein Wesen des Friedens ist, der seine Erlösung sucht. Die großen Verantwortlichen für die Krise und die Gewalt, sind nicht diejenigen, die dagegen vorgehen." (55)

Mit seiner christlichen Rhetorik, großem Enthusiasmus und seinem unbestrittenen Talent als Wortführer bleibt Tosco auch heute, zum 40. Jahrestag des *Cordobazo*, ein Idol für die argentinische ArbeiterInnenbewegung.

Inga Kleinecke

Das Massaker auf der Avenida Roosevelt – Nicaragua 1967

Im Morgengrauen des 23. Januars sahen wir Wagen mit unzähligen Kadavern an uns vorbeifahren und mehrere Feuerwehrautos wuschen das Blut von der Avenida Roosevelt, alles dort, wo heute die

Die Demonstration vom 22. Januar 1967.

Nationalversammlung ist. Es war ein schrecklicher Alptraum – in dieser Nacht, in der niemand schlief! (56)

Bis in die Morgenstunden hallten die Straßen nahe dem Nationalpalast in Managua von Schüssen und Schreien wider, unzählige Leichen lagen auf dem Asphalt. Auch heute weiß niemand genau, wie viele Opfer das Massaker forderte, das die Nationalgarde des **Diktators Somoza** am **22. Januar 1967** bei einer Protestdemonstration anrichtete. Die Einschätzungen der Augenzeugen, die die Leichen auf den Ladeflächen der Regierungsfahrzeuge gesehen haben, gehen weit auseinander. Einige Stimmen sprechen von 200 Toten, in anderen Erinnerungen ist von über 1.000 Opfern die Rede. Man wird diese Frage nie klären können, die Leichname wurden in anonymen Massengräbern verscharrt.

„Bei Agüero kommt das Volk zuerst“: Demonstranten unterstützen ihren Kandidaten

Das Massaker auf der Avenida Roosevelt stellte den Höhepunkt einer Repressionswelle dar, die das Land Ende der 60er Jahre überrollte. Viele Historiker sehen ihren Beginn im Oktober des Jahres 1966, als eine Gruppe von Studierenden bei der Eröffnung der Baseball-Saison im Nationalstadion der Hauptstadt vor den Augen des anwesenden Diktators ein großes Transparent mit den Worten ***No más Somoza*** ausrollte. Der Protest endete blutig: Die Nationalgarde ließ die Ausgänge des Stadions schließen und in dem darauffolgenden Tumult starben unzählige Menschen, andere wurden festgenommen und in den folgenden Tagen brutal gefoltert.

Die darauffolgenden Monate standen im Zeichen der für Februar 1967 geplanten Präsidentschaftswahlen. Unterschiedliche Oppositionsparteien hatten sich zur ***Unión Nacional Opositora*** **(UNO)** zusammengeschlossen und ernannten **Fernando Agüero Rocha** – Anführer der Konservativen Partei im Land und seines Zeichens einer der schärfsten Kritiker des Somoza-Regimes – zu ihrem Präsidentschaftskandidaten. Doch es wurde schnell deutlich, dass es nicht zu freien Wahlen kommen würde: Die Opposition wurde massiv an der Registrierung ihrer Wahlmänner gehindert und die Regierung ging gewaltsam gegen einzelne Oppositionspolitiker vor. Die UNO, unterstützt von der Studentenbewegung, organisierte große Protestmärsche im ganzen Land und mobilisierte weite Teile der Bevölkerung. Die Parole der Opposition ***Basta ya! No más Somoza!*** hallte durch ganz Nicaragua.

Am Sonntag, den 22. Januar 1967, einen Monat vor den Wahlen, wurde die letzte große Demonstration geplant: Über das Radio rief man dazu auf, auf der ***Plaza de la República*** zu erscheinen. Menschen aus nah und fern folgten diesem Aufruf und der Platz gegenüber dem Nationalpalast füllte sich ab Mittag mit aufgebrachten Demonstrierenden. In den frühen Abendstunden setzte sich die Menschenmasse in Bewegung, einige Zehntausende sollen laut Augenzeugen die Straßen gesäumt haben. Während die Demonstration sich über die **Avenida Roosevelt** in Richtung des Amtssitzes des Präsidenten, der *Loma de Tiscapa*, bewegte, bezogen Heckenschützen der Regierung ihre Position auf den Dächern. Als die DemonstrantInnen wenige Minuten später um die Ecke des Gebäudes der Zentralbank bogen, wartete bereits eine Front aus Soldaten der Nationalgarde auf sie. Ein Fahrzeug der Flughafenfeuerwehr von Managua fuhr vor – die Löschanlage sollte als Wasserwerfer gegen die Demonstrierenden eingesetzt werden. Und auf diesem Wagen stand Oberleutnant Sixto Pineda, um Befehle zu erteilen. Doch plötzlich fiel ein Schuss und der Leutnant brach tot zusammen.

Bis heute ist ungeklärt, wer diesen Schuss abfeuerte. Eine Theorie besagt, dass der Schuss durch den Rücken in den Körper Pinedas eindrang und somit nicht aus der Richtung der Demonstrierenden

Die Sandinistin und Schriftstellerin Michele Najlis (Mitte)

gekommen sein konnte. Eine andere Version spricht davon, dass der Schuss von **Michele Najlis** abgefeuert wurde. Die junge Frau, die zusammen mit ihrem im Rollstuhl sitzenden Freund **Fernando Gordillo** an der Spitze der Demonstration stand, soll die Waffe unter dem Rollstuhl versteckt haben. Mit den Worten: „Es ist nur eine Legende" (57), bestreitet die Beschuldigte dies bis heute.

Nach dem Schuss begannen die Soldaten und die Heckenschützen auf den Dächern wahllos in die Menge zu schießen, Chaos brach aus, Menschen rannten orientierungslos durcheinander.

Hunderte Demonstrierende, darunter auch die Anführer, flüchteten sich zwei Häuserblöcke weiter in das naheliegende *Gran Hotel* in der Annahme, dort sicher zu sein. Schließlich war das Hotel zu diesem Zeitpunkt von vielen ausländischen Gästen besucht, die anlässlich der Feierlichkeiten zum 100-jährigen Geburtstag des Nationaldichters Rubén Darío angereist waren. Die Nationalgarde nahm jedoch keine Rücksicht und beschoss das Hotel mit Panzern. Nur das Eingreifen der im Land stationierten US-Militärmission verhinderte, dass das Hotel gestürmt wurde. So konnten die Demonstranten erst beim Verlassen des Gebäudes einen Tag später festgenommen werden. 31 von ihnen wurden in das Gefängnis *El Hormiguero* gebracht: Dort, so berichten Augenzeugen, pferchte man die Gefangenen in einem Schwimmbecken zusammen und urinierte auf ihre Köpfe.

Am frühen Morgen des 23. Januar wurde der **Ausnahmezustand** verhängt, die Nationalgarde ließ Menschen foltern und verschwinden. Unzählige Personen wurden direkt auf den Straßen im Umkreis der Avenida Roosevelt verhaftet und ins Gefängnis verfrachtet, andere wurden gleich erschossen. Von einem Lieferwagen aus wurde eine Gruppe der Demonstrierenden im Vorhof der alten Kathedrale Managuas hingerichtet.

Die Nachwirkungen des Massakers waren verheerend: Die Protestbewegung war stark geschwächt, viele Anhänger mussten in den Untergrund gehen. Am 5. Februar 1967 fanden die Wahlen planmäßig statt und die Partei Somozas, die ***Partido Liberal Nacionalista* (PLN)**, gewann mit großer Mehrheit. Die 31 Gefangenen im Gefängnis *El Hormiguero* kamen durch eine Amnestie des Parlaments vom 4. März 1967 frei. Gut drei Wochen später unterschrieb der UNO-Kandidat Agüero einen Pakt mit Somoza und wurde Mitglied in dessen

Regierungsjunta. In seiner Funktion verhinderte er die Aufklärung der Geschehnisse, die Toten gerieten in Vergessenheit.

Mareike Lühring

Michele Najlis – Eine junge Frau an der Spitze des Protestes

© Mareike Lühring

© Instituto de Historia de Nicaragua y Centroamérica

Das Leben der 1946 in Léon geborenen Schriftstellerin Michele Najlis ist eng mit der Geschichte Nicaraguas verknüpft. Als Tochter französischer Eltern, die während des 2. Weltkriegs nach Nicaragua kamen, wuchs sie wohlbehütet in der Oberschicht Managuas auf, las europäische Intellektuelle und besuchte die prestigereiche Nonnenschule *La Asunción*. Doch sie selbst wollte nicht in dieses Bild passen. Die junge Frau unternahm Ausflüge in die am Stadtrand gelegenen Armenviertel, verteidigte die Hausangestellten vor ihren Eltern. Mit Überzeugung in der Stimme erzählt sie heute:

Klassenbewusstsein bedeutete in meinem Fall, dass ich realisierte, dass ich die Klasse, in die ich hineingeboren wurde, nicht mochte, und dass es eine Klasse gab, die geplagt war von unvorstellbarer Armut. (58)

Noch während ihrer Schulzeit, Anfang der 60er Jahre, kam sie mit den im Land aufkeimenden kommunistischen Ideen in Kontakt, war fasziniert und verließ ihre Familie. Nach einer kurzen Zeit in Paris 1965, wo sie anfing Soziologie zu studieren, kehrte Najlis nach Managua zurück. Dort schloss sie sich der **literarischen Bewegung *Ventana*** an und stieg zugleich in die Führungsriege der ***Frente Estudiantil Revolutionario* (FER)** auf. In dieser Funktion war sie es, die im Oktober 1966 das aufsehenerregende **Transparent *No más Somoza*** in das Baseball-Stadion schmuggelte. Zusammen mit ihrem damaligen Freund Fernando Gordillo – Mitbegründer von *Ventana* und einer der Köpfe der universitären Befreiungsbewegung – entrollte sie dieses vor den Augen des anwesenden Diktators. Nur mit viel Glück entkam sie der darauffolgenden Repressionswelle und war einige Monate später, im Januar 1967, an der Spitze jener großen Protestdemonstration zu sehen, die durch die *Guardía Nacional* ein gewaltsames Ende fand. Nach dieser Erfahrung ging sie einige Monate in den Untergrund, veröffentlichte 1969 ihr erstes Buch ***El viento amado*** und nahm im gleichen Jahr am ersten nationalen Treffen der ***Alianza Patriótica de Mujeres Nicaragüenses*** teil:

Es war das erste Mal, dass wir, wir Frauen, uns versammelt hatten, um über unsere Probleme, unsere Einschränkungen, über die Diskriminierung, die wir erfuhren, und unsere baldige Befreiung zu sprechen. (59)

Anfang der 70er Jahre ging Najlis ins Nachbarland Costa Rica und unterstützte von dort den Befreiungskampf der ***Frente Sandinista de Liberación Nacional* (FSLN).** Erst nach der **sandinistischen Revolution 1979** kehrte sie in ihre Heimat zurück und arbeitete in unterschiedlichen Ministerien der neuen Regierung. Doch ihr Kampf für das Selbstbestimmungsrecht und die Gleichberechtigung der Frauen stieß auf heftige Gegenwehr bei ihren männlichen Weggefährten. In einem 1988 erschienenen Gedicht mit dem Titel **Über den Sexismus** kommentiert sie ihre Erfahrungen wie folgt:

Sexisten (womit nicht alle Männer gemeint sind) sind Lebewesen mit kurzen Haaren und dementsprechenden Ideen. (60)

Wie viele andere Intellektuelle verließ sie 1990 enttäuscht die FSLN; der autoritäre Führungsstil Daniel Ortegas und innerparteiliche Rivalitäten führten zu dieser Entscheidung. Daraufhin arbeitete sie als

Kolumnistin bei der Zeitung *El Nuevo Diario*, bevor sie dann einige Jahre lang an der *Universidad de Centroamérica* (UCA) Literatur unterrichtete.

Heute lebt sie zusammen mit ihrem zweiten Mann in einem Vorort von Managua und es scheint Ruhe in ihren Alltag eingekehrt zu sein. Sie schreibt für unterschiedliche Zeitschriften und unterstützt die Frauen- und Homosexuellenbewegung Nicaraguas.

Mareike Lühring

Südamerika als Wiege der Stadtguerilla – 1. Tupamaros in Uruguay

Aus einem Zusammenschluss der militanten Zuckerarbeitergewerkschaft, ländlichen revolutionären Gruppen und Teilen der Sozialistischen Partei Uruguays (PSU) gründete sich Mitte der Sechzigerjahre die erste Stadtguerilla unter dem Namen *Movimiento de Liberación Nacional – Tupamaros* (MLN-T). Benannt war die Gruppe nach dem Inka-Rebellenführer ***Túpac Amarú*** und dem uruguayischen Volksheer, das zu Beginn des 19. Jahrhunderts gegen die spanische Kolonialmacht gekämpft hatte. Mit dieser Benennung rekurrierten die Tupamaros auf altamerikanische und zugleich antiimperialistische Traditionen.

Es war der politischen und wirtschaftlichen Bedeutung der Metropole Montevideo und der ungünstigen Topographie und geringen ländlichen Besiedlung geschuldet, dass sich die MLN-T den städtischen Zentren zuwandte. Die Städte rückten auch deshalb ins Zentrum der Strategie, da dort der Großteil der Bevölkerung – Uruguay gilt als eines der Länder mit dem höchsten Verstädterungsgrad – wie auch der Staatsapparat als Hauptfeind beheimatet waren. Während die traditionellen Guerillas aus ihrem ländlichen und peripheren Rückzugsraum, der nur schwer von der Staatsgewalt kontrolliert werden konnte, ihre militärischen Aktionen initiierten, wollten die Tupamaros den Kampf dort austragen, wo er als sozialer und politischer Kampf ohnehin schon tagtäglich stattfand – in der Stadt. Diese urbane Ausrichtung der bis dahin eher auf dem Land agierenden Befreiungsbewegungen wurde zum Vorbild für europäische Guerillagruppen, von den Tupamaros West-Berlins über die italienischen Roten Brigaden bis zur RAF.

Ihren Kampf für die Befreiung Uruguays von Oligarchie und Imperialismus und für den Aufbau einer sozialistischen Gesellschaft führten sie mit militärischen Mitteln, da sie dem autoritären Staatsapparat keine demokratische Lösung der schwerwiegenden Probleme des Landes zutrauten. Die Gruppe war in vertikal und nicht horizontal verknüpften Zellen organisiert, was ein Fortbestehen auch nach groß angelegten Razzien und Verhaftungen ermöglichte. Die Tupamaros verfügten zudem über eine gut organisierte Infrastruktur in Montevideo, bestehend aus Druckereien, Krankenhäusern, Verstecken und den sogenannten Volksgefängnissen, in denen die entführten „Volksfeinde“ einsaßen.

Die Wandlung der ländlichen Prägung der Vorläuferorganisationen in ein urbanes Profil spiegelte sich auch in der Mitgliederstruktur der MLN-T wider. Die ersten Mitglieder rekrutierten sich überwiegend aus der Arbeiterschaft, ab 1968 kamen dann Teile der radikalisierten Studentenbewegung hinzu. Zu Beginn waren die Aktionen der Tupamaros gewaltlos und vor allem auf **Öffentlichkeitsarbeit** bedacht. Nach 1970 agierten sie vornehmlich als bewaffnete Gruppe aus dem Untergrund, die ihre Raub- und Entführungsaktionen vor allem gegen Unternehmer und Politiker richtete. Die Aufdeckung von korrupten Verflechtungen zwischen Politik und Wirtschaft sowie die Weitergabe von erbeutetem Geld an Bedürftige bescherten den Tupamaros anfangs große Sympathie. Nach der Radikalisierung des bewaffneten Kampfs wandten sich viele jedoch wieder ab. Die spektakulärste Aktion war die **Besetzung des Ortes Pando** im Norden von Montevideo am 8. Oktober 1969, mit der die Tupamaros ihre Macht gegenüber der Regierung demonstrieren wollten.

Unter der Militärdiktatur (1973-1985) wurden viele Mitglieder der Tupamaros-Führung verhaftet, gefoltert und blieben bis zum Ende der Diktatur inhaftiert. Auch wenn die Guerillaorganisation militärisch zerschlagen werden konnte, so überdauerten ihre Ideen doch die Zeit der Repression: Nach ihrer Freilassung 1985 beschloss die verbliebene Führungsriege, die Tupamaros in die Partei *Movimiento de Participación Popular* (MPP) zu integrieren und sich im Rahmen des Parteibündnisses ***Frente Amplio*** an demokratischen Wahlen zu beteiligen. Bis Anfang 2008 amtierte eines ihrer führenden Mitglieder, **José „Pepe" Mujica**, als Landwirtschaftsminister.

Markus Rauchecker

José „Pepe" Mujica – Vom Guerillero zum Minister

© Stefan Thimmel

Der 1934 geborene José Mujica Cordano, auch genannt *El Pepe*, wuchs in ärmlichen Verhältnissen in Montevideo auf. Sein politisches Engagement begann mit der Arbeit für einen Abgeordneten der konservativen *Partido Nacional*. Später wandte sich Mujica immer mehr linken Ideen und dem Marxismus zu. Mitte der 60er Jahre war er Mitbegründer der ***Movimiento de Liberación Nacional – Tupamaros***. Bei einem versuchten Banküberfall 1964 wurde er das erste Mal festgenommen. Fünf Jahre später musste *El Pepe* in den Untergrund gehen, nachdem die Polizei ein Waffenversteck in seinem Haus aufgedeckt hatte. Am 8. Oktober 1969 beteiligte er sich an der Besetzung der Ortschaft Pando in der Nähe von Montevideo. Im Jahr darauf wurde er von einer Militärpatrouille niedergeschossen, überlebte wie durch ein Wunder und konnte später aus dem Militärkrankenhaus fliehen. Zwei weitere Ausbrüche gelangen ihm aus dem Gefängnis *Punta Carretas*. Im Jahr 1972 wurde er erneut verhaftet und verschwand für 13 Jahre hinter Gittern.

Nach dem Militärputsch 1973 wurden Mujica und acht weitere Führungsmitglieder der *Tupamaros,* darunter auch Raúl Sendic, von einem Militärgefängnis zum nächsten verschleppt und dabei regelmäßig gefoltert. Die von den Militärs in Haft genommene Führungsriege der *Tupamaros* wurde unter dem Namen ***„los rehenes del estado“***, die Geiseln des Staates, bekannt. Nach dem Ende der Militärdiktatur 1985 wurden diese „Staatsgeiseln“ aus der Haft entlassen. Nach einigen Jahren in Freiheit kehrte *El Pepe* in die aktive Politik zurück und begleitete Teile der *Tupamaros* bei der Transformation in die legale linke Partei *Movimiento de Participación Popular* (MPP), der sich auch weitere linksgerichtete Gruppierungen anschlossen. Die MPP trat später dem Parteienbündnis ***Frente Amplio*** bei, in dem Parteien und Bewegungen vom linken Spektrum bis zur moderaten Mitte vertreten sind. Im Jahr 2004 zog Mujica als Direktkandidat der *Frente Amplio* mit den meisten Stimmen landesweit in den Senat ein und wurde vom neugewählten Präsidenten Tabaré Vázquez für die Legislaturperiode ab 2005 zum **Landwirtschaftsminister** ernannt. Drei Jahre später wurden der unbequeme Minister und weitere Kabinettsmitglieder von Vázquez entlassen. Mujica kehrte daraufhin wieder auf seinen Posten als Senator zurück. Derzeit tritt der Mitbegründer der *Tupamaros* bei der Präsidentschaftswahl 2009 als Kandidat seines Parteienbündnisses *Frente Amplio* an.

Markus Rauchecker

Südamerika als Wiege der Stadtguerilla – 2. *Montoneros* und ERP in Argentinien

Innerhalb des Peronismus und seiner linken Strömung *Tendencia Revolucionaria* (TR) entstand Ende der Sechzigerjahre die Stadtguerilla *Movimiento Peronista Montonero*, kurz: *Montoneros*. Neben anderen bewaffneten Gruppen peronistischer Prägung kämpften sie gegen die Militärdiktatur und – unter dem Schlachtruf *¡Perón o muerte!* – für die Rückkehr des 1955 exilierten Ex-Präsidenten **Juan Domingo Perón**. Die Montoneros traten zugleich für die Rückbesinnung auf den „ursprünglichen", linken und nationalistischen Peronismus ein. Mit der Wahl des Namens stellten sie sich in die Tradition der nationalistischen und antiimperialistischen Gruppierung *Montoneras*, die als zumeist berittene Einheiten unter Führung lokaler Caudillos in den argentinischen Bürgerkriegen des 19. Jahrhunderts kämpften. Gleichzeitig sahen sie sich in der Kontinuität der peronistischen Widerstandsgruppen gegen die rechten Putschisten der *Revolución Libertadora*, die im Jahr 1955 Perón aus dem Amt gejagt hatten.

Doch auch außerhalb des Peronismus entstanden in Argentinien Ende der Sechzigerjahre bewaffnete Bewegungen. Die wichtigste von ihnen war das trotzkistisch und guevaristisch ausgerichtete ***Ejército Revolucionario del Pueblo*** **(ERP)**, das sich mit der sozialistischen Revolution in Kuba identifizierte. Die internationale Ausrichtung des 1970 gegründeten ERP zeigte sich auch in der Zusammenarbeit mit den ***Tupamaros*** aus Uruguay, dem MIR aus Chile oder dem *Ejército de Liberación Nacional* (ELN) aus Bolivien; all diese Gruppen waren 1974 bis 1976 in der ***Junta de Coordinación Revolucionaria*** vereinigt. Die Montoneros dagegen fühlten sich dem nationalistischen Peronismus zugehörig und arbeiteten nur mit anderen peronistischen Gruppen zusammen. Die Montoneros und das ERP unterschieden sich nicht nur ideologisch, sondern auch in ihrer räumlichen Schwerpunktsetzung: Die Montoneros agierten als Stadtguerilla hauptsächlich in urbanen Gebieten, während das ERP als „traditionelle" Guerilla und im Sinne der **Fokustheorie** Che Guevaras vorwiegend auf dem Land operierte.

Während das ERP seine AnhängerInnen in der Studierenden- und ArbeiterInnenschaft sowie unter Bauern und Bäuerinnen fand, rekrutierten die Montoneros ihre Mitglieder vor allem aus peronistischen Jugendorganisationen, aber auch in der StudentInnenbewegung. Die sich radikalisierenden Proteste der Studierenden und ArbeiterInnen Ende der 60er Jahre gaben starke Impulse für die Intensivierung des militärischen Widerstands. Das galt vor allem für die peronistischen Guerillas, die sich als entscheidende Opposition positionieren wollten. Die Entführung und Ermordung des ehemaligen argentinischen Präsidenten **General Pedro Eugenio Aramburu** (1955–1958) im Mai 1970 markierte den Beginn einer Serie von Guerillaaktionen der Montoneros. Da Aramburu selbst seit dem Putsch gegen Perón 1955 für die Repression verantwortlich war, kam seine Ermordung einem militanten Zeichen gegen die herrschende Militärdiktatur gleich. Auch wenn Peronismus und Montoneros vorwiegend urban orientiert waren, so gab es auch auf dem Land spektakuläre Aktionen wie die Besetzung der Ortschaft La Calera in der Provinz Córdoba im Juli 1970. Das eher ländlich ausgerichtete ERP versuchte hingegen eine Einflusszone in der nördlichen Provinz Tucumán zu schaffen, was jedoch nur begrenzt gelang. In ihren Finanzierungstaktiken glichen sich die Guerillaorganisationen ERP, Montoneros und Tupamaros: Die Montoneros nahmen sich hier, wie auch in anderen Aspekten, die Tupamaros zum Vorbild und finanzierten sich durch Banküberfälle und Entführungen hochrangiger Persönlichkeiten. Das ERP nutzte dieselben Geldquellen und agierte dazu auch ausnahmsweise in den Städten. Ob sie dabei ebenfalls von den Tupamaros inspiriert waren, ist eine offene Frage. Alle drei Guerillas beschafften sich zudem Waffen und Munition durch Überfälle auf Polizei- und Militäreinrichtungen.

Nach dem Sieg des Perón-Getreuen **Héctor Cámpora** bei der Präsidentschaftswahl im März 1973 wurde die Rückkehr Peróns nach Argentinien und an die Macht vorbereitet. Die bewaffneten peronistischen Guerillagruppen wie die Montoneros kehrten daraufhin jubelnd aus dem Untergrund zurück und übernahmen eine wichtige Rolle innerhalb der wieder aufbrandenden peronistischen Bewegung. Bei den Massendemonstrationen anlässlich der Rückkehr Peróns im Juni 1973 versuchten die verschiedenen peronistischen Strömungen ihren Machtanspruch innerhalb der Bewegung zu behaupten. Die internen Konflikte eskalierten in gewaltsamen Zusammenstößen zwischen Montoneros und dem konservativen Flügel des Peronismus; beim sogenannten Massaker von Ezeiza, dem Flughafen von Buenos Aires,

LA NACION

Año 101 - Núm. 35.419 · 2 Secciones · Buenos Aires, sábado 30 de mayo de 1970 · 38 Páginas

Fue secuestrado ayer el ex presidente Aramburu

Se ce
Día c

No hubo contactos de los raptores con las autoridades

El ex presidente de la Re-
blica, teniente general Pedro
genio Aramburu, fue secues-
do ayer, alrededor de las
, de su domicilio. A esa ho-
dos personas, que vestían
forme militar, llegaron al de-
tamento que el ex presidente
la Revolución Libertadora
a en la calle Montevideo
y de allí se retiraron
pañados por el general
buru, a quien introduje-
en un automóvil, sin que
testigos circunstanciales, con
el correr de las horas, facili-
taron la reconstrucción del su-
ceso, dado que por consigna
expresa de los familiares del
teniente general Aramburu no
se permitió el acceso al depar-
tamento de su propiedad, ubi-
cado en el octavo piso "A" de
Montevideo 1053. Tampoco, a
pesar de las insistentes solici-
tudes formuladas a través del
portero eléctrico del inmueble,
pudo obtenerse ninguna infor-

Schlagzeile in *La Nación*: Gestern wurde Ex-Präsident Aramburu gekidnappt!

auf dem Perón gelandet war, gab es unzählige Tote und Verletzte. Die Entfremdung zwischen der linksradikalen Jugendbewegung und dem politisch nach rechts gerückten Perón führte 1974 während einer Demonstration auf der *Plaza de Mayo* zum Bruch. Die Montoneros unterbrachen mehrfach die Rede Peróns durch Sprechchöre, Perón beschimpfte diese daraufhin als Feinde „im Kostüm eines Freundes". Die Montoneros erkannten Perón trotzdem weiterhin als legitimen Anführer des Landes und der Bewegung an und gingen erst nach dessen Tod 1974 wieder in den Untergrund. Sie kämpften aus der Illegalität gegen die Militärjunta, die sich im März 1976 an die Macht geputscht hatte. Ende der 70er Jahre wurde die Guerillaorganisation vom Militär weitgehend zerschlagen.

Markus Rauchecker

Mario Roberto Santucho – Kämpfer für internationale Vernetzung

© Julio Santucho

Schon während seiner Studienzeit im nordargentinischen Tucumán engagierte sich der 1936 geborene Mario Roberto Santucho politisch und gründete im Alter von 23 Jahren die Unabhängige Bewegung der Wirtschaftsstudenten (*Movimiento Independiente de Estudiantes de Ciencias Económicas*, MIECE). Bei einer Kubareise 1962 begeisterte er sich für die **Kubanische Revolution** und ihre *comandantes*, Ernesto „Che" Guevara und Fidel Castro. Im gleichen Jahr gründeten seine Brüder Asdrúbal und Francisco René in Argentinien die trotzkistische Gruppierung *Frente Revolucionario Indoamericano Popular* (FRIP). Bei der Besetzung der Zuckerfabrik San José durch die FRIP griff der 26-jährige Santucho das erste Mal zu den Waffen. Aus der Vereinigung verschiedener trotzkistischer Gruppierungen mit der FRIP entstand 1965 die *Partido Revolucionario de los Trabajadores* (PRT) unter Führung von Santucho und Nahuel Moreno. Im Jahr 1968 entschied sich die Partei für die Bildung einer eigenen Kampftruppe. Santucho ließ sich daraufhin auf Kuba in Guerillataktiken ausbilden. Danach besuchte er seinen Bruder Julio in Spanien. Auf seiner Europareise kam er auch nach Paris, wo die Studentenaufstände des **Pariser Mai** bereits begonnen hatten.

Am Anfang des darauffolgenden Jahres überfiel er mit anderen Gueriller@s die Bank der Provinz Buenos Aires in Escobar. Nach seiner Festnahme 1969 in Argentinien floh er aus dem Gefängnis und initiierte 1970 die Gründung des ***Ejército Revolucionario del Pueblo* (ERP)**, des bewaffneten Arms der PRT. Bis zu seiner militärischen Niederlage im Jahr 1975 machte das ERP durch Entführungen prominenter Persönlichkeiten, Banküberfälle und direkte Angriffe auf militärische Einrichtungen von sich reden. Santucho versuchte, die revolutionären Kräfte des *Cono Sur* zu bündeln und vereinte kurzzeitig die ***Tupamaros*** aus Uruguay, die MIR aus Chile, die ELN aus

Bolivien und die PRT-ERP aus Argentinien in dem „**Rat der Revolutionären Koordination**“ (*Junta de Coordinación Revolucionaria).* Bei der spektakulären Flucht im Jahr 1972 aus der Strafanstalt Rawson, im entlegenen Süden Argentiniens, entkam der seit einem Jahr inhaftierte Santucho mit fünf weiteren Guerillachefs und ging vorübergehend ins Exil nach Kuba. Kurz nach dem Militärputsch in Argentinien wurde er am 19. Juli 1976 bei einem Feuergefecht mit der Armee getötet. Seine Vorstellung des revolutionären Klassenkampfes hatte er 1974 in dem Buch *Poder burgués y poder revolucionario* niedergeschrieben.

Markus Rauchecker

Carlos Marighella – Der intellektuelle Mitbegründer der Stadtguerilla

Die Ermordung Che Guevaras im Oktober 1967 ist für den Brasilianer Marighella das Startsignal für seinen eigenen bewaffneten Kampf gegen Unterdrückung. „Er wird ihn [Che] ablösen, aber er wird ihn nicht imitieren“, (61) schätzte Conrad Detrez damals die Bedeutung Marighellas ein.

© Braz Bezerra | CPDoc JB

Carlos Marighella wurde 1911 in Salvador da Bahia als eines von sieben Kindern eines italienischstämmigen Arbeiters und einer Nachfahrin schwarzer SklavInnen geboren. 1934 brach der 23-Jährige sein Ingenieurstudium an der *Escola Politécnica da Bahia* ab, „um die Revolution zu machen“ (62). Er widmete sich verstärkt seiner politischen Tätigkeit in der *Partido Comunista Brasileira* (PCB) und wurde schnell zu einem der wichtigsten Köpfe der Partei.

Während der Diktatur von Getúlio Vargas (1935-1945) wurde der revolutionäre Aktivist, der mittlerweile Landesvorsitzender der PCB in São Paulo war, mehrfach inhaftiert. Während einer längeren Haftphase organisierte er für 3.000 Mitgefangene Studienlehrgänge – das Konzept der **„Volksuniversität"** war geboren. In den kurzen Zeiten in Freiheit organisierte er Streiks und andere Widerstandsaktionen. Durch eine Amnestie nach dem Ende der Vargas-Diktatur kam er frei und war bis zum Verbot der PCB 1948 in verschiedenen Parteigremien aktiv. Danach ging er erneut in den Untergrund, den er bis zu seinem Lebensende nicht mehr verlassen sollte. 1966 entschied er sich, aus der kommunistischen Partei auszutreten und statt nur theoretisch zu diskutieren, lieber bewaffnet gegen die Diktatur zu kämpfen. Nach der Ermordung Ches fuhr er deshalb durch Brasilien, um Menschen für den bewaffneten Kampf zu rekrutieren. Mit ihnen gründete er im September 1968 die **Stadtguerrilla** *Ação Libertadora Nacional* (ALN). Von da an häuften sich in den drei Industriezentren Rio de Janeiro, São Paulo und Belo Horizonte die Überfälle auf Banken, Kasernen und Militärgebäude.

1969 entführte die ALN den US-amerikanischen Botschafter in Brasilien, Charles Burke Elbrick. An dieser Aktion war auch eine zweite Guerillagruppe beteiligt, die *Movimento Revolucionário 8 de Outubro* (MR-8), benannt nach dem Tag der Gefangennahme Che Guevaras. Die MR-8 wurde von Carlos Lamarca geführt, einem linken Ex-General, der nach der Machtergreifung der rechten Militärjunta die Streitkräfte verlassen musste. Nachdem Botschafter Elbrick im Austausch gegen fünfzehn politische Gefangene verschiedener linker Bewegungen freigelassen worden war, fahndete die politische Polizei fieberhaft nach Marighella. Agenten des *Departamento de Ordem Política e Social* (DOPS), einer Sonderabteilung der Regierung für die Aufstandsbekämpfung, lockten ihn am 4. November 1969 in São Paulo in einen **Hinterhalt** und richteten ihn mit mehreren Gewehrsalven hin.

Neben seinen spektakulären Guerilla-Aktionen ist Marighella bis heute bekannt für sein Werk *O Mini-Manual do Guerrilheiro Urbano* von 1969, dem wichtigsten **Handbuch für Stadtguerilleros**. Darin versuchte Marighella, die Guerilla-Theorie Guevaras zu erweitern: „Auf dem Land wie in der Stadt muss Aktivität auf drei Gebieten geleistet werden", heißt es in der deutschen Übersetzung, „1. an der Guerillafront, 2. an der Massenfront und 3. im Unterstützungsnetz" (63). Er sah es als unabdingbar an, dass die Revolution nicht allein von geschulten, organisierten Guerilla-Einheiten erkämpft, sondern nur mit Unterstützung von SympathisantInnen und letztendlich der breiten Bevölkerung erreicht werden kann. Darüber hinaus enthält Marighellas Handbuch auch konkrete Handlungsanweisungen für den urbanen Guerrillakampf in den Städten und dokumentiert zugleich seine Tätigkeit in seinen letzten beiden Lebensjahren.

Bald kursierte auch die deutsche Übersetzung (zu finden in „Zerschlagt die Wohlstandsinseln der Dritten Welt", Reinbek 1971), die zu einem der wichtigsten Texte der militanten Linken in Deutschland wurde. Das „Handbuch" war in vielen Ländern **verboten** und gab auch in der BRD der 70er Jahre immer wieder Anlass zu Hausdurchsuchungen und Festnahmen. In den 80er Jahren ließ die CIA eine englische Übersetzung unter ihren Agenten in den Ausbildungszentren Lateinamerikas, zum Beispiel in Panama, verteilen.

Katharina Seeger

Alltagskultur &
Kulturproduktion

Pille und Feminismus in Lateinamerika: Befreite Sexualität – befreite Frauen?

Die erste Antibabypille kam 1960 auf den US-Markt und fand ab Mitte der Sechzigerjahre in vielen lateinamerikanischen Ländern Verbreitung. Als man in den 50er Jahren die richtige Zusammenstellung von Hormonen fand und die Pille in den USA marktreif gemacht wurde, ging es mit Blick auf den Süden hauptsächlich darum, die Vermehrung der Armen in Lateinamerika einzudämmen. Man hatte Sorge, deren Nachkommen könnten dem Kommunismus anheimfallen oder in Massen in den reichen Norden emigrieren. In Lateinamerika kollidierte die Pille erwartungsgemäß mit den Moralvorstellungen vieler Religionsgemeinschaften, insbesondere der katholischen Kirche.

Im August 1968 traf der Papst in der kolumbianischen Stadt Medellín zur **Lateinamerikanischen Bischofskonferenz** ein, einen Monat nach der Veröffentlichung seines Lehrschreibens „Humanae Vitae", in dem er jegliche Form der künstlichen Verhütung verbot. Aus Protest kursierten in der kolumbianischen Hauptstadt Bogotá Plaketten mit dem päpstlichen Wappen und der Inschrift „Papa no – Pepa sí" **(Papst nein – Pille ja**). Wie Reporter des SPIEGEL damals berichteten, hätte man die Pille in jeder Apotheke von Bogotá ohne Rezept kaufen können – allerdings hätte kaum jemand gewusst, dass es die Pille überhaupt gab. Doch nicht nur mit dem Klerus kollidierte das neue Wundermittel, auch Befreiungstheologen und Revolutionäre taten sich schwer mit der sexuellen Selbstbestimmung von Frauen, den neuen Formen der Empfängnisverhütung und vor allem dem Recht auf Abtreibung. All dies wurde nicht selten als imperialistische Erfindung gegen den revolutionären Nachwuchs bezeichnet. Ein beliebter Slogan dieser Zeit lautete: **„A parir, madres latinoamericanas, a parir guerrilleros..."** („Auf zum Gebären, lateinamerikanische Mütter, auf dass ihr Guerilleros gebärt..."). In den neu erwachenden Frauenbewegungen der Siebzigerjahre wurde die Pille, ähnlich wie in Europa und den USA, dann zunehmend kritischer gesehen.

Diese lateinamerikanischen Frauenbewegungen waren durch die „zweite Welle" der feministischen Bewegung in den USA und Europa inspiriert; in der sogenannten ersten Welle kämpften Frauen seit Mitte des 19. Jahrhunderts um die grundlegenden Bürgerinnenrechte wie Frauenwahlrecht oder Recht auf Bildung. In Lateinamerika nährte sich die zweite Welle vor allem aus der Verbindung mit den sozialen Bewegungen der Zeit, wie etwa den *movimientos campesinos* oder *movimientos populares*, den Bauern- oder städtischen Volksbewegungen. Zu Recht stellt sich die Frage, ob die Frauenbewegungen vieler lateinamerikanischer Länder als ein Teil der 68er-Revolte zu sehen sind.

Beeinflusst durch Erfahrungen der Länder des Nordens und angeregt durch Lektüren von feministischen Autorinnen wie Susan Sontag oder Simone de Beauvoir, formierten sich Anfang der Siebzigerjahre in verschiedenen Ländern Lateinamerikas Frauengruppen, die begannen, sich mit Frauenrechten und deren Durchsetzbarkeit, vor allem bei Themen wie Gewalt, Sexualität oder Hausarbeit zu beschäftigen. Zunächst ging es vor allem um individuelle Reaktionen auf die frappierende Ungleichheit zwischen Männern und Frauen. Dazu wollten die entstehenden Frauenbewegungen mit allen zur Verfügung stehenden Mitteln „das Private" in die politische Arena bringen. Der in Deutschland bekannt gewordene Slogan der 68er „Das Private ist politisch" gewann also auch in den lateinamerikanischen Frauenbewegungen an Einfluss.

Wie in den Industrieländern entstammten auch in Lateinamerika die meisten Feministinnen der ersten Stunde einer links politisierten Mittelschicht. Anfangs organisierten sich die Gruppen in studentischen und kirchlichen Organisationen oder engagierten sich in Gewerkschaften. Viele junge Frauen schlossen sich revolutionären Bewegungen, einige sogar der Guerilla an. In den Reihen der Stadtguerillagruppen und der Sandinistas fanden sich bereits ein Drittel Frauen. Diese entwickelten vor allem dann feministisches Bewusstsein, wenn sie sich innerhalb der Guerilla als nicht voll anerkannt sahen. Diese Konflikte führten dazu, dass die Frauen auch innerhalb der linken Bewegung zunehmend für feministische Positionen kämpften.

Trotz einiger Parallelen mit den neuen Frauenbewegungen, die in vielen Ländern des Nordens Teil der 68er-Revolte waren, können die lateinamerikanischen Frauenbewegungen nicht ohne Einschränkung als 68er-Phänomen angesehen werden. Denn schon zu Beginn des 20. Jahrhunderts formierten sich in Lateinamerika erste Frauenbewegungen, die bis in die Sechzigerjahre ihr grundlegendes Ziel, die Erlangung politischer und ziviler Rechte für Frauen, wie auch das Recht auf Bildung, erreichten. Erst ab Mitte der Siebzigerjahre erstarkte dann eine „zweite" Frauenbewegung in Lateinamerika, die jedoch nur für jedes

Land in einem spezifischen Kontext und nicht als eine homogene Bewegung begriffen werden kann.

1975 beriefen die Vereinten Nationen die **erste Weltfrauenkonferenz in Mexiko** ein. Die auf der Konferenz proklamierte „Dekade der Frau" von 1975 bis 1985 stärkte und erweiterte die Bewegungen in vielen Ländern Lateinamerikas und der Karibik. Jedoch verhinderten die diktatorischen Regime, die sich ab Mitte der Siebzigerjahre auch in Argentinien, Chile und Uruguay durchsetzten, die weitere Entwicklung der Frauenbewegung in diesen Ländern: nicht nur durch die Stärkung von Ideologien, welche die traditionelle Frauenrolle innerhalb der Familie forcierten, sondern auch durch politische Verfolgung, Gefängnis, Folter, politische Morde, Zwangsexil und das Verschwinden. In den Ländern der Diktaturen war die Frauenbewegung Teil der *Resistencia,* des Widerstandes. Ein Slogan der chilenischen Feministinnen im Kampf gegen Pinochet, der zum Leitspruch der gesamten lateinamerikanischen Frauenbewegungen wurde, lautete: *„¡democracia en el país, en la casa y en la cama!"* („Demokratie im Land, im Haus und im Bett!").

Ab Mitte der Siebzigerjahre gründeten sich aus den Frauenbewegungen heraus weltweit verstärkt Nichtregierungsorganisationen (NGOs). Auch in den Ländern Südamerikas, in denen in den Siebziger- und Achtzigerjahren Diktaturen den politischen Alltag bestimmten, formierten sich NGOs, die dem Staatsapparat misstrauten und die unabhängigen Frauengruppen beratend unterstützten. In dieser Zeit versuchte man – mit wenig Erfolg – die „großen" feministischen Themen (freie Mutterschaft und selbstbestimmte Sexualität) in die *barrios populares*, die ärmeren Stadtviertel, zu bringen. Mit Hilfe medialer Mobilisierung entfachte man jedoch zumindest ein steigendes Interesse und Neugier für das neue Thema „Frauenrechte".

Ende der Siebzigerjahre diversifizierten sich die feministischen Strömungen in Lateinamerika und es entstand eine breite Frauenbewegung (*Movimiento Amplio de Mujeres,* MAM). Angehörige dieser breiteren Bewegung waren nicht nur feministische Gruppen und unabhängige NGOs, sondern auch Regierungs- und Frauenorganisationen, die staatliche Politiken mit Geschlechterbezug betrieben.

Mit dem Fall der Militärregime in den Achtzigerjahren und der schrittweisen Einführung von demokratischen Systemen in einigen

Ländern Lateinamerikas erholten sich die Frauenbewegungen langsam. Die Demokratisierung und Modernisierung der Staatsapparate sowie die zunehmende Flexibilität der politischen Systeme und deren steigende Bereitschaft soziale Proteste aufzunehmen, änderten die Rolle der NGOs. Diese waren nun nicht mehr nur Repräsentanten

© Oscar Menéndez

„Freiheit für die politischen Gefangenen“: Frauen in Mexiko-Stadt formulieren ihre Forderungen in der ersten Reihe einer politischen Demonstration.

der Frauenbewegungen, sondern wurden immer mehr zu eigenständigen AkteurInnen. Das bedeutete für die Frauenbewegungen in Lateinamerika zum einen Zugang zu materiellen Ressourcen für die Durchführung von sozialen Projekten und Programmen, zum anderen aber auch Verteilungskämpfe und Konflikte.

Auch wenn die Frauenbewegungen Lateinamerikas die Beseitigung der formalen Diskriminierung von Frauen in der Politik und im öffentlichen Leben weitgehend erreichen konnten: Machistische Strukturen verhindern im sozialen wie im politischen Alltag nach wie vor die vollständige Gleichberechtigung der Frauen.

Während meines Auslandsstudiums in Peru gewann ich den Eindruck, dass junge Frauen dort im Vergleich zu Europa immer noch nach traditionellen Rollenmustern und weniger selbstbestimmt leben. So erfuhr ich in Gesprächen mit jungen Frauen, dass deren Lebenskonzepte meist nur wenig Abweichung vom Familienmodell zulassen, das sie aus ihrem eigenen Lebensumfeld kennen. Die meisten jungen Frauen haben kaum die Möglichkeit, ein anderes Modell des Zusammenlebens als jenes der Familie kennenzulernen, da sie oft das Elternhaus nicht vor der Gründung einer eigenen Familie verlassen können. So bleibt die traditionelle Rolle der Frau im Gefüge der Familie nach wie vor in den Köpfen der jungen Generation.

Henriette Friede (Mitarbeit: Susanne Awiszus, Anne Huffschmid)

Werbeanzeige der Firma „Mazelle“: Auch in der Mode bezog man Stellung >>

ra MAZELLE guerra às coisas comuns
ZELLE
Z
TERGAL
IND. BRAS.
EL S.A. IND. E COM.
CURITIBA
BELO HORIZONTE

Leila Diniz – „Feministin“ im Bikini

Die Fantasie an die Macht!
Forderung der 68er StudentInnen

Die Freude an die Macht!
Abwandlung von Leila Diniz

Leila Diniz, die „Muse von Ipanema“, Verteidigerin der freien Liebe und des sexuellen Vergnügens, gilt als das **Symbol der feministischen Revolution in Brasilien**. Die 1945 geborene Kindergärtnerin aus Niterói, einem Vorort von Rio de Janeiro, lernte mit 16 Jahren den Schauspieler und Regisseur Domingos de Oliveira kennen, ihre erste große Liebe. Sie begann als Schauspielerin zu arbeiten – zuerst am Theater, später in *Telenovelas* und Kinofilmen. Mit dem Film *Todas as mulheres do mundo* (1967), in dem sie nackt zu sehen ist, gelang ihr der Durchbruch. Noch im selben Jahr teilte die empörte Drehbuchautorin Janete Clair der Fernsehanstalt *TV Globo* mit: „In den nächsten *Telenovelas* gibt es keine Rolle mehr für eine Prostituierte“ – und der Fernsehsender verlängerte seinen Vertrag mit der Schauspielerin nicht.

Leila Diniz wurde zur Ikone der „neuen Brasilianerin“. Noch während der härtesten Phase der Militärdiktatur begehrte sie gegen Tabus auf und wurde dafür von der machistisch geprägten Gesellschaft angefeindet – und zugleich beneidet. Trotz ihrer Jugend vertrat sie stets ihre eigene Meinung und sprach über ihr Privatleben ohne Scham oder Verlegenheit. Sie lebte ein ganz und gar öffentliches Leben und schockierte das Land in Interviews mit freizügigen Aussagen wie „Transo de manhã, de tarde e de noite“ (Ich habe morgens, mittags und abends Sex). Dieser Satz und zahlreiche ähnliche Aussagen aus ihrem wohl bekanntesten Interview in der Zeitschrift *O Pasquim* wurden 1969 zum Anlass für die **Pressezensur vor Veröffentlichung**, die auch als *„Decreto Leila Diniz“* bekannt wurde. In dem Gespräch mit der linken Zeitschrift sprach sie äußerst offen über ihre Ansichten zum Leben und zur Liebe: „Man kann einen Menschen sehr lieben und trotzdem mit einem anderen ins Bett gehen. Das ist mir auch schon passiert." (64) Derlei Sätze verstießen nach Ansicht der Behörden gegen die „guten Sitten" und mussten daher mit – insgesamt 72 – Sternchen geschwärzt werden. Die Comic-Maus Sig, das Maskottchen von *O Pasquim*, kommentierte in einer Sprechblase neben dem Interview: „Jedes Schimpfwort, das aus dem rosigen Mund der schönen Leila kam, wurde durch ein Sternchen ersetzt. Deshalb sieht ihr Interview aus wie die Milchstraße." (65)

Während einer finanziellen Flaute im Dezember 1969 entschloss sich Leila an der Fernsehshow *Quem Tem Medo da Verdade* (Wer hat Angst vor der Wahrheit) teilzunehmen, da man dafür umgehend ein Honorar in bar erhielt. In der ersten sensationslüsternen Show des brasilianischen Fernsehens wurden berühmte Personen über ihr Privatleben befragt und von einer Jury, die die „guten Bürger" repräsentierte, nach den Maßstäben der herrschenden Moral be- bzw. verurteilt. Auf die erste Frage, was ihr größter Lebenswunsch sei, antwortete Leila: „Ich möchte Mutter werden." Worauf die Jury entgegnete: „Diese Frau mit ihrem obszönen Vokabular ist praktisch eine Prostituierte, wie kann sie von etwas so Edlem träumen, wie Mutter zu sein?" In diesem Stil verlief auch der Rest der Show und Leila begann, vor der Kamera zu weinen. Woraufhin sie ein Jury-Mitglied barsch zurechtwies: „Das nützt dir nichts. Diese Schauspieltricks funktionieren hier nicht." Später erinnerte sich Leila Diniz: „Das war das Schlimmste, was ich in meiner Karriere gemacht habe und die Leute erinnern mich bis heute daran. Sie fragten mich, ob ich zu Hause meine Mutter schlage. Meine Mama schämte sich bis auf die Knochen. Aber ich brauchte das Geld, um meine Rechnungen zu bezahlen." (66) Danach wurde ihr Leben zum Spießrutenlauf – Leila magerte ab, arbeitete ein halbes Jahr lang gar nicht und begab sich in Therapie.

Dennoch – oder vielleicht gerade deswegen – saß sie ein Jahr nach dieser Demütigung selbst in der Jury von *Quem Tem Medo da Verdade*, nun moderiert von Flávio Cavalcanti, der selbst politisch äußerst rechts stand. Dennoch half er Leila, als zwei Agenten des *Departamento de Ordem Política e Social* (DOPS) während einer Live-Sendung im Januar 1971 das Studio betraten, um sie nach Ende der Show festzunehmen. Denn seit dem Interview in *O Pasquim* und dem Erlass des „Leila-Diniz-Gesetzes" war die Schauspielerin dem Regime ein Dorn im Auge. Sie wurde bezichtigt, die traditionellen brasilianischen Familienverhältnisse zu zerstören, die Rolle der Frau zu untergraben, die öffentliche Moral zu schädigen – und damit Tür und Tor für den

Einfall der kommunistischen Gueriller@s zu öffnen. Feministin zu sein galt als eine Form, links zu sein – deshalb erklärten die Militärs auch sie zu ihrer Feindin.

Doch zurück zum Fernsehstudio: Flávio Cavalcanti war von den Militärs aufgefordert worden, Leila aus der Show zu entlassen, was er ablehnte. Als nun die Polizisten das Studio betraten, machte er eine Werbepause und besprach sich mit der Verfolgten. Nach der Werbung fragte Leila, ob sie kurz auf die Toilette dürfe. Cavalcanti schätzte die Polizisten so ein, dass sie die Schauspielerin nicht vor laufenden Kameras festnehmen würden. So überließ sie hinter den Kulissen ihr eigenes Kleid ihrer Assistentin, die mit dem Auto zu ihrer Wohnung fuhr – die Polizisten hinterher. Leila hatte sich unterdessen mit den Sachen einer Schaufensterpuppe eingekleidet und fuhr in einem Wagen zu dem Haus, in dem der Moderator wohnte. Dort tauchte sie für einen Monat unter. Um das Rätsel der Schauspielerin, die auf die Toilette ging und danach verschwunden war, für die Öffentlichkeit aufzulösen, wurden Urlaubsbilder mit Leila inszeniert. Nach einer Unterredung mit dem ultrakonservativen Justizminister musste Leila eine Selbstverpflichtung unterschreiben, in der Öffentlichkeit künftig keine moralisch bedenklichen Statements mehr von sich zu geben – und der **Haftbefehl** wurde aufgehoben.

Ein erneuter Aufschrei ging jedoch durchs Land, als sich Leila im Sommer 1971 hochschwanger im Bikini am Strand zeigte – werdende Mütter galten damals noch als asexuelle Wesen, die auch am Strand ihren Bauch stets verhüllen mussten. Die Tatsache, dass sie schwanger und obendrein noch nicht verheiratet war, machte den Skandal für die Konservativen perfekt. Leila Diniz starb im Jahr danach auf dem Rückweg von einem australischen Filmfestival bei einem Flugzeugunglück nahe Neu Delhi mit gerade einmal 27 Jahren.

Katharina Seeger

Gioconda Belli – Eine Frau: zwei Leben

© Peter Hammer Verlag

Gioconda Belli gehört zu den bekanntesten Autorinnen Nicaraguas, ihre Werke werden weit über die Grenzen des Landes hinaus rezipiert. Die Lektüre ihrer Bücher zeigt: Starke Frauen, ihre Rolle in der Gesellschaft und der Kampf um Selbstverwirklichung gehören zu den Themen, die der Autorin am Herzen liegen. Auch ihre eigene Biographie zeugt von ähnlichen Bestrebungen und Entscheidungen. In ihrem autobiografischen Roman „Die Verteidigung des Glücks" (*El país bajo mi piel*) schreibt sie:

„Ich bin zwei Frauen gewesen und habe zwei Leben gelebt. Eine von den beiden wollte alles so machen, wie es dem klassischen Frauenbild entspricht: heiraten, Kinder kriegen. Die andere wollte die männlichen Privilegien: Unabhängigkeit, Selbstgenügsamkeit, eine Rolle im öffentlichen Leben spielen, Beweglichkeit, Geliebte haben. Beide Personen auszutarieren und ihre Kräfte zusammenzuführen, hat mich einen großen Teil meines Lebens gekostet. Ohne aufzuhören, eine Frau zu sein, habe ich es geschafft, auch genügend Mann zu werden." (67)

Belli stammt aus einer wohlhabenden Familie, studierte in Spanien und den USA und wurde früh Ehefrau und Mutter. Doch sie gab nie ihre Eigenständigkeit auf und bestand darauf, auch nach der Hochzeit und während ihrer ersten Schwangerschaft weiterzuarbeiten. 1967 war sie als erste weibliche Publizistin des Landes in einer Werbeagentur beschäftigt. Doch Anfang zwanzig reichten ihr auch diese selbst geschaffenen Freiräume nicht mehr und sie brach vollständig mit den traditionellen Rollenzuschreibungen. Aus Empörung über die sozialen Ungleichheiten im Land und die Diktatur des Somoza-Regimes schloss sie sich 1970 der **Sandinistischen Befreiungsfront** an, die sie logistisch, und später auch publizistisch, aus ihrem Exil in Mexiko und Costa Rica unterstützte. Da sie in Abwesenheit wegen subversiver Tätigkeiten zu einer langjährigen Haftstrafe verurteilt wurde, konnte Belli erst nach der erfolgreichen Sandinistischen Revolution 1979 ins Land zurückkehren. Sie unterstützte die Revolutionsregierung bei diplomatischen Missionen und arbeitete auf verschiedenen kulturpolitischen Posten. Anfang der 90er Jahre distanzierte sie sich jedoch von den Sandinisten. Der vorherrschende Machismo verkörperte für sie einen Zwiespalt zwischen politischem Engagement und ihrer Selbstverwirklichung als Frau.

„Ich gelange zu der Überzeugung, dass ich genauso berechtigt bin, glücklich sein zu wollen, wie die Revolution zu machen. Wie wollte ich die Welt retten, wenn ich nicht so klug war, nach meinem eigenen Glück zu streben?“ (68)

Schon während ihrer Zeit bei der Sandinistischen Befreiungsfront 1970 begann sie **erotische Gedichte** zu veröffentlichen. Die Frau als Subjekt der Sexualität löste einen Skandal im erzkatholischen Nicaragua aus – eine verheiratete Frau, die selbstbewusst Ja zu ihrem Körper und der weiblichen Lust sagte, sorgte für Empörung. Seitdem kämpft sie für weibliche Selbstbestimmung und Emanzipation in allen gesellschaftlichen Bereichen. Ihre Bücher „Die bewohnte Frau“ (*La mujer habitada*) oder *Waslala* beschreiben aktive Frauen, die mit Konventionen brechen und sich die gleichberechtigte Teilnahme am bewaffneten Widerstand oder ein selbstbestimmtes Leben erkämpfen – inklusive freier Sexualität und wirtschaftlicher Unabhängigkeit.

Heute lebt und arbeitet Gioconda Belli in Managua und San Francisco.

Mareike Lühring

Die Mode der Sechzigerjahre – Der Stoff, aus dem Proteste sind

Die Moden wechseln, da sie selber aus dem Bedürfnis nach Wechsel entstehen.
Marcel Proust (69)

Eine der massivsten Protestformen 1968 war der **Minirock**. 1964 von André Courrèges (Frankreich) entworfen und ein Jahr später durch die Entwürfe von Mary Quant (Großbritannien) zu Weltruhm gelangt, steht er auch in Lateinamerika für den gesellschaftlichen Umbruch. Einerseits im Modebereich selbst: Die Haute Couture, also Maßanfertigungen eines Schneidermeisters in kleiner Auflage, verlor an Bedeutung – in den Sechzigern begann der Boom des prêt-à-porter, der „Massenmode von der Stange", die nicht mehr von Hand, sondern industriell gefertigt wurde. Somit wurde es überhaupt möglich, die geburtenstarken Jahrgänge in Lateinamerika, Europa und den USA in kurzer Zeit mit Miniröcken auszustatten.

Der Minirock war auch eines der ersten Kleidungsstücke, das eigens für die Jugend gefertigt wurde. Vorher mussten sich junge Mädchen im gleichen Stil wie ihre Mütter kleiden – spezielle Jugendmode gab es noch nicht. Die wachsende Beliebtheit des Kurz-Rocks, der damals 25 cm über dem Knie endete, löste große gesellschaftliche Diskussionen aus: In welchem Alter darf man ihn tragen? Zu welchen Anlässen ist er akzeptabel? Im Mutterland des Minirocks gab der Modeschöpfer Guy Pierre (Label „Falabella", Frankreich) folgende Richtung vor: „Es ist weder eine Mode für verheiratete Frauen, noch ist sie besonders elegant. Sie steht Mädchen bis 18 Jahre sehr gut, maximal 20, sofern sie schlank sind. Diese Verrücktheit wird sich jedoch sehr bald legen." (70)

Mitte der Sechzigerjahre begann sich andererseits das Mode- und Körperbewusstsein der Frauen zu ändern. Selbst unter den katholischen Lateinamerikanerinnen wurde es natürlicher, den eigenen Körper zu zeigen. Besonders Arme und Beine sind die neuen erogenen Zonen, die nun immer häufiger entblößt für alle sichtbar gemacht werden. Auch wenn seit Anfang der Sechzigerjahre Selbstbräuner ein Verkaufsschlager waren, ließen es sich viele Frauen nicht nehmen, sich in knappen **Bikinis** an den Strand zu legen. Da Louis Réard, der französische Erfinder des Bikinis, seiner Kreation einen durchschlagenden

REPORTAJE RELAMPAGO

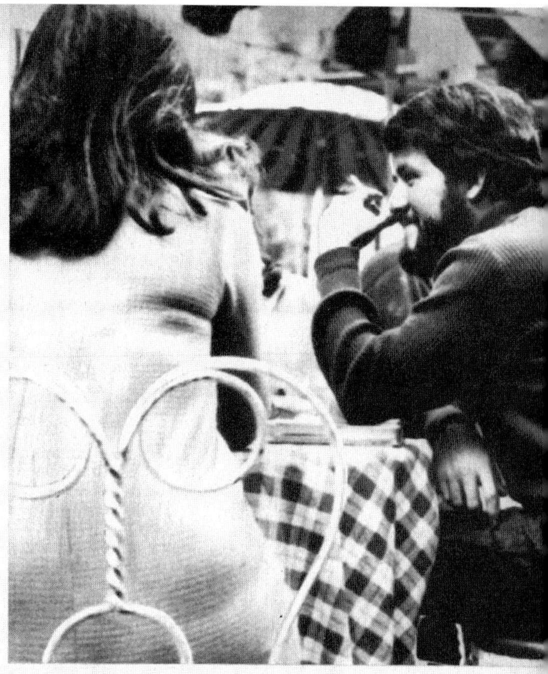

ZONA ROSA

CURIOSO RINCON DE MEXICO

UN MUNDO COSMOPOLITA DONDE REINAN EL ARTE "POP", LAS FORMAS "SICODELICAS", "MINIFALDAS" Y LOS "HIPPIES

Cuando Guillermo Piazza llamó Zona Rosa a esa parte de la Colonia Juárez que está delimitada por las avenidas Chapultepec, Insurgentes y Reforma, no pensó que tan cursi apelativo prendiese en la forma que lo ha hecho, ni menos que llegase a formar parte del nomenclator citadino que el público emplea para designar lugares que en el plano regulador tienen otro nombre.

Sobre la afrancesada arquitectura de la ex aristocrática colonia, que no fue sino otra manifestación cursi de los tiempos porfirianos, hoteleros, comerciantes de todo género, dueños de cafés y restaurantes han levantado una escenografía que, no obstante su extraña revoltura de estilos: español, francés, inglés, etc., logra dar a la zona un ambiente cosmopolita que la diferencia de todas las demás colonias del D. F.

Hay mucho de "pastiche" en el decorado, de telón de fondo, pero así y todo, la Zona Rosa, con sus "boutiques", sus toldos a rayas blancas y rojas o blancas y azules tienen una atmósfera que trasciende un poco a barrio francés, por un lado, y a rincón español por otro, cuando se contemplan las fachadas de "El Parador", "Focolare", o el "777", por ejemplo.

En los aparadores de las tiendas se exhiben —signos de nuestro tiempo— telas sicodélicas con los más audaces diseños, atuendos extravagantes, minifaldas homeopáticas, "bikinis" casi invisibles, desmesurados lentes para el sol, sombreros estr falarios, camisas floreadas capac de llenar de rubor al más rudo tra viario, zapatos de punta cuadrada colores que hacen juego con la pi tura de los automóviles y, en fi todo lo que puede llamar la atenci y ser comprado por los hombres mujeres a "go go", por los cultiv dores del arte "pop", de los devot del LSD, de la "canabis índica" y cuantos estupefacientes o excitant la química moderna ha puesto al a cance del hombre y de la mujer hoy.

De vez en cuando, con su fuer anacronismo, destacan los "Aunt J mimas", con sus muebles curvos, s adornos de hierro y sus estampas qu

| ambiente de la Zona Rosa lo dan el decorado exterior y las gentes que deambulan
or las calles. "Hippies", "beatniks" motorizados, minifalderas y pantaloneras se mueven a sus anchas en el fondo cosmopolita de esa porción de la Colonia Juárez.

s. Se bañan de vez en cuando y o no va bien con el "hippismo" ıténtico.

El "hippie" es un producto neta- ente norteamericano, como el re- igerador o la hoja de rasurar.

Según Margaret Randall descien- ın de los "beatniks", aquellas terri- es pandillas de muchachones que stían chamarras negras de cuero, ıantes del mismo color y que a ırdo de sus motocicletas sembraban terror.

Sin embargo, los "hippies" son ansos tranquilos, aman las flores y son partidarios del amor, del amor entre los humanos y del amor, claro está, entre hombres y mujeres.

Para definirlos podríamos decir que los "hippies" son unos "beatniks" a quienes se cortó las uñas y se dejó crecer la barba y el cabello.

La gente se pregunta de qué viven los "hippies", porque, al parecer, no trabajan. Pero en la vida de estos hombres no hay ningún misterio. Unos son hijos de familias de la clase media acomodada que reciben dinero de sus padres, para que puedan vagar a sus anchas; otros confeccionan objetos de artesanía —de artesanía "hippie" desde luego—, como collares de cuentas, amuletos, cruces, cadenas de latón y toda esa teoría de cháchara, zarandajas, etc., con que gustan adornarse tales individuos.

Algunos, muy pocos, se agrupan en pequeñas colectividades agrícolas y cosechan productos de la tierra con los cuales se alimentan y cuyos sobrantes venden en los mercados.

Su actitud es un gesto de rebeldía contra la sociedad moderna, angustiada, llena de zozobra; pero en dicha postura hay también mucho de vagancia, de pereza profunda, de deseo de gozar de la refocilante sensación de no hacer nada.

Por lo demás, el "hippie" es sobrio o se hace sobrio por necesidad; porque tiene poco dinero y el escaso de que dispone lo necesita para comprar LSD, mariguana o "cemento" con qué intoxicarse. Y ya intoxicado entra en ese mucho que él quisiera para todos los hombres: un mundo sin inquietudes, sin vietnams, sin israeles y checoslovaquias; un mundo, en fin, que viviera en un ambiente de paz y de despreocupación, una despreocupación, por ejemplo, como la que viven los habituales de la Zona Rosa de México, entrando por Niza y doblando a la derecha por Hamburgo o por Londres, que es donde está el meollo de la cosa...

No podía faltar, en la Zona Rosa, el negrito rocanrolero, que se mueve como muñeco de trapo y canta con voz engolada, al estilo cubano, como si estuviera pidiendo a gritos que le extirpen las amígdalas.

Erfolg prophezeite, benannte er sein Kleidungsstück nach dem Atoll, auf dem die US-Amerikaner von 1946 bis 1958 Atomtests durchführten. Diese Vorhersage bewahrheitete sich auch in Lateinamerika. Über das Fernsehen, über internationale Modezeitschriften und auch über LateinamerikanerInnen, die der besseren Bildungschancen wegen in Europa oder den USA studierten, gelangten diese wie auch andere neue Trends umgehend auf den iberoamerikanischen Kontinent. „Anfang 1968 waren die chilenischen Strände von Bikinis überschwemmt" (71), stellt die Historikerin Pía Montalva fest. Die rasche und flächendeckende Verbreitung des Bikinis entfesselte eine prompte Reaktion eines Teils der katholischen Kirche unter Führung des Erzbischofs von Valparaíso, Monsignore Emilio Tagle Covarrubias. Er drohte allen gläubigen Katholikinnen, die sich am Strand im Bikini zeigten, mit dem Ausschluss aus der Kirche. Die Chileninnen zeigten ihm jedoch die kalte, pardon, gebräunte Schulter: denn um weiße Streifen zu vermeiden, rollten sie auch noch die Träger herunter. Nur wenige Mutige zeigten sich gleich im Monokini von Rudi Gernreich, einem taillenhohen Bikinislip mit angenähten Hosenträgern, der die Brüste nicht bedeckte.

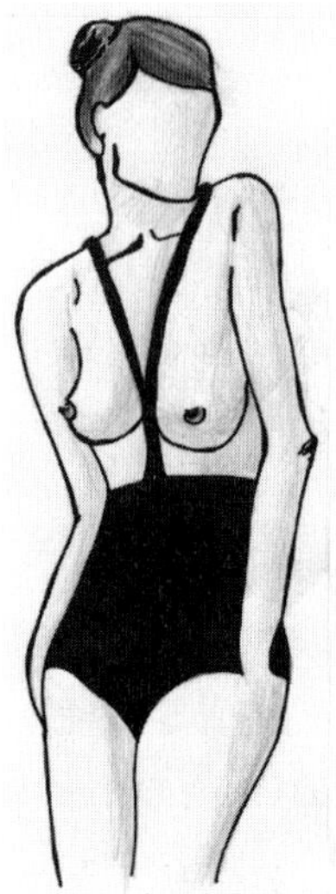

Monokini nach
Rudi Gernreich

Eine andere, jedoch kaum geringere Bedeutung hatten die **Jeans** für die 68er. Die von Levi Strauss erschaffenen Arbeiterhosen wurden weltweit zum Symbol des Jugendprotestes. Durch die Filme Marlon Brandos und James Deans begründete sich der Mythos der Jeans als „textile Rebellion". Bis heute sind sie ein wichtiges Kleidungsstück der Unisex-Mode, die sich Ende der Sechzigerjahre auch unter lateinamerikanischen Jugendlichen verbreitete. Tatsächlich unterschied die Mode dieser Zeit weniger nach Geschlechtern, sondern teilte die Menschen in die Kategorien „jung/rebellisch" und „erwachsen/traditionell". Zum absoluten Must-have der jungen Rebellen zählten Jeans von Lee, die aus den USA importiert wurden.

Doch die Provokation spiegelte sich nicht nur in Länge und Material der Kleidung, sondern auch in ihrer **Farbe** wieder. War die Mode der

Fünfzigerjahre noch schwarz, weiß, beige, marine oder grau, so setzte man jetzt auf Kontraste, etwa schwarz-weiße Optical-Art-Muster à la Vasarely oder die Kombination aus kräftigen Farben. Farbenfroh ging es vor allem bei den **Hippies** zu, einer Jugendkultur, die Ende der Sechzigerjahre auch in Lateinamerika ihre Anhänger fand, ihre Hochzeit hier jedoch erst Anfang der Siebziger erlebte. Blumenmuster, lange Haare, Bärte, selbstgenähte Hemden, Sandalen und handgefertigter Schmuck waren auch hier Ausdruck des sozialen und politischen Protestes. Dieser richtete sich sowohl gegen die beginnende Konsumgesellschaft in Lateinamerika, aber auch – oder vor allem – gegen die eigenen, zunehmend repressiveren Regierungen. Um gegen die Repression den Zusammenhalt zu stärken, organisierten auch die lateinamerikanischen Hippies – nach dem Vorbild von Woodstock – Happenings und mehrtägige Musikfestivals, darunter das *Festival de Rock y Ruedas de Avándaro* 1971 in Mexiko oder das *Festival de Piedra Roja* 1970 in Chile, auf denen angesagte Rockbands wie *Los Jaivas, Aguaturbia* und *Lágrima Seca* spielten. Später kam es auch vereinzelt zu Gründungen von Kommunen.

Auch wenn viele modische Neuerungen aus Europa und den USA auf den lateinamerikanischen Kontinent gelangten, so beeinflusste dieser auch umgekehrt die Mode in Paris, Mailand und New York. Ab 1968 lassen sich Designer in diesen Metropolen zunehmend vom **Stil der Gauchos** und den **Ornamenten und Stoffen indigener Völker** inspirieren. Bei den Käufern stehen sie für Naturverbundenheit, die Besinnung auf Traditionen und Werte jenseits von Massenkonsum, Plastikboom und fortschreitender Industrialisierung.

'68 ist auch der Anfang vom Ende der alteingesessenen Modezentren. Trends kommen nicht mehr nur aus Europa und den USA – es entstehen zunehmend eigene Modelabels in lateinamerikanischen Ländern, die ihre eigenen Kollektionen auf einigen internationalen Modenschauen präsentieren. Die High-Society-Lady Eliana Roxo berichtet über den brasilianischen Haute-Couture-Designer Denner: „Er entwirft Mode mit einem wirklich sehr individuellen Stil. Ich war zum Beispiel einmal auf einer Cocktail-Party in Paris und Pierre Cardin [damals einer der einflussreichsten Designer, Anm. d. Autorin] fragte mich, von wem mein Kleid sei, da er es in keiner der Modenschauen gesehen hatte, die er besucht hatte. Als ich ihm sagte, es sei von Denner, einem Brasilianer, war er über alle Maßen beeindruckt." (72)

Ebenso erlebten Schönheitswettbewerbe einen Aufschwung, die auch lateinamerikanischen Models zu Bekanntheit verhalfen. Die schönsten Frauen der Welt waren Brasilianerinnen: „Miss Brasil 1968“ Marta Vasconcellos wurde wenige Jahre später auch zur „Miss Universum“ gewählt. „Miss Beleza Internacional 1968“ wurde Maria da Glória Carvalho, Drittplatzierte im „Miss Brasil“-Wettbewerb. Doch auch in Lateinamerika entsprechen nicht alle Menschen den zeitgenössischen Schönheitsidealen: Damals wie heute legen sich unzählige Frauen – und zunehmend auch Männer – unter das Messer von Schönheitschirurgen wie zum Beispiel des berühmten Dr. Pitanguy, der noch heute zahlreiche Hollywood-Stars „verschönert“. Schon in einem Song von 1964 heißt es über den brasilianischen Chirurgen: *„Ich brachte Marieta zu Pitanguy/ Als ich zurückkam, erkannte ich sie nicht mehr.“* (73)

Katharina Seeger

Tropicália – Die exotischen Klänge des Protestes

Ihr seid also die Jugend, die die Macht übernehmen will?
Habt ihr dieses Jahr den Mut, einem Musiker zu
applaudieren, den ihr im vergangenen Jahr nicht
bejubelt habt, weil euch der Mut dazu fehlte?
Ihr seid dieselbe Jugend, die immer, immer morgen den
alten Feind töten will, der doch schon gestern gestorben ist.
Ihr versteht nichts, nichts, nichts, absolut nichts.

Mit diesen Worten begann die glühende Rede, die **Caetano Veloso** spontan nach seinem Ausscheiden aus dem Wettbewerb auf dem *III. Festival Internacional da Canção* von *TV Globo* im September '68 hielt. Doch sie ging, trotz Mikrofon, im lärmenden Protest des Publikums beinahe unter.

Veloso hatte zuvor *„É proibido proibir“* (Verbieten ist verboten) präsentiert. Mit diesem Lied prangerte er die kompromisslose Dogmatik der Rechten wie der Linken an. Während seine Begleitband *Os Mutantes* das Intro des Liedes anstimmte, bewarf sie das Publikum mit Eiern, Tomaten und Holzscheiten. Caetano, wie immer in Knallfarben gekleidet und mit exotischen Halsketten behängt, kam auf die Bühne mit eindeutig provokativen Hüftschwüngen. Das empörte Publikum stellte sich mit dem Rücken zur Bühne. *Os Mutantes* reagierten umgehend und spielten mit dem Rücken zum Publikum weiter. Auch **Gilberto Gil**, der gemeinsam mit den Beat Boys „*Questão da Ordem*" sang, wurde ausgebuht und mit Gemüse und Holz beworfen. Gil hob eine der geworfenen Tomaten auf, biss ein Stück ab und warf sie ins Publikum zurück. Sowohl Gil wie auch Caetano schieden in der Vorrunde aus; ihre Gitarrenmusik, ihr extravaganter Kleidungsstil, ihre ausgefallenen Frisuren sowie ihr Gesang missfielen dem konservativen Publikum des nahezu alles dominierenden Medienkonzerns *Rede Globo*. Doch der mögliche Sieg hatte die beiden sowieso nicht interessiert. Den Begründern der als „*Tropicália*" bekannt gewordenen Strömung ging es eher darum, das Festival selbst und **den herrschenden Kulturbegriff in Frage zu stellen**. Dafür trieben sie die dieser Strömung eigene Ironie und Kritik auf die Spitze. Ein Jahr zuvor, auf dem *3. Festival da Música Popular Brasileira* des Senders *TV Record* waren Caetano und Gil noch bejubelt worden. Caetano Veloso belegte mit „*Alegria, alegria*" (Freude) den vierten Platz, Gilberto Gil errang mit „*Domingo no Parque*" den zweiten Platz. Mit diesen ersten Erfolgen begann **der kurze Siegeszug** der *Tropicália*.

Plattencover tropikalistischer Künstler

Daran zeigt sich, wie kontrovers die *Tropicália* war und rezipiert wurde. Ambivalent ist beispielsweise das Verhältnis der Tropicalisten zu den Massenmedien. Zwar kritisierten sie deren Einfluss und die Propagierung des von den Militärs gewünschten Kultur- und Gesellschaftsbildes. Zugleich nutzten sie die Massenmedien, um ihre eigene Bekanntheit zu steigern. **Augusto Boal**, Gründer des „Theaters der Unterdrückten", schrieb am 29. Mai 1968 in der Tageszeitung *Folha da Tarde*: „*Tropicalismo* ist nur ein Kulturimport – Hollywoodfilme, britisches Theater und yeah-yeah-yeah bewirken die Verfremdung des ‚Brasilianischen'." (74) Außer diesen Strömungen war die *Tropicália* beeinflusst von ***Bossa Nova***, der ***Antropofagia*** Oswald de Andrades, der konkreten Poesie, Samba, Rumba und der Musik Bahias, aber auch von Rock'n'Roll und Psychedelic Rock. Es ging den KünstlerInnen um die Auflösung der alten Gegensätze von Pop und Folklore, Hoch- und Massenkultur, Tradition und Avantgarde – um ein neues Bild der brasilianischen Gesellschaft zu entwickeln, das weiten Teilen der Bevölkerung jedoch eher unverständlich blieb.

© CPDoc JB

Gilberto Gil bei einem Konzert 1968

Ähnliche kulturkritische Tendenzen zeigen sich auch in der Filmbewegung *Cinema Novo*, deren wohl bekanntester Regisseur **Glauber Rocha** ist, und in den Stücken des *Teatro Oficina*, die wiederum auch auf die *Tropicália* großen Einfluss ausübten.

Ihren Namen hatte die Bewegung der begehbaren Installation des Künstlers Hélio Oiticica entlehnt, die auf der Ausstellung *Nova Objetividade Brasileira* in Rio de Janeiro im April 1967 präsentiert wurde. Zu ihren bekanntesten VertreterInnen zählen die SängerInnen Geraldo Vandré, Gal Costa, Maria Bethânia (die Schwester Caetanos) und Nara Leão (die Muse des *Bossa Nova*), die Rockband *Os Mutantes* sowie die Songwriter Torquato Neto und Rogério Duarte – und eben ihre „Stars" Caetano Veloso und Gilberto Gil, die nach Erlass der repressiven Verfassungsänderung AI-5 im Dezember 1968 inhaftiert wurden und nach einigen Monaten Haft die folgenden Jahre im **Exil in London** verbrachten.

„*Die* [Blütezeit der, Anm. d. Verf.] *Bewegung, libertär par excellence, dauerte etwas länger als ein Jahr und fand ein jähes Ende durch die Repression der Militärs und die Inhaftierung Gilberto Gils und Caetano Velosos. Die Kultur des Landes hatte sich dennoch bereits für immer verändert durch die Entdeckung der Moderne und der Tropen.*" (75)

Katharina Seeger

Mafalda – Die Kleine mit den großen Fragen

© Christian Tinz

1962 hatte der argentinische Zeichner Joaquín Salvador Lavado, auch bekannt als Quino, den Auftrag, eine Werbekampagne für elektronische Haushaltsgeräte des mittelständischen Unternehmens Mansfield zu zeichnen. Die Zeichnungen wurden später zwar nicht verwendet – dennoch war das kleine Mädchen Mafalda geboren. Als die Wochenzeitschrift *Primera Plana* Quino ein Jahr später um eine Comicserie bat, griff der Zeichner auf seine Figur vom Vorjahr zurück – ohne zu ahnen, zu welchem Ruhm er Mafalda damit verhelfen würde. Ihre Geburtsstunde schlug am 29. September 1964 – ab diesem Tag erhielt der Leser regelmäßig einen Einblick in den Alltag des kleinen Mädchens, bis sie im März 1965 zur Tageszeitung *El Mundo* umzog.

Mafalda ist die Tochter einer „braven" Hausfrau, die ihr Studium abgebrochen hat, um für ihre Familie zu sorgen. Hin und wieder erinnert sie Mafalda daran. Ihr Ehemann ist Büroangestellter, ein liebevoller und fürsorglicher Vater, der sich in seiner Freizeit – wenn Mafalda nicht gerade mit ihren Fragen nervt, auf die ihre Eltern selten eine adäquate Antwort wissen – gern mit der Pflege seiner Pflanzen beschäftigt. Die Familie könnte es überall geben. Aber Mafalda lebt in Buenos Aires, ist also eine echte *Porteña*.

Nachdem Quino anfangs nur von Mafalda und ihren Eltern erzählt, kommen nach und nach dann Freunde hinzu: Da wäre Felipe, der total verknallt in Mafalda ist; Manolito, dessen Vater ein Kleinwarengeschäft hat, in dem er oft aushilft; und Susanita, die von ihrer Zukunft als Mutter erfolgreicher Kinder träumt und nicht zugeben will, dass sie latent rassistisch ist. Mit ihnen stellt sich Mafalda den alltäglichen Fragen ihrer Zeit und jenen des Größerwerdens. Wenn sie nicht gerade gegen Suppe oder gegen die Konventionen ihrer Eltern rebelliert und ihrer Begeisterung für die Beatles Ausdruck verleiht, geht sie vor allem Fragen nach wie: Was ist da in Vietnam los? Was bedeutet eigentlich Kalter Krieg und was Atomkrieg? Auch der Wert des Geldes und der Kultur beschäftigen die kleine Porteña. Manchmal spielt sie mit ihren Freunden „Regierung". Aber das langweilt die Freunde schnell, denn dabei haben sie selbst nicht viel zu tun oder feiern Mafalda als Präsidentin. Jegliche Reform- und Putschversuche werden akribisch von Mafalda abgewehrt. Manch einem mag das kleine Mädchen etwas altklug erscheinen, setzt sie doch den an Lebenserfahrung reicheren, älteren Menschen ihre junge Philosophie entgegen. Doch Mafalda behält einfach ihre kindliche, klare Sicht auf die weltlichen Dinge und bringt einen – bei all ihrer Ernsthaftigkeit – dennoch zum Lachen.

Nachdem *El Mundo* im Dezember 1967 seine Arbeit einstellte, zog Mafalda 1968 zur Zeitschrift *Siete días* um. Nachdem sie sich dort 1973 von den Lesern verabschiedete, erschien bis 1974 die Comic-Heftserie, die bis heute reproduziert wird. Auf Bitten der UNICEF halfen Mafalda und ihre Freunde 1977 bei der Darstellung der Kinderrechte in einem Sonderheft. Die Mafalda-Comics wurden weltbekannt und in über 26 Sprachen übersetzt. Sie wurden auch filmisch umgesetzt. Zu Mafaldas berühmtesten „Fans" zählen Umberto Eco, Julio Cortázar und Gabriel García Márquez.

Christian Tinz

Keine Revolution ohne Lieder – *La Canción protesta*

„No hay revolución sin canciones“ prangte auf dem Transparent, das über dem Kopf **Salvador Allendes** 1970 am Tag seiner Machtübernahme gespannt war – eine klare Aussage über die Rolle der Musik in Zeiten des sozialen und politischen Umbruchs. Dieses Motto war repräsentativ für eine ganze Generation von lateinamerikanischen KünstlerInnen, darunter Mercedes Sosa aus Argentinien, Ángel Parra und Victor Jara aus Chile oder die Brüder Mejía Godoy in Nicaragua. Sie alle wurden durch ihr musikalisches Engagement bekannt und gelten bis heute als Interpreten des sogenannten Protestliedes, der *canción protesta.*

Das Protestlied birgt stets eine positive soziale Botschaft in sich, die Aufforderung zum Kampf und die Hoffnung auf eine bessere Welt. Es ist eine musikalische Bewegung, die lateinamerikanische Folklore – oftmals gespielt auf traditionellen Instrumenten – mit sozialkritischen Inhalten kombiniert. Teilweise wurden überlieferte Elemente des regionalen Volksliedes mit internationalen Musikrichtungen verbunden, beispielsweise mit der amerikanischen und englischen Rock‘n‘Roll-Musik, die – besonders in Mexiko unter dem Label *La Onda* – lokal adaptiert wurde und mit den Folklore-Elementen fusionierte. Man sang zwar überwiegend auf Spanisch, jedoch wurden vereinzelt auch Passagen in einer indigenen Sprache eingebaut.

Dieses Genre lateinamerikanischer Musik war erstmals in den Ländern des *Cono Sur* – vor allem Argentinien, Chile und Uruguay – in den 50er und 60er Jahren zu hören; bald aber auch in Zentralamerika. Überall dort, wo MusikerInnen und KünstlerInnen sich den aufständischen Bewegungen anschlossen, sich mit revolutionären Regierungen solidarisierten und gegen die Militärdiktaturen opponierten, wurde das Protestlied zum künstlerischen Geschütz gegen Unrechtsregime und für revolutionäre Ideale.

In Argentinien entstanden die Lieder unter der „Volksregierung“ von Juan Domingo Perón in den Fünfzigerjahren, in Kuba und Nicaragua waren sie jeweils Vehikel der Revolution. Jedes Land hatte seinen eigenen Kreis an KünstlerInnen und seinen spezifischen historischen Kontext, dennoch waren die Liedermacher untereinander stark vernetzt. Nach außen manifestiert wurde diese Gemeinschaft der Liedermacher während des **1. Internationalen Treffens des Protestliedes** (*El Primer Encuentro Internacional de la Canción Protesta),* bei dem sich im Sommer 1967 KünstlerInnen aus 16 Ländern in Havanna trafen. Ziel war, sich über ihre Kunst auszutauschen, gemeinsame Ziele und Forderungen zu formulieren und einen einheitlichen Namen für ihr Schaffen zu finden. Die *Nueva Trova* war die kubanische Version des lateinamerikanischen Protestliedes, die den Stolz der jüngeren Generation über die revolutionären Veränderungen im eigenen Land und die neuen künstlerischen Möglichkeiten zum Ausdruck brachte und zugleich den noch kämpfenden Bewegungen in aller Welt ihre Solidarität bekundete. In Chile nannte man die Protestlieder *Nueva Canción Chilena,* weitere Bezeichnungen waren *Música Popular Brasileira, Nuevo Cancionero Argentino, Canción social* und *Canción comprometida*. Während der Zusammenkunft in Kuba einigte man sich schließlich auf die gemeinsame Formel *La canción protesta*. Dazu heißt es im Abschlussmanifest:

Das Protestlied ist eine Waffe im Dienste des Volkes und nicht ein durch den Kapitalismus entfremdetes Konsumprodukt. Die Aufgabe der Arbeiter des Protestliedes ist es, gegenüber dem Volk und gegenüber den gesellschaftlichen Problemen, mit denen wir leben, eine deutliche Position zu beziehen. Die Bewegung des Protestliedes sollte sich mit dem Befreiungskampf der unterdrückten Völker verbinden, kämpferisch und engagiert und durch eine soziale Verpflichtung motiviert sein. (76)

Doch man sah sich auch einer gemeinsamen Repressionswelle gegenüber und viele Musikerinnen und Musiker bezahlten einen hohen Preis für ihr Engagement. Die Protestlieder und ihre InterpretInnen wurden als „subversiv" eingestuft, die KünstlerInnen verfolgt und ihre Platten zerstört, sie gingen ins Exil oder wurden Opfer des grausamen Staatsterrors. Dem Argentinier **Atahualpa Yupanqui** wurde die rechte Hand von den Militärs mit einer Schreibmaschine zermalmt, der chilenische Künstler **Victor Jara** – einer der bekanntesten Interpreten der Protestmusik – wurde kurz nach der Machtübernahme Pinochets im Nationalstadion nach tagelanger Folter hingerichtet. In Chile waren die KünstlerInnen des Protestliedes maßgeblich an der Bewegung Allendes und seinen Regierungsprogrammen beteiligt gewesen. Somit gehörten sie nach 1973 auch zu den ersten, die den Staatsterror am eigenen Leib erfuhren.

Bei der Versammlung in Kuba ging es auch um internationale Vernetzung. Die KünstlerInnen aus ganz Lateinamerika verband untereinander vor allem die Erfahrung der Repression, mit SängerInnen aus Europa und Nordamerika debattierte man über den Krieg in Vietnam und den nordamerikanischen Imperialismus. „Das Treffen brachte die Überzeugung, dass es ein Fehler war, sich der Annahme hinzugeben, dass wir alleine wären, wir waren nicht alleine. Wir entdeckten die gleiche Haltung des Suchens und des Kritisierens auf all diesen Kontinenten", (77) schrieb der uruguayische Künstler Daniel Viglietti nach der Konferenz.

Die Kubanische Revolution, die Solidaritätsbewegungen mit Chile und Nicaragua, der Staatsterror in vielen Ländern waren Geschehnisse, die die Weltöffentlichkeit nach Lateinamerika blicken ließen und somit

© CD-Cover Obra colectiva, 1970

auch die Protestlieder weit über die kontinentalen Grenzen hinweg bekannt machten. Sie gehörten bald zum musikalischen Repertoire der linken Bewegungen anderer Länder. Auch deutsche Liedermacher wie Hannes Wader oder Franz-Josef Degenhardt verbrüderten sich in ihren Liedern mit den Aufständischen auf der anderen Seite des

Atlantiks. Intensiviert wurde der transatlantische Kontakt noch durch die aus Lateinamerika emigrierten KünstlerInnen wie Atahualpa Yupanqui, der seit Ende der 60er Jahre in Paris lebte, oder Mercedes Sosa, die – nachdem sie 1979 während eines Konzertes festgenommen worden war – nach Madrid emigrierte.

Mareike Lühring

Atahualpa Yupanqui – Der linkshändige Virtuose

© Fundación Atahualpa Yupanqui (2)

Der Wanderer, der *Trovador*, der „Poet ohne Smoking", der Idealist, der Kämpfer: Es gibt viele Versuche, das Leben und Schaffen des 1908 in der Provinz Buenos Aires geborenen Künstlers auf einen Begriff zu bringen. Unumstritten ist jedoch, dass Atahualpa Yupanqui zu den bedeutendsten Künstlern seines Landes gehört: Er war ein begnadeter Komponist, ein bemerkenswerter Dichter, ein charismatischer Sänger und ein Virtuose der Gitarre. Besonders in Argentinien verband sich die in den 60ern aufkommende Protestlied-Welle mit dem traditionellen Volkslied – und Atahualpa Yupanqui war einer der wichtigsten argentinischen Vertreter dieser Bewegung. Er gehörte zu den Pionieren des *canción protesta*, das seinen Ursprung im *Cono Sur* hatte und mit politischen Liedern gegen die Militärdiktaturen Südamerikas protestierte.

Atahualpa Yupanquis Werk umfasst sowohl Motive des ländlichen Argentinien wie auch philosophisch-universelle Topoi. Er hat stets mit überliefertem Material gearbeitet und diesem dann eigene Melodien, die aus dem Geist der alten Lieder entstanden waren, hinzugefügt: Insgesamt sammelte er etwa 1.500 Lieder seiner Heimat, aber auch aus anderen Teilen Südamerikas, schrieb auf deren Basis selbst Lieder und komponierte die Musik dazu. Eines der bekanntesten Lieder Yupanquis stammt ursprünglich aus dem Grenzgebiet zwischen Kolumbien und Venezuela: ***Duerme negrito*** (Schlafe schwarzes Kindchen), ein Wiegenlied, welches von den Mühen einer hart arbeitenden Sklavin und deren unerfüllbaren Versprechen an ihr Kind erzählt. Durch diese Mischung aus Volkslied und Volksdichtung avancierte er zur buchstäblichen „Stimme“ der sozialen Proteste und Bewegungen in seinem Land.

Doch sein politisches Engagement blieb nicht ohne Folgen; schnell geriet er ins Visier der argentinischen Staatsmacht, wurde verfolgt und immer wieder für kurze Zeit inhaftiert. Nachdem er 1945 in die Kommunistische Partei Argentiniens eintrat, wurde ein Auftritts- und Berufsverbot gegen ihn ausgesprochen. Zeitweise wurde er sogar des Landes verwiesen – daraufhin emigrierte Yupanqui erst in die Nachbarländer, bis er sich schließlich 1967 in Paris niederließ. Schon länger fühlte er sich Europa eng verbunden: Nach einer Tournee durch Rumänien und Tschechien 1950 hatte er einen Abstecher nach Paris gemacht und dort Edith Piaf kennen gelernt. Diese Bekanntschaft verhalf ihm zu seinen ersten Auftritten – mit Edith Piaf im *Théâtre de l'Athénée* – und zu seiner ersten Plattenaufnahme in Europa. Seine Liebe zu Argentinien ließ ihn jedoch immer wieder in seine Heimat zurückkehren, wo er weiterhin die Studenten- und Protestbewegungen unterstützte. 1973 kam es zu einem weiteren Zusammenstoß mit den Herrschenden im Land: Schergen der Militärjunta unter Führung von General **Alejandro Agustín Lanusse Gelly** zerschmetterten dem unbequemen Künstler mit einer Schreibmaschine die rechte Hand. Später erlernte er jedoch eine spezielle Technik und wurde zu einem der berühmtesten Linkshandspieler aller Zeiten. Atahualpa Yupanqui starb 1992 im Alter von 84 Jahren in Frankreich.

Mareike Lühring

„Die Stunde der Feuer" – Kino im Namen der Revolution

Schon in den 50er Jahren, intensiver aber gegen Ende der 60er Jahre entwickelte sich in der lateinamerikanischen Filmszene eine Gegenbewegung zur Übermacht des Hollywood-Mainstreams: ein **neues politisches Kino**, inspiriert von der Kubanischen Revolution, das die gesellschaftlichen Verhältnisse widerspiegeln und verändern wollte. Die KinomacherInnen verstanden sich als Akteure der gesellschaftlichen Mobilisierung für kulturelle und politische Veränderungen. Ihnen ging es um die Entwicklung einer nationalen Kultur gegen Imperialismus und koloniale Strukturen. 1967 fand in Chile das erste *Festival Internacional del Nuevo Cine Latinoamericano* statt, das den Austausch zwischen FilmemacherInnen aus allen Teilen des Kontinents ermöglichte und den Grundstein für eine einzigartige kontinentale Kino-Bewegung legte – das Neue Lateinamerikanische Kino, das sich vor allem in den 70er Jahren weiterentwickelte. Das zweite Treffen fand 1968 im venezolanischen Mérida statt und war entscheidend für das Selbstverständnis der FilmemacherInnen als länderübergreifende Bewegung. Später wurde das *Comité de Cineastas del Nuevo Cine Latinoamericano* und das Kinoarchiv *Cinemateca del Tercer Mundo* in Montevideo gegründet, um die Vernetzungsprozesse weiter zu fördern. Dabei waren die Produktionsbedingungen in den Ländern Lateinamerikas denkbar unterschiedlich: In den brutalen Militärdiktaturen Chiles und Argentiniens befand sich das politische Kino im permanenten Widerstand. In Bolivien und Brasilien mit den ständig wechselnden Militärregimen war die Situation zunächst weniger repressiv, FilmemacherInnen schwankten zwischen Emigration und dem Arrangement mit den herrschenden Verhältnissen. In Mexiko begann der autoritäre Staat großen Einfluss auf die Filmproduktionen zu nehmen: Er kontrollierte und finanzierte zugleich. Auch in Kuba, Bolivien, Chile, Nicaragua und anderen lateinamerikanischen Ländern entstanden in diesen Jahren viele sich ausdrücklich als „politisch" verstehende Filme.

Die Argentinier **Fernando E. Solanas** und Octavio Getino postulierten 1966 ein *Tercer Cine,* das einen eigenständigen, dritten Weg zwischen der kommerziellen Filmindustrie und dem oft sehr individualistischen Autorenkino suchte. Im Gegensatz zu allem Bisherigen wollten sie fortan revolutionäres Kino machen – das neokoloniale Bild zerstören, eine lebendige Realität dagegensetzen. Zu diesem Zweck gründeten sie die Gruppe *Cine Liberación* und schrieben sich die „Entkolonialisierung der Kultur“ auf die Fahnen. Der 1968 uraufgeführte Film ***La hora de los hornos*** – längst ein Klassiker des revolutionären 68er-Kinos, nicht nur in Lateinamerika – wurde unter den schwierigen Bedingungen der Militärdiktatur Onganías innerhalb von zwei Jahren gedreht. Der übliche deutsche Verleihtitel „Die Stunde der Hochöfen“ ist irreführend, denn der Titel spielt nicht auf Fabriken, sondern auf die Feuer der Indios in Feuerland an. Der Agitationsfilm ist ein rasant montiertes Plädoyer: Schlachthausszenen von Rindern, dem argentinischen Hauptexportprodukt, werden unterlegt mit Jazzmusik und Coca-Cola-Spots, die argentinische High Society wird mit den Bewohnern der Armenviertel kontrastiert. Einer filmischen Analyse der Ausbeutung und Unterdrückung Argentiniens folgt ein Aufruf zur Revolution, später gibt es dazu auch praktische Handlungsanweisungen, etwa zum Bau von Molotowcocktails. Der Film – ein Plädoyer für die gemeinsame kulturelle Identität Lateinamerikas im Kampf gegen den „Neokolonialismus“ Europas und der USA – wurde erstmals im September 1968 auf dem Festival des Neuen Films im italienischen Pesaro aufgeführt. Solanas‘ Werk sollte bald zum Klassiker werden. In Europa setzte man ihn als filmisches Mittel im anti-imperialistischen Kampf, im Namen der Solidarität mit der sogenannten „Dritten Welt“, ein. In Argentinien selbst durfte der Film zunächst nicht gezeigt werden. Doch nachdem *La hora de los hornos* in Italien so große Wirkung gezeigt hatte, wurde sich die Gruppe *Cine*

Liberación des Potenzials von Kino im politischen Kampf bewusst. Eigenständige *unidades móviles* organisierten geheime Aufführungen des verbotenen Films, mit jeweils verschiedenen Adressaten: Den Intellektuellen wurde vor allem der erste Teil gezeigt, den „Arbeitern und dem Volk" der zweite, und beide Teile den „Studenten".

Mit ihrem Manifest für ein „Kino der Dekolonisierung" plädierten Getino und Solanas 1968 im Namen von *Cine Liberación* für ein unabhängiges und eigenständiges Filmschaffen, das eine klare Zielsetzung aufweist:

Jede intellektuelle Aktivität, die nicht der nationalen Befreiung dient, wird schnell von den Unterdrückern ausgelaugt und durch die große Klärgrube des kulturellen Systems absorbiert. Unser Engagement als Kinomacher und Individuen eines abhängigen Landes kann sich weder in der universalen Kultur noch in der Kunst oder dem abstrakten Menschen erschöpfen. Sondern einzig und allein für die Befreiung unseres Vaterlandes, die Befreiung des argentinischen und des lateinamerikanischen Menschen. (78)

Darüber hinaus entstanden Ende der 60er Jahre in Argentinien außergewöhnlich viele Filme, weitere Werke von Regisseuren wie Fernando Birri, der ein wichtiger Unterstützer des *Tercer Cine* war, aber auch von Vertretern des *Cine de Base*, wie Raimundo Gleyzer, Jorge Giannoni oder Jorge Denti.

Auch in **Brasilien** entwickelte sich schon seit den 50er Jahren ein „neues brasilianisches Kino", das ***Cinema Novo***. Anfang der 60er Jahre, nach der Einweihung der neuen Hauptstadt Brasilia und einer neuen Welle nationalen Bewusstseins, entdeckten Intellektuelle und KünstlerInnen zunehmend „das Volk" als Sujet. Die politische Führung diskutierte über drängende Agrar- und Bildungsreformen, die Bauern des Nordostens forderten ihre Rechte ein, die StudentInnen radikalisierten sich unter dem Einfluss der Kubanischen Revolution und die KinomacherInnen eigneten sich die neuen Techniken aus Frankreich, England, Kuba und Argentinien an. Wegbereiter des neuen brasilianischen Kinos waren Nelson Pereira dos Santos, Robert Farías, Ruy Guerra und Carlos Diegues. Doch der wohl wichtigste Vertreter des *Cinema Novo* war der Regisseur und Filmemacher **Glauber Rocha**. In seinem Gründungsmanifest „Ästhetik der Gewalt" spricht Rocha zur Förderung eines eigenen Bewusstseins von einer doppelten

Dichotomie: Kolonialisierender versus Kolonialisierter, aber auch „zivilisierte Kultur" versus „lateinamerikanische Kultur". „Unser Kino ist neu, weil der brasilianische Mensch neu ist und die Problematik Brasiliens neu ist und unser Licht neu ist. Deshalb sind unsere Filme grundverschieden vom europäischen Kino" (79), schrieb Glauber Rocha schon 1961. Nach dem Militärputsch von 1964 waren die meisten Filmemacher durch die staatliche Zensur, die sich im Jahr 1968 weiter verschärfte, gezwungen, ihre Gesellschaftskritik hinter Symbolismen und Metaphern zu verstecken – auch wenn sie zunächst weiter produzieren durften. Ein zentraler Film Rochas, *Terra em transe* (Land in Trance) aus dem Jahr 1967, spiegelt die Orientierungslosigkeit und Verzweiflung der Intellektuellen in unruhigen Zeiten, ihr Schwanken zwischen Faschismus, Liberalismus und Kommunismus wider. Diese Verzweiflung wird mit den verschiedensten filmischen Elementen veranschaulicht (Surrealismus, Theatralik, Literatur, Mythos). Am Ende entscheidet sich der Protagonist, enttäuscht von den unerfüllten Modernisierungsversprechungen der Regierung und verzweifelt mit seinen eigenen Arrangements, für den Weg der Revolution.

Von einem „revolutionären Kino" war in **Mexiko** eher nicht die Rede. In den 70er Jahren, kurz nach der Niederschlagung der Studentenbewegung 1968, wurde der Einfluss des autoritären Staates auf die Produktion und den Vertrieb des mexikanischen Kinos immer größer. Die staatliche Filmförderung finanzierte einen Großteil der heimischen Produktion – was der Förderung eines „neuen mexikanischen Kinos" diente, aber eben auch der Kontrolle. Ein Großteil der später als Klassiker bekannten, politischen Filme konnte im Land erst viele Jahre später gezeigt werden. Der bekannteste von ihnen ist der Film *El Grito* (Der Schrei), den Leobardo López 1969 aus frei gedrehtem Dokumentarmaterial von Studierenden der Filmakademie *Centro Universitario de Estudios Cinematográficos* (CUEC) der *Universidad Nacional Autónoma de México* (UNAM) zusammengeschnitten hatte. Im Zentrum steht die Chronik der Protestbewegung, vor allem aber das **Massaker von Tlatelolco**. Der Film musste außer Landes geschmuggelt werden und wurde zunächst im Ausland gezeigt. Der Dokumentarfilm *Aquí Mexico* von Oscar Ménendez entstand ebenfalls im Kontext der StudentInnenbewegung und schildert die Ereignisse am Beispiel der inhaftierten StudentenführerInnen. Öffentlich gezeigt wurde er erstmals 1975 in Mexiko. Der erste Spielfilm über das Massaker von Tlatelolco ist der 1989 gedrehte Film *Rojo Amanecer* von Jorge Fons.

Dagegen gab es in **Kuba**, ähnlich wie in Brasilien und Argentinien, eine breite theoretische Debatte über die Bedeutung des Kinos als politisches Instrument. Wichtige Vertreter waren Santiago Álvarez, der für die Dokumentarfilme des *Tercer Cine* steht, und Julio García Espinosa, der das *Cine Imperfecto* postulierte: Statt technischer Brillanz stehen für García Espinosa sozialer Realismus und die Vermittlung von Inhalten im Mittelpunkt. 1968 wurde von Tomás Gutiérrez Alea ***Memorias del subdesarollo*** (Erinnerungen an die Unterentwicklung) gedreht: Der Film erzählt die Geschichte eines jungen Mannes aus dem Bürgertum Havannas im Jahre 1961, dessen halbe Familie nach Miami geflohen ist. In den Dokumentaraufnahmen des Straßenbildes spürt man sowohl die Angst vor dem Krieg wie auch den Aufbruchwillen der Kubanischen Revolution.

Fernando E. Solanas

Im Jahr 1971 beschreibt der Berliner Publizist und Experte für lateinamerikanischen Film Peter B. Schumann den Geist der Zeit:

Denn auf einem Kontinent, wo Demonstranten und unbeteiligte Zuschauer massakriert werden wie im Mexiko der Olympischen Spiele, wo Streiks der Gewerkschaften blutig zerschlagen werden wie in Argentinien, wo die Autonomie der Universitäten mit Waffengewalt zerstört wird wie in Venezuela, wo Menschen, nicht nur Oppositionelle, zu Tausenden eingekerkert und barbarisch gefoltert werden wie in Brasilien – auf einem solchen Kontinent ist kein Raum mehr für Passivität und Schuldlosigkeit. (...) Die engagierten künstlerischen Medien – auch der unabhängige Film – reflektieren deshalb die miserablen Verhältnisse und attackieren die daran Schuldigen, propagieren die notwendigen Veränderungen, die Revolution. (80)

Inga Kleinecke

Die TV-Revolution

Die 68er-Bewegungen tendierten zu einer **Internationalisierung**, die sich auf verschiedenen Ebenen einstellte und mit den unterschiedlichsten Mechanismen der Verbreitung und Kommunikation verbunden war. Einige ihrer politischen Akteure – Studentenbewegungen, Gewerkschaftsorganisationen, Intellektuelle und Künstler – verfügten über Institutionen, Versammlungsformen und Veröffentlichungen, die als Kommunikationskanäle alternativ zu denen der kritisierten Staaten, Regierungen und staatlichen Institutionen funktionierten. Im Moment des „Ausbruchs" wurden eine Reihe bereits existierender Mechanismen aktiviert, zugleich entstanden im Eifer des Gefechts neue, die auf die Außergewöhnlichkeit des Geschehens reagierten. Der Einsatz neuer Formen der Kommunikation, wie die handgemalten Plakate oder auch die Graffiti, entsprachen zwei zentralen Losungen von '68: „Das Wort ergreifen!" und „Die Phantasie an die Macht!". Die Massenmedien verdächtigte und beschuldigte man in diesem Kontext als Instrumente der Macht, der Zensur und der ideologischen Parteilichkeit. Dennoch spielten die Medien eine bedeutende Rolle bei der Verwandlung von '68 in ein globales Ereignis. Man kann sogar sagen, dass es das Fernsehen war, das '68 mit einem Sound, einem Bild und einer Ästhetik unterlegte.

In den USA wurde das Fernsehen schon in der Nachkriegszeit zum **Massenmedium**, doch in einigen europäischen Gesellschaften – wie auch in den Ländern der Dritten Welt – begann seine massenhafte Verbreitung erst in den Sechzigerjahren. So hatte es 1968 dort gerade angefangen ein Massenpublikum anzuziehen und noch nicht die soziale Bedeutung, die es ein Jahrzehnt später erlangen sollte. In Lateinamerika wurde das Fernsehen schon zu Beginn der Fünfzigerjahre in Ländern wie Mexiko, Brasilien, Kuba und Argentinien eingeführt, wo es in der darauffolgenden Dekade bereits ein sehr breites Publikum hatte. Technisch war es als simultane Fernübertragung von Bildern definiert und darauf angewiesen, dass in den Ländern jeweils flächendeckend ein System von Netzwerken und Relais-Stationen errichtet wurde. Die Satelliten ermöglichten es, die territoriale Reichweite dieser Simultanübertragung zu erweitern und brachten dabei die nationalen Grenzen zum Verschwinden. Das US-amerikanische Fernsehen hatte seine Bedeutung schon beim Attentat auf Präsident Kennedy im Jahre 1963 unter Beweis gestellt. Ausschlaggebend für die öffentliche Meinung in den USA aber wurde das Fernsehen dann 1968 bei der Tet-Offensive im Vietnamkrieg. Im ersten Fall hatte das Fernsehen gezeigt, dass es in der Lage war, ein unvorhergesehenes Ereignis aufzunehmen; im zweiten Fall diente es dazu, etwas bis dahin weit Entferntes ganz nah heranzuholen. Während der Übertragung der Ereignisse von 1968 brachte das Fernsehen Aufstände und Repression, die an voneinander weit entfernten Orten geschahen, zueinander und machte sie greifbar – über Bilder, die die Lebendigkeit von Live-Aufnahmen haben. Auch wenn sie nicht immer simultan übertragen wurden, so produzierten sie doch den **„Live-Effekt“**.

Ein Beispiel möge die Art und Weise veranschaulichen, wie das Fernsehen den territorialen Horizont der Mobilisierungen erweiterte. Das, was später als „argentinisches ’68“ in die Geschichte eingehen sollte, geschah im Mai 1969 in Córdoba. **Argentinien** ist ein sehr zentralistisches Land, in dem ein Drittel der Bevölkerung in Buenos Aires lebt und wo die allermeisten Demonstrationen, seit den Tagen der Unabhängigkeit von Spanien, auf der *Plaza de Mayo* stattfinden. Das Fernsehen wurde hier 1951 eingeführt, bis 1960 wurde es nur im Stadtraum von Buenos Aires ausgestrahlt. Mit dem *Cordobazo* im Mai 1969 erlangte der Begriff „Übertragung“ dann zum ersten Mal seine volle Bedeutung: In Buenos Aires, einer Stadt, die es gewohnt war, im Mittelpunkt des politischen Lebens im Lande zu stehen, konnte man die Ereignisse, die die Militärregierung erzittern ließen, nur über den Fernsehbildschirm verfolgen. So war die **Nationalisierung dieses Ereignisses** – buchstäblich – über das Fernsehen vermittelt.

Wenn man die Fernsehbilder von ’68 mit den Kino-Wochenschauen der vorangegangenen Jahre vergleicht, wird ihre neue Qualität deutlich. Die Kinoaufnahmen von Massendemonstrationen waren für gewöhnlich Panorama-Shots von einem bestimmten festen Kamerastandpunkt aus. In den Sechzigerjahren kamen dann andere Perspektiven, etwa aus fahrenden Bussen, dazu. Aber auch wenn die Bilder visuell gesprochen nicht mehr fix waren, so waren sie aus ideologischer Warte immer gestochen scharf – es wurden Blickwinkel eingenommen, die entweder klar für oder gegen die Demonstrierenden positioniert waren. Die 68er-Bilder hingegen oszillieren, sind unentschlossen und stammen von Kameramännern, die sich inmitten der Demonstrierenden befinden. Das Einzigartige der 68er-Bilder entspringt diesem visuellen Schwanken, typisch für die **frei geschulterte Handkamera**, das einen ideologischen Zweifel zu übersetzen scheint.

Es gibt viele 68er-Szenen, in denen der Volkszorn die Polizei zum Zurückweichen zwingt. Dabei erkennen wir ein Klischee des kommerziellen Films: ein ungleiches Duell, das mit dem Sieg des Schwächeren endet. Die Beliebtheit dieser Sequenzen kann unterschiedlich interpretiert werden, unter anderem auch mit der Lust des „Volkes" am Heroismus und der Selbstjustiz. Dennoch gehen diese Dokumentarbilder noch über das Spielfilm-Klischee hinaus, da der Live-Effekt etwas Einzigartiges zeigt: den Moment, in dem noch offen ist, wie die Szene ausgehen wird. Das ist mit der Fernsehübertragung eines Sportwettkampfs vergleichbar: Solange man das Ergebnis nicht kennt, scheint alles möglich zu sein. Normalerweise gewinnt der Stärkere; trotzdem ist das Kräfteverhältnis komplex und kann sich sogar umkehren. Das Schwanken der Kamera repräsentiert das Schwanken eines Standpunktes. Der Kameramann, der sich sonst immer hinter den Polizeireihen und fern vom Gewaltgeschehen postiert, wird durch die Ereignisse destabilisiert und von den Demonstranten überrollt. Wie eine Metapher für den Einbezug der Zuschauer in das Geschehen kann der Kameramann kein einfacher Zuschauer der Szene bleiben, sondern wird zu einem Teil von ihr. Das Fernsehen – ein Medium, das gewöhnt daran ist, der Macht zu dienen – wird von '68 überrumpelt und weiß nicht mehr genau, welche die Macht ist, der es zu dienen hat. Diese Bilder wären zuvor nicht möglich gewesen: zum einen wegen der technischen Bedingungen und der beruflichen Ausbildung der Kameraleute, die sie aufgenommen haben; zum anderen, weil der politische Kontext weniger ungewiss war. Visuelle **Instabilität** und politische Instabilität sind die beiden Determinanten dieser Bilder.

Die Frische der 68er-Bilder aus verschiedenen Orten der Welt verdankt sich der Entdeckung der neuen, offenen Möglichkeiten der leichten Kameras. Die Ereignisse überraschen das Fernsehen – und das Fernsehen war bereit, die Überraschung aufzunehmen. Die visuelle Attraktivität, die von diesen Dokumentarbildern ausgeht, erklärt auch – zumindest teilweise – die geringe Zahl von Spielfilmen, die in dieser Zeit angesiedelt sind – nur *I sognatori* (2003) von Bernardo Bertolucci oder *Les amants réguliers* (2004) von Philippe Garrel aus Frankreich. Fernsehquellen wurden auch in einem Großteil des in den folgenden Jahren produzierten, politischen Kinos eingesetzt. Trotz dieser ausgeprägten Nutzung des Fernseharchivs von '68 durch das politische Kino wurde das Fernsehen von den politischen Bewegungen als **Agent der Macht** in Frage gestellt. „La police vous parle tous les soirs à 20hs" (Die Polizei spricht jeden Abend um 20 Uhr zu Ihnen), war auf einem französischen Plakat zu lesen. In den lateinamerikanischen Ländern stand das Fernsehen unter doppeltem Verdacht: als Agent des nordamerikanischen Imperialismus und als Instrument der diktatorischen Regierungen. Es war schwierig und teuer, ein **alternatives Fernsehen** aufzubauen und so rekurrierten die aus '68 entstandenen politischen Bewegungen auf andere, weniger kostspielige Formen der Kommunikation. Vor diesem Hintergrund wurde die Titelzeile des Songs von Gil Scott Heron, „The Revolution will not be televised" (1974), zu einem denkwürdigen Hit.

Die wichtigsten politischen und sozialen Akteure von '68 waren durch die Presse, das Radio und das Kino sozialisiert worden. In vielen Ländern begleitete das tragbare Radio die Demonstrierenden im öffentlichen Raum. Das Fernsehen fügte dieser Massenkommunikation nun die Bilder hinzu. In den archivierten Dokumenten wird am Kontrast zwischen Bild und Ton deutlich, dass die **Zensur** am Text viel härter war als die der Bilder. Im Fernsehen dienten die Gewaltszenen dazu, den Angriff auf das Privateigentum und die Irrationalität der Demonstrierenden vorzuführen. Als dieselben Szenen später von den politisch für den bewaffneten Kampf engagierten FilmemacherInnen eingesetzt wurden, dienten sie dazu, die Gewalt des Volkes zu preisen. Es wäre zu fragen, was diese Bilder ihren Zuschauen „sagten", was die Medien nicht mit Worten sagen konnten. Es ist viel über das Aufkommen neuer Subjekte um '68 geschrieben worden. Dabei ist auch nach der Rolle des Fernsehens zu fragen, also nach einem spezifischen technischen und ästhetischen Dispositiv, das in seiner Instabilität eine ebenso instabile Zeit zu fassen vermochte – und zwar von einem Ende der Welt zum anderen.

Mirta Varela
(Übersetzung: Anne Huffschmid)

Tucumán Arde – Tucumán brennt

Ich denke, alle Kunst ist politisch. (81)
Graciela Carnevale

Unter diesem Titel fand Ende 1968 sowohl in der argentinischen Industriestadt Rosario als auch in der Hauptstadt Buenos Aires eine Ausstellung statt. Zwei Wochen lang wurde in den Räumen des Gewerkschaftsdachverbandes *Confederación General del Trabajo de los Argentinos* (CGTA) in Rosario über die Verschlechterung der Lebens-

Graciela Carnevales Einschließaktion

bedingungen in Tucumán seit 1966 aufgeklärt. Die für Buenos Aires geplante Ausstellung wurde nur wenige Stunden nach der Eröffnung von der Polizei geschlossen. Aber hinter dem Namen verbirgt sich weitaus mehr: „Tucumán brennt“ kann als Metapher für ein künstlerisches Aufbegehren gegen die Militärdiktatur wie auch als Suche nach neuen künstlerischen Artikulationskanälen verstanden werden.

Tucumán brannte nicht im buchstäblichen Sinn, aber die grassierende Armut in der Region, hervorgerufen durch die Rationalisierungsmaßnahmen des Militärregimes, waren ein brandheißes Thema. Die Provinz Tucumán im Nordosten Argentiniens ist bekannt für den Anbau und die Verarbeitung von Zuckerrohr. Zum Zweck der Rationalisierung wurden im August 1966 12 von insgesamt 37 Zuckerfabriken geschlossen. Zwar hatte diese vom Onganía-Regime eingeleitete neoliberale Wirtschaftspolitik letztlich keinen Erfolg. Das Ergebnis aber war ein Anwachsen der Armut und in der Folgezeit die Abwanderung von 200.000 Menschen. Die Verschlechterung der desolaten Wirtschaftslage und der Lebenssituation wurde damals breit in den Medien debattiert.

Am 10. und 11. August 1968 lud die *Grupo de Arte de Vanguardia* KünstlerkollegInnen und andere Intellektuelle, darunter JournalistInnen und SozialwissenschaftlerInnen, zum ***Primer Encuentro Nacional del Arte de Vanguardia*** in Rosario ein. Die Teilnehmer tauschten ihre Ansichten zum Marxismus und zur Kubanischen Revolution aus, diskutierten über die aktuelle Lage in Argentinien und suchten nach Handlungsoptionen. Sie sahen sich direkt verantwortlich für die Mitgestaltung einer gesellschaftlichen Entwicklung und setzten sich zum Ziel, mit ihrer Kunst nicht nur einen „bourgeoisen“ Elitezirkel zu unterhalten, sondern eine breite Bevölkerung anzusprechen und aufzuklären. Die verschlechterten Lebensbedingungen in Tucumán standen im krassen Gegensatz zur offiziellen Darstellung der Provinz als *Jardín de la República,* als Garten der Republik. Hierin sahen einige KünstlerInnen und andere Intellektuelle eine Gelegenheit zum Handeln – und kreierten einen *Jardín de la Miseria*, einen **Garten der Armut**.

Mitte September 1968 reisten vier Künstler aus Buenos Aires und Rosario nach Tucumán, um sich vor Ort ein Bild der Lage zu machen und erste Kontakte herzustellen. Ab dem 22. Oktober sammelte die Gruppe eine Woche lang Wirtschaftsdaten, Dokumente, Bilder, Film-

und Tonaufnahmen, um über eine möglichst breite und informative Materialbasis zu verfügen. Parallel zur zweiten Reise nach Tucumán am 22. Oktober startete die Informationskampagne zum *Jardín de la Miseria*. Anfangs tauchte nur das Wort *Tucumán* zusammen mit Fotos von Fabriken hier und da in den Straßen von Santa Fé und Rosario auf, meist neben Werbeanzeigen plakatiert. Auch in Eingängen von kleinen Kinos wurden die Besucher mit dem Slogan und mit Diaprojektionen konfrontiert. In einer zweiten Phase der Kampagne erschienen die Wörter *Tucumán Arde* an Häuserwänden in Rosario und Buenos Aires. Nur wenige Tage vor ihrer Ausstellung in Rosario initiierten die Künstler die dritte Phase der Kampagne: Plakate luden zur Eröffnung der *I Bienal de Arte de Vanguardia* am 3. November in den Räumen des Gewerkschaftsdachverbandes CGTA ein. Der Besucherandrang in Rosario war schließlich dermaßen groß, dass die Ausstellung letztlich eine Woche länger als ursprünglich geplant andauerte. In der Hauptstadt Buenos Aires wurde die Ausstellung wenig später am 25. November 1968 im Haus der Grafikergewerkschaft eröffnet, aber nach nur wenigen Stunden von der Polizei geräumt.

Ankündigung der Ausstellung

Das Jahr 1968 kennzeichnet in Argentinien die **Radikalisierung** einer ganzen Generation. Neben StudentInnen und ArbeiterInnen trifft dies ebenso auf den Kulturbereich zu. Kulturschaffende aus den Bereichen bildende Kunst, Film, Journalismus und andere Intellektuelle produzierten Kunst mit stark politisierten Inhalten. Und diese **„Politkunst"** stellte nicht nur das herrschende politische System infrage, sondern zugleich auch den ganzen Kulturbetrieb. Als Dreh- und Angelpunkt für die sich in den 60er Jahren politisierende Künstlerszene gilt das im Juni 1958 gegründete ***Instituto Di Tella***, wo sich KünstlerInnen jenseits der etablierten Szene zusammenfanden und Protestaktionen veranstalteten. Ein Beispiel ist die im Frühjahr 1966 ausgestellte *Homenaje al Viet-Nam* in Buenos Aires, bei der etwa 200 KünstlerInnen, darunter **Quino**, der Erfinder der Comicfigur *Mafalda,* und die für ihre Happenings bekannte Marta Minujín, ihren Protest gegen den Vietnamkrieg ausstellten. **León Ferrari** präsentierte sein Werk *La civilización occidental y cristiana*. Ricardo Carreira zeigte *La Mancha de sangre*, einen immensen Blutfleck, dargestellt durch einen klebrigen, roten Kunstfaserteppich, der den Boden der Galerie bedeckte. Während die Zusammenarbeit der verschiedenen Künstler in Buenos Aires loser Natur war, zeichnete sich die in Rosario gegründete ***Grupo de Arte de Vanguardia*** durch einen festeren Gruppenzusammenhalt aus und bespielte regelmäßig ihren eigenen Ausstellungsraum ***Ciclo de Arte Experimental*** mit künstlerischen Aktionen. In einer Art Manifest vom September '68 (*A propósito de la Cultura Mermelada)* brachte sie ihre Abscheu vor der offiziellen und etablierten Kunstszene zum Ausdruck.

Besucher verlassen die Galerie *Ciclo de Arte Experimental* in Rosario durch eine zerbrochene Scheibe, nachdem Graciela Carnevale sie im Rahmen ihrer *Acción del Encierro* am 7. Oktober 1968 dort eingesperrt hatte.

Tucumán Arde war eine innovative, riskante und provozierende **Kollektivarbeit**, die den Versuch einer Synthese von Kunst und Politik unternahm. Künstlerische Praxis wurde zur Form politischer Aktion im Rahmen einer oppositionellen Mobilisierung. *Tucumán Arde* steht demnach nicht nur für die gleichnamige Ausstellung, sondern auch als Synonym für die Revolte gegen die Militärdiktatur, aber auch gegen künstlerische Konventionen hin zu einer neuen Ästhetik. Seit den 60er Jahren hat es in Argentinien immer wieder Versuche der theoretischen und praktischen Verknüpfung von Kunst und Politik gegeben. Ein Beispiel ist ***El Siluetazo*** aus dem Jahr 1983, als Tausende von menschlichen Silhouetten aus Papier an den Häuserwänden in Buenos Aires zu sehen waren, in Anspielung auf die „Verschwundenen" der letzten Militärdiktatur. Auch die heute aktiven Künstlergruppen *Etcétera* sowie *Grupo de Arte Callejero* sind eng verbunden mit der Menschenrechtsarbeit der H.I.J.O.S. (*Hijos por la identidad y la justicia, contra el olvido y el silencio*) seit deren Anfängen Mitte der 90er Jahre.

Ein aktuelleres Beispiel ist die Arbeit des 27-jährigen Künstlers Leandro Iniesta. Im Jahr 2004 zierte sein Graffiti mit den Worten „*Tucumán sigue ardiendo*" („**Tucumán brennt weiter**") diverse Häuserwände in Buenos Aires. Ebenso wie das Künstlerkollektiv im Jahr 1968 recherchierte er Daten bezüglich der Lebensbedingungen in Tucumán. Er wählte einen öffentlichen Ort der Präsentation, um auch Menschen außerhalb der begrenzten Kunstkreise zu erreichen. Sogar der damalige Bruch mit dem *Instituto Di Tella* findet seine Fortsetzung in Iniestas Ablehnung, sein Werk heute in dem etablierten staatlichen Kulturzentrum *Centro Cultural Recoleta* auszustellen. Im Gespräch betont Iniesta seinen Glauben an eine Kunst, die offen ist für jeden, eine „öffentliche Kunst" mit der Macht, ihren Kontext zu verändern. *Tucumán Arde* markiert für ihn einen essentiellen Moment, der die argentinische Kunstszene in ein Vorher und ein Nachher teilt. *Tucumán Arde* sei eine Form von Kunst, „die ihrer gesellschaftlichen Umwelt nicht fremd ist". (82)

Christian Tinz

Graciela Carnevale – Die Archivarin

© Privatarchiv Graciela Carnevale (2)

Graciela Carnevale wurde 1942 in dem kleinen Städtchen Marcos Juárez geboren, wuchs aber in der Provinzhauptstadt Rosario auf, wo sie noch heute lebt und arbeitet. In den 60er Jahren gehörte sie zu einer Gruppe von Künstlern, die sich mit ihrer Arbeit gegen eine Massenkultur, in der Kunst nur als Dekoration dient, richteten. Im Jahr 1965 formierte sich in Rosario die *Grupo de Arte de Vanguardia*. Carnevale war **Gründungsmitglied** und übernahm die Pressearbeit. Zusammen mit ihrem Ehemann, dem Fotografen der Gruppe, sammelte sie Rezensionen zu den ersten Arbeiten und Ausstellungen sowie weiteres Material. Daraus entstand ein umfassendes Archiv zur argentinischen Experimentalkunst.

Im Rahmen der Kollektivarbeit ***Tucumán Arde*** beteiligte sich Carnevale an der Aufklärung über die elenden Lebensbedingungen in der nordargentinischen Provinz Tucumán, die das Militärregime unter Onganía offiziell als *Jardín de la Republica* bezeichnete, obwohl diese so gar nicht einem blühenden Garten glich. Im Rahmen einer Reihe von Konzeptkunst-Aktionen in der Galerie *Ciclo de Arte Experimental* in Rosario, die im Jahr 1968 den Bruch mit den etablierten Kunstinstitutionen markierten, veranstaltete Carnevale am 7. Oktober ihre ***Acción del Encierro***. Ohne Ankündigung verließ sie die Vernissage und schloss die Besucher ein. Nach etwa einer Stunde beendete die Polizei das Spektakel. Carnevale wollte ein Bewusstsein für die Repression und Gewalt des Militärregimes schaffen. „Es war ein Appell aus der Passivität herauszutreten, die Zuschauer anzuregen, aktiv ihre Lebensumstände zu verändern.“ (83)

Bereits 1969 löste sich die *Grupo de Arte de Vanguardia* wieder auf. Trotz der **Verfolgung** während der Militärdiktatur konnte Carnevale viele Aufzeichnungen zur Arbeit des Künstlerkollektivs in Rosario wie auch zu *Tucumán Arde* retten. Diese Materialien hat die Zeitzeugin über die letzten Jahre zu einem wohlsortierten **Archiv** ausgebaut. So erhält sie für die Nachwelt einen wichtigen Teil argentinischer Geschichte, der drohte in Vergessenheit zu geraten, weil sonst kaum Aufzeichnungen existieren.

Carnevale war 1974 und 1978 für einige Zeit in Europa, kehrte jedoch trotz der noch andauernden Militärdiktatur unter Videla nach Argentinien zurück, um als **Kunstdozentin** zu arbeiten. Graciela Carnevale lehrt noch heute Kunst an der *Universidad Nacional de Rosario*. Zudem arbeitet sie wieder als Kunstproduzentin und hat in den letzten Jahren auch an verschiedenen Ausstellungen in Deutschland mitgewirkt, darunter 2004 beim Projekt *ExArgentina* (Museum Ludwig in Köln) und 2007 bei der *documenta 12* in Kassel. Zusammen mit dem Künstler Mauro Machado gründete sie 2003 in Rosario die Initiative *El Levante* zur Förderung junger Künstler.

Christian Tinz

León Ferrari – Kunst als Politik

© Paloma Zamorano Ferrari

Der 1920 geborene León Ferrari gilt als **Altmeister der lateinamerikanischen Politkunst**. Als Sohn italienischer Einwanderer wuchs er in Buenos Aires auf und studierte zunächst Ingenieurwesen. Nachdem er 1947 das Studium beendet hatte, arbeitete er erst in Rosario, bevor er mit seiner Familie 1952 nach Italien ging, wo seine Tochter Marialí aufgrund ihrer Hirnhautentzündung behandelt wurde. Im *Instituto Italo-Argentino* traf er auf andere Exilargentinier, die vor dem Peronismus geflüchtet waren, darunter der Filmemacher

Fernando Birri und der Schriftsteller Jorge Abelardo Ramos. In Florenz begann der junge Künstler zunächst mit Keramik zu arbeiten. Nach seiner Rückkehr nach Buenos Aires im Jahr 1955 kamen dann auch andere Materialien, wie Holz und Gips, dazu. Neben Malerei und Bildhauerei beschäftigte er sich mit Collagen und Konzeptkunst. Während seiner Arbeit für das *Instituto Di Tella* im Jahr 1965 entstand sein wohl **bekanntestes Werk** mit dem Titel ***La civilización occidental y cristiana***. Die Plastik zeigt einen Jesus, der an einen US-Bombenflieger gekreuzigt ist. Das Werk entstand im Kontext der Proteste gegen den Vietnamkrieg und wurde zuletzt wieder 2007 auf der Kunstbiennale in Venedig zusammen mit aktuelleren Arbeiten des Künstlers gezeigt. Zu besichtigen ist es außerdem im *Museo de Arte Latinoamericano de Buenos Aires* (MALBA) als Teil der Dauerausstellung *Arte Latinoamericano del siglo XX*. 1968 beteiligte sich Ferrari zudem an der Kollektivarbeit *Tucumán Arde*. Dort präsentierte er Collagen aus Zeitungsausschnitten, die den Zuckerkonflikt in der nordöstlichen Provinz Tucumán behandelten, sowie Fragmente aus der offiziellen Berichterstattung, denen er Aussagen von Fabrikarbeitern gegenüberstellte. Im Jahr des Militärputsches 1976 ging er ins Exil nach Brasilien. Sein jüngster Sohn Ariel blieb und fiel im darauffolgenden Jahr der Junta zum Opfer. Erst 1991 kehrte Ferrari nach Buenos Aires zurück, wo er bis heute lebt und arbeitet. 1995 illustrierte er ***Nunca Más***, den Abschlussbericht der *Comisión Nacional sobre la Desaparición de Personas* (CONADEP) über die Gräueltaten der letzten Militärdiktatur. 2002 produzierte er unter dem Titel *Electronicartes* eine Serie von Bildmontagen, die über das Internet veröffentlicht wurden. Mit den Bildern kritisiert der Künstler die Korruption und den sozioökomischen Zerfall in Argentinien, aber auch die US-Interventionen in Afghanistan und im Irak. Eine Arbeit aus dieser Serie zeigt den ehemaligen US-Präsidenten George W. Bush, wie er zwischen Wolken Fußball spielt, mit dem Planeten Erde als Ball.

Christian Tinz

Straßenkunst im Schanzenviertel (2009)

Erinnerung
& Deutung

Eine Bewegung ins Museum? Das *Memorial del 68* in Mexiko-Stadt

Im mexikanischen Gedächtnisspeicher schnurrt die Chiffre '68 meist auf jenen furchtbaren 2. Oktober zusammen, an dem den Protesten ein jähes, blutiges Ende gesetzt wurde. Mit dem *Memorial del 68,* das von der *Universidad Nacional Autónoma de México* (UNAM) finanziert und betrieben wird, wurde ein **neuer Erinnerungsort** in Mexiko-Stadt geschaffen, an dem nicht primär der Terror, sondern vor allem ihm vorausgegangene Auf- und Umbruchbewegungen und ihre Bedeutung für das Heute erinnert werden. Im Oktober 2007 wurde das *Memorial* im Erdgeschoss und Keller eines direkt an der *Plaza de Tlatelolco* gelegenen Büroturms – dem ehemaligen Außenministerium – eröffnet, als Kernstück eines neuen Kulturzentrums für das bis dahin kulturelle Brachland im Norden der Stadt (*Centro Cultural Universitario Tlatelolco*, CCUT).

© Anne Huffschmid

Der Rundgang bietet eine multimediale Rekonstruktion der Bewegung und ihres Vor- und Nachspiels. Nacherzählt wird dabei in erster Linie die Chronik der Aufstände von Juli bis Oktober 1968, allerdings vor dem Hintergrund – ein Novum im historisch eher selbstbezogenen Mexiko – weltumspannender kultureller und politischer Schwingungen. Zentrales Material dieser vielstimmigen Erzählung liefern die knapp 60 Interviews mit AktivistInnen und ZeitzeugInnen, die der Filmemacher Nicolás Echeverría aufgenommen hat. Diese sprechen

© Anne Huffschmid

Der Eingang des Museums

von im Raum verteilten Bildschirmen und Leinwänden zu den BesucherInnen und berichten von diesem und jenem Ereignis, von ihrer eigenen Politisierung, vom Staunen und Schrecken – subjektiv, bewusst auch widersprüchlich. „Es ist ein wenig wie der Film Rashomon", sagt der Kurator Alvaro Vázquez Mantecón. „Jeder hat seine eigene Version der Geschichte." Darum könne es nicht um die „Wahrheit der Bewegung" gehen, nicht um Heroismus, Hohelieder oder Abrechnungen, sondern um eine „Polyphonie", die gemeinsame, plurale Reflektion einer politischen wie kulturellen, so traumatischen wie befreienden Erfahrung. Zusammen mit einem minimalistischen Ausstellungskonzept aus Fotografien, Graphiken und Zeitdokumenten entsteht aus diesen Erinnerungsfragmenten bei den – oftmals sehr jungen – BesucherInnen ein kaleidoskopartiger Blick auf das, was '68 einst war und heute noch in den Köpfen ist. Der Leiter des CCUT, Sergio Raúl Arroyo schreibt dazu:

Weder sakralisieren noch banalisieren. Sich nicht der Nostalgie hingeben, aber auch nicht die Erfahrung in diesem Meer aus Zeit und Vergessen verdünnen, in das schon so viele andere eingegangen sind. Das Memorial will den potenziellen Zuschauer mit der besonderen Macht der Erinnerung konfrontieren, die als kreative Erfahrung verstanden wird und – mit der notwendigen Distanz zu der Trägheit vorgefertigter Werturteile – in erster Linie auf das Verstehen der menschlichen Natur abzielt, einschließlich ihrer Widersprüche. Das

Gedenken an die Studentenbewegung von ’68 muss sich also jenseits eines unkritischen Triumphalismus oder der fatalistisch beschworenen Niederlage verorten. Den kritischen Gehalt von 1968 wird man weder in der offiziellen Geschichte noch im lautesten aller Radikalismen oder in der Friedhofsruhe finden. Darin, wie damals die Angst erschüttert wurde, und in der verstörend direkten und antikonformistischen Sprache liegen die Quellen, die die Phantasie nähren können, allen voran die politische Phantasie. (84)

Ein virtueller Rundgang findet sich unter: http://www.tlatelolco.unam.mx/Recorrido/recorrido.html (zuletzt abgerufen am 29.06.2009).

Anne Huffschmid

Aktualität der 68er-Bewegung: Der 2. Oktober in Mexiko-Stadt

Jenseits der ideologischen Blöcke des Kalten Krieges ähnelte die Studierendenbewegung in Mexiko-Stadt den Protesten in Westeuropa und den USA durch ihre Gegnerschaft zum Vietnamkrieg und ihre Liebe zur Beatmusik. Mit der osteuropäischen Jugend teilte sie das Aufbegehren gegen Parteibürokratie und Willkür der Staatspartei *Partido Revolucionario Institucional* (PRI). Wie ihre südamerikanischen KommilitonInnen erlebte die mexikanische Bewegung im Jahr 1968 eine massive staatliche Repressionspolitik, die im **Massaker von Tlatelolco** ihren traurigen Höhepunkt fand, als Scharfschützen und die mexikanische Armee eine friedliche Kundgebung zusammenschossen und über 1.000 Personen festnahmen. Die Anzahl der Todesopfer und Verletzten ist bis heute ungeklärt. Über vier Dekaden hinweg wurden die Erinnerungen an das mexikanische ’68 am Leben erhalten, Form und Inhalt haben sich entlang der spezifisch nationalen Rahmenbedingungen entwickelt und konzentrieren sich Jahr für Jahr auf den Jahrestag des Massakers, den 2. Oktober.

„*Dos de octubre no se olvida, es de lucha combativa*“ (Der 2. Oktober wird nicht vergessen, er gehört dem entschlossenen Kampf), skandierte die Menge auf der Demonstration am 2. Oktober 2008 in Mexiko-Stadt. Seit fast vierzig Jahren füllen vor allem Studierende und SchülerInnen sowie GewerkschafterInnen, ehemalige AktivistInnen, aber auch Einzelpersonen am Jahrestag die Straßen der großen mexikanischen Städte. Die jährlichen **Gedenkmärsche** am 2. Oktober sind Großdemonstrationen, allein in Mexiko-Stadt nahmen im Jahr 2008 rund 30.000 Menschen teil. Die bis heute andauernde Straffreiheit der Verantwortlichen sowie die kontinuierlichen Mobilisierungen von AktivistInnen haben dazu geführt, dass die gesellschaftlichen Erinnerungen an die mexikanische 68er-Bewegung untrennbar mit dem 2. Oktober verbunden sind.

© Bettina Krestel, Meike Schmitz

„Schluß mit der Straflosigkeit": Erinnerungen an den 2. Oktober heute

Lange Zeit fand die Erinnerung an die Opfer von Tlatelolco ausschließlich auf der Straße statt. Nach dem staatlich verordneten Massenmord an den Protestierenden – und einer weiteren Attacke am 10. Juni 1971, dem sogenannten *Halconazo* – herrschte ein Klima von Angst, Verunsicherung und Schweigen. Bis heute haben nur wenige Familien offizielle Nachforschungen über den Verbleib ihrer Angehörigen angestellt. Erst Mitte der 70er Jahre wurden Gedenkdemonstrationen am 2. Oktober überhaupt erst möglich. Damals waren es vor allem linke Gruppen, Studierende und Angehörige der Verschwundenen, die sich auf der Straße versammelten. In den 80er Jahren kamen die Mobilisierungen von Nachbarschaftsinitiativen und der sich formierenden parlamentarischen Opposition hinzu.

Auf Initiative des ***Comité 68***, einem Zusammenschluss von ehemaligen AktivistInnen, wurde am 25. Jahrestag eine Gedenktafel auf der *Plaza de Tlatelolco* errichtet und so das Gedenken dauerhaft im Stadtraum verankert. Mit dem schrittweisen Machtverlust der PRI in Mexiko-Stadt, der mit der ersten freien Bürgermeisterwahl 1997 eingeläutet wurde, gelang es 1998 im Senat, zum 30. Jahrestag eine Inschrift für die Opfer von Tlatelolco anbringen zu lassen. Dies war die **erste Würdigung der Opfer** von Regierungsseite. Im Oktober

2007 eröffnete die Universität mit dem *Memorial del 68* einen neuen spezifischen Gedenkort, der über das Massaker hinaus die mexikanische Studierendenbewegung insgesamt würdigen will.

Doch im Stadtraum manifestiert sich vor allem die Erinnerung an den 2. Oktober, die Jahr für Jahr die Gedenkmärsche auf den Straßen von Mexiko-Stadt mobilisiert. Die Demonstrationsroute nimmt dabei bewusst Bezug auf die Orte der damaligen Bewegung: die universitären Einrichtungen, den Platz der drei Kulturen und den Regierungssitz Mexikos am *Zócalo*. An allen drei Eckpunkten ist die Demonstration durch unterschiedliche Stimmungen geprägt. Während die universitären Einrichtungen im Süden der Stadt vor allem für die Studierenden einen zentralen Treffpunkt bilden und kämpferische Parolen gerufen werden, ist das Gedenken auf dem Platz der drei Kulturen eher von der Trauer der AnwohnerInnen und Angehörigen geprägt. Hier werden Kränze und Blumen am Gedenkstein niedergelegt und Kerzen angezündet. Am mexikanischen Regierungssitz, dem *Zócalo*, stehen hingegen die heutigen politischen Forderungen im Vordergrund. Die Studierendenbewegung von 1968 war die erste, die mit Großdemonstrationen direkt vor den Regierungssitz zog, davor galt der riesige Platz vor dem *Palacio Nacional* als „demonstrationsfreie Zone". Heute enden oder beginnen die meisten Demonstrationen direkt auf dem *Zócalo*.

© Bettina Krestel, Meike Schmitz

Erinnerungs-Performance in Mexiko-Stadt

Zum 40. Jahrestag, am 2. Oktober 2008, ist die **Großdemonstration** bunt und vielfältig. Da laufen Mädchen und Jungen in Schuluniform, geordnet in Zweierreihen, neben dem riesigen Aufgebot der

Studierendenvereinigungen der Universitäten. Kleine Gruppen von *anarcos* schwenken ihre schwarzen Fahnen, Gewerkschaften oder politische Initiativen tragen Transparente mit den Forderungen ihrer aktuellen Kampagnen, **Familien erinnern an ihre Toten oder Verschwundenen**. Allen ist gemein, dass sie am 2. Oktober „gedenken", wenn auch aus unterschiedlichen Motivationen und mit verschiedenen Parolen.

Die große Masse bilden die SchülerInnen, Auszubildenden und Studierenden, die geordnet in ihren Schul- oder Universitätsblöcken laufen und Transparente ihrer jeweiligen Institutionen hoch halten. Ihre Motivation, an diesem Tag auf die Straße zu gehen, ist zum einen, sie als Möglichkeit zu nutzen, die aktuellen Forderungen und Missstände an den Schulen und Universitäten publik zu machen. So fordert beispielsweise die Ingenieur- und Architekturoberschule *Zacatenco*, mit Verweis auf vierzig Jahre Studierendenbewegung, den Stopp der Privatisierung der Bildung und Freiheit für die politischen Gefangenen. *„40 años movimiento estudiantil. En defensa de la Educación Pública. ¡Abajo las reformas privatizadoras! ¡Presos Políticos Libertad!"* (Vierzig Jahre Studentenbewegung. Die öffentliche Bildung verteidigen. Nieder mit den Privatisierungsreformen! Freiheit für die politischen Gefangenen!). Zum anderen sehen die Studierenden die Forderungen und den Kampf der 68er als **Teil ihrer eigenen Geschichte** an. *„¡Yo no estuve allí, pero nunca olvidaré!"* (Ich war nicht dabei, aber ich werde nie vergessen!) ist etwa auf einem Transparent der Stadtuniversität zu lesen.

Die ehemaligen AktivistInnen wiederum erinnern sich ihrer Bewegung durch Parolen aus den alten Tagen wie „Ho, Ho, Ho Chi Minh" oder *„El Pueblo unido jamás será vencido"* (Das geeinte Volk wird nie besiegt werden). Seit Gründung des *Comité 68* organisieren sie gemeinsam mit Studierenden die Gedenkdemonstrationen. 2008 stand der Protestmarsch unter dem Motto: „Kein Vergeben, kein Vergessen – nach 40 Jahren endlich Schluss mit der Straflosigkeit der Täter!" Für die Angehörigen der Opfer und Verschwundenen des **schmutzigen Krieges** der 70er Jahre steht die Forderung nach ihrem Wiederauftauchen im Mittelpunkt. *„¡Vivos se los llevaron, vivos los queremos!"* (Lebend haben sie sie mitgenommen, lebend wollen wir sie zurück!). Verschiedene politische Initiativen und Organisationen unterstreichen die **Kontinuität staatlicher Repressionspolitik** und ziehen

Parallelen zwischen den 68er-Ereignissen und den eigenen aktuellen Kämpfen.

Nach vier Dekaden ist der 2. Oktober ein Teil nationaler Geschichte geworden, an dem auch von Regierungsseite der Opfer gedacht und die Nationalfahne, zumindest auf dem Platz von Tlatelolco, als Zeichen der Trauer auf Halbmast gesetzt wird. Die Erinnerungen verschieben sich vom fokussierten Gedenken an das Massaker hin zur Anerkennung von Erfolgen und Inhalten der Bewegung. Die UnruhestifterInnen von damals sind, vor allem in den Medien, nun zu VorkämpferInnen der mexikanischen Demokratiebestrebungen geworden. Offenbar ist der Bezug auf den 2. Oktober, der für eine Bewegung mit gesamtgesellschaftlichen Forderungen steht, heute für alle politischen Akteure interessant, um sich **„demokratische Wurzeln“** anzueignen.

Die AktivistInnen haben in vierzig Jahren einiges erreicht: Die Verbrechen von 1968 werden gesellschaftlich anerkannt und die Erinnerung an die Studierendenbewegung ist bis heute lebendig geblieben. Doch diese Lebendigkeit ist auch – oder gerade – der **Straffreiheit der Täter** geschuldet. Denn vor allem die jahrzehntealten Forderungen nach Strafen für die Verantwortlichen und nach Gerechtigkeit bleiben bis heute aktuell und das Gedenken an die mexikanische 68er-Bewegung ist auf diesen einen zentralen Tag konzentriert. So ist der 2. Oktober, vor allem für die jüngeren Generationen, einerseits zum Synonym für die Kontinuität staatlicher Repression und Menschenrechtsverletzungen in Mexiko geworden. Andererseits hat er sich als Datum etabliert, um aktuelle Forderungen auf die Straße zu tragen.

Sherin Abu Chouka

MemoriAntônia – Die Seele der Gebäude

Rua Maria Antônia heißt die Straße, in der sich 1968 die philosophische Fakultät der *Universidade de São Paulo* (USP) befand. Der Fachbereich war seinerzeit eine Bastion der studentischen Proteste gegen die Militärdiktatur. Im Oktober entzündeten sich um das Gebäude **Straßenschlachten** mit der Polizei, bei denen ein junger Gymnasiast zu Tode kam. Nach den Unruhen wurden die Fakultätsräume von der Militärregierung geschlossen. Ausgerechnet hier richtete das Regime ein Verwaltungsbüro für die **Gefängnisse** von São Paulo ein. Nach dem Ende der Diktatur 1985 erhielt die Universität ihre Räume schrittweise zurück und nutzt sie heute als Kulturzentrum. Eines der Nebengebäude stand bis 2003 leer.

Kann ein Gebäude etwas über die „Seele" jener Kämpfe und Bewegungen erzählen? Welche Spuren haben sie im Gedächtnis der Orte hinterlassen? Diese Fragen standen im Mittelpunkt eines Erinnerungsprojekts, das die deutschen Künstler Horst Hoheisel und Andreas Knitz zwischen 2001 und 2003 initiierten, zusammen mit der brasilianischen Künstlerin Fulvia Molina, die 1968 selbst in der Maria Antônia studiert hatte und in die studentischen Aufbrüche involviert war. Gemeinsam begaben sie sich vor dem Abriss des verlassenen, nur von Tauben bewohnten Gebäudes auf **Spurensuche**. Sie lösten Objekte aus den Wänden, sammelten Bruchstücke in den verlassenen Räumen, suchten nach **Scherben der Vergangenheit**. Zudem luden die Künstler ehemalige Studierende von 1968 in die leerstehenden Räume ein und befragten sie vor laufender Kamera nach den Kämpfen und Idealen ihrer Jugend. „Für viele von ihnen war es das erste Mal in fünfunddreißig Jahren, dass sie dieses Gebäude betraten", sagt Molina. „Es war, wie ein Grab zu öffnen." (85)

In zwei großen Ausstellungen, zuerst im Kulturzentrum Maria Antônia (2003) und später im Kongressgebäude der Bundeshauptstadt Brasília (2004) montierten die Künstler die Fundstücke mit den Erzählungen der ehemaligen AktivistInnen. In den Zwischenräumen zwischen **Worten**, den auf Monitoren übertragenen Erinnerungsfragmenten der Befragten, und **Dingen**, den in Vitrinen ausgestellten Fundstücken aus dem Abrisshaus, sollten die Besucher dem Geschehen und seiner Bedeutung nachspüren können. Dabei treten die BesucherInnen in einen zunächst dunklen Raum, in dem erst beim Nähertreten an den Vitrinen kleine Lampen aufleuchten. Das Licht wird so zur Metapher für eine Archäologie der Erinnerung, die sowohl an das konservierte Gedächtnis des Ortes wie auch an das Erinnerungsvermögen der Gegenwart gebunden ist. Auch die Fernsehmonitore schalten sich erst beim Näherkommen ein. In Gesprächscollagen erzählen Dabeigewesene von der Protestbewegung und ihren Ausläufern. Dabei tritt ein typisches 68er-Syndrom, die Institutionalisierung und kulturelle Einebnung der Revolte, zutage: Ähnlich wie in Deutschland sind offenbar auch in Brasilien viele ehemalige Achtundsechziger in das Establishment in Wissenschaft, Wirtschaft, Kultur und Politik vorgerückt.

Für immer jung geblieben sind hingegen jene Gesichter, die Fulvia Molina stark vergrößert auf riesige transparente Zylinder drucken ließ. Die Namen der verschleppten und ermordeten Kommilitonen hatte sie auf der Anwesenheitsliste einer studentischen Versammlung gefunden, die ihr einer der Interviewten gab. Die überlebensgroßen durchsichtigen Gesichter haben, so Molina, etwas **Gespenstisches**:

They are ghost-like images, brought to the present after a long time of lethargy. This memory speaks to us of a time, a place, a possibility of a joint project (...). They were our martyrs, we were all struggling for freedom, experience, creation, knowledge and each other's wellbeing. They appear as ghosts. Where did they come from? Would it be from an unknown future? (86)

Anne Huffschmid

Fulvia Molina –
Die brasilianische Erinnerungskünstlerin

© Privatarchiv Fulvia Molina (2)

Fulvia Molina war achtzehn Jahre alt, als sie 1964 aus einem kleinen Dorf nach São Paulo kam, um an der staatlichen *Universidade de São Paulo* (USP) Biologie zu studieren. Auf dem Campus geriet die junge Frau in Kontakt mit den „überschäumenden Ideen der Zeit: der sexuellen Revolution, den gegenkulturellen und demokratischen Bewegungen", wie sie sich heute erinnert. Sie engagierte sich zunächst in der katholischen, kurz darauf dann in einem Ableger der kommunistischen Jugend, die den bewaffneten Kampf propagierte. Die „Schlacht" um die Philosophie-Fakultät der USP in der **Rua Maria Antônia** im Oktober 1968 erlebte Molina hautnah mit – sie gehörte zu den studentischen BesetzerInnen, die von der Militärpolizei vertrieben wurden. Als kurz darauf gegen sie und ihren Mann ein Haftbefehl erlassen wurde, mussten beide für fast zehn Jahre untertauchen, „Halb-Klandestinität" nennt sie diesen eigenartigen Zustand. In dieser Zeit gebar sie zwei Töchter und promovierte in Zoologie. Ende der Achtzigerjahre wechselte sie das Fach: Molina machte ihren Master in Kunstgeschichte, erneut in ihrer alten Universität USP, und arbeitet seither als Künstlerin in São Paulo. Ihr besonderes Interesse gilt, wie bei dem **Erinnerungsprojekt *MemoriAntônia***, der Annäherung an die Geschichte politischer Bewegungen – vor allem die der Frauen – mit künstlerischen Mitteln. (87)

Anne Huffschmid

Evandro Teixeira – Das visuelle Gedächtnis Brasiliens

Die Arbeit Evandro Teixeiras bringt die Moderne und die Urbanität Brasiliens zum Ausdruck. Es gibt nichts ‚Brasilianischeres' als seine Fotografien.
Sebastião Salgado (88)

© Evandro Teixeira (2)

Evandro Teixeira fotografierte in seiner langen Karriere den Alltag wie auch das Einmalige in seinem Heimatland Brasilien. Er bannte den Besuch des Papstes und der Queen auf Fotopapier, aber er suchte auch Überlebende des Canudos-Krieges vom Ende des 19. Jahrhunderts auf und porträtierte sie ebenso wie den Schauplatz des Geschehens in dem Buch *Canudos, 100 anos* von 1997.

Der heute mehrfach prämierte Fotograf begann seine mittlerweile über 50-jährige Laufbahn als Mitarbeiter einer kleinen Schülerzeitung in Salvador da Bahia. Für den 1935 geborenen Evandro Teixeira war von Anfang an klar, dass sein Beruf etwas mit Kunst zu tun haben musste. Er versuchte sich als Regisseur eines Daumenkinos, probierte sich als Bildhauer – bis er eine Fotostrecke in der Zeitschrift *O Cruzeiro* entdeckte. „Diese veränderte mein Leben!" (89), erinnerte er sich später. Von da an hatte er nur noch ein Berufsziel: Fotograf.

Nach seinem Studium an der *Escola de Belas Artes* in Rio de Janeiro und der Zusammenarbeit mit Brasiliens berühmtesten Fotografen, die ihn in seinem Berufswunsch bestärkten, arbeitete er für *Diário de Noticias* in Salvador da Bahia und seit 1963 für *Jornal do Brasil* – eine der wichtigsten Tageszeitungen Brasiliens, bei der er noch heute unter Vertrag steht.

Für sein neuestes Buchprojekt nahm Evandro Teixeira sein wohl bekanntestes Bild von der „**Demonstration der Hunderttausend**" am 26. Juni 1968 als Ausgangspunkt. Vierzig Jahre nach der größten und wichtigsten Demonstration Brasiliens hat er 100 Menschen, die damals als Köpfe auf jenem Marsch zu sehen waren, aufgesucht, erneut fotografiert und interviewt. Wie erlebten sie die Demonstration damals? Und wie denken sie heute darüber?

Ich verließ die Banco do Brasil, bei der ich angestellt war, und traf auf die Demonstration an der Avenida Rio Branco. Ich wurde von einem Demonstranten angesprochen, der befürchtete, ich sei ein Spion. Es war klar, dass sie einen Typen verdächtigten, der einfach so aus dem Nichts auftauchte, in Jackett und Krawatte. Ich musste Gilberto Gil, der die Kleingruppe in meiner Nähe anführte, meinen Ausweis zeigen und durfte bleiben.

Romildo Guerrante, Journalist, heute 64.

Heute ist die gebildete Mittelschicht zunehmend unpolitisch. Ich glaube, dass es heute keine Demonstration von solchem Gewicht mehr geben könnte. Ich träume immer noch von einem gerechteren Brasilien, ohne Ungleichheit. Von dieser Demonstration ist mir besonders das Charisma von Vladimir Palmeira in Erinnerung geblieben. Als er sagte „Hallo Leute!", wurde jeder still, um ihm zuzuhören.

Maria Teresa Linhares, Mitarbeiterin der *Universidade Federal do Rio de Janeiro*, heute 60.

Wenn ich dieses Foto sehe, empfinde ich Wehmut und Trauer, weil ich so viele enttäuschte Hoffnungen sehe und weil ich weiß, wie vielen dieser Jugendlichen seit diesem Moment brutalste Gewalt angetan wurde. Es ist eine Mischung aus Stolz und starkem Schmerz, der mir den Magen zuschnürt. Ich hatte Freunde und Freundinnen, die verfolgt, eingesperrt, verbannt und gefoltert wurden. Für mich war und bleibt es ein Moment der Euphorie und Freiheit, sowie der Hoffnung, dass das vereinigte Volk wirklich niemals besiegt werden kann.

Antonio Carlos Austregésilo de Athayde, pensionierter Journalist, heute 67.

Damals stand ich der AP [*Ação Popular*; linke politische Bewegung junger Katholiken, Anm. d. Ü.] *nahe und wollte die Welt verändern. Ich glaubte an den Weg der sozialistischen Revolution. Ich war und bin für eine Welt mit höherer Moral und mehr sozialer Gerechtigkeit, aber ich denke, dass ich heute reifer bin, nicht mehr so verträumt, und realistischer. Die Demonstration der 100.000 machte klar, dass die Bevölkerung nicht für die Diktatur war und dass die Proteste im ganzen Land viel ernsthafter waren als der „studentische Rummel", als den die Militärs sie gern bezeichneten.*

Célia Poppe, arbeitet im Wissenschaftsministerium, heute 61.

Ich war Aktivist seit der Oberstufe und ging auf die Demonstration als Teil der MR-8 [Stadtguerilla-Gruppierung, Anm. d. Ü.], *die ich aber vor Beginn des bewaffneten Kampfes wieder verließ. Ich bin immer noch links, aber traurig und enttäuscht. Das war damals eine romantische und utopische Zeit. Die Gegenwart ist frustrierend, eine Mischung aus Leid und Traurigkeit, wenn man die ehemaligen Kameraden sieht, die an die Macht gekommen sind und alle Träume einer ganzen Generation über Bord werfen.*

José Srur, pensionierter Ingenieur, damals 23 Jahre.

Das Originalbild der Demonstration ist im Lauf der letzten Jahrzehnte **Teil des visuellen Gedächtnisses** der brasilianischen Gesellschaft geworden: „Evandro Teixeiras ‚Demonstration der Hunderttausend' <u>ist</u> 1968, das Jahr, das noch nicht vorbei ist und das nie enden wird. Die anderen Bilder haben an Aktualität verloren und mit ihr das Gefühl, wie es zu dieser Zeit war. Nur sein Foto bleibt aktuell" (90), schreibt Marcos Sá Corrêa in Teixeiras Bildband.

Katharina Seeger

Globalität

Wie global war ’68 in Lateinamerika?

„1968“ ist in Bezug auf Lateinamerika – noch mehr als anderswo – eine unscharfe Bezeichnung. Die Fixierung auf dieses Jahr ist einerseits deshalb problematisch, weil das Jahr nicht derart stark herausragt, auch wenn es in einzelnen Ländern die Hochphase von sozialer Mobilisierung bedeutete. Kontinentweit muss aber eher eine längere Entwicklung in den Blick genommen werden, geprägt durch die Ausstrahlungskraft der Kubanischen Revolution, politische Radikalisierung, Ideologisierung und Konterrevolution. Andererseits birgt die Chiffre „1968“ die Gefahr, das Phänomen zu sehr aus europäischer bzw. US-amerikanischer Perspektive zu definieren, mit dem Pariser Mai als Paradigma und Inspiration. Dagegen kann vielmehr umgekehrt behauptet werden, dass die Dynamik der Proteste der 60er Jahre durch die antikolonialen und nationalen Befreiungskämpfe in der sogenannten „Dritten Welt“ begann und erst später die USA und Europa erreichte. Die Übertragung von ’68 auf Lateinamerika bedeutet zudem meist die Beschäftigung mit einer bestimmten Form sozialer Mobilisierung. Diese ist am ehesten anwendbar auf die Bewegungen in Mexiko, Brasilien und Uruguay, die denen in Berkeley, Berlin, Paris und auch in Prag in vielem ähneln: angeführt von der jugendlichen Mittelschicht, konzentriert auf den urbanen Kontext und auf universitäre Zentren. Daneben gab es jedoch eine Reihe anderer Schauplätze oder Kämpfe, die sich mit den vornehmlich studentisch geprägten Protesten zum Teil überlappten, etwa die städtische Guerrilla und die oft recht isolierten Kämpfe auf dem Land. Über kontinentübergreifende Parallelen hinaus, etwa das Anwachsen der Mittelschichten und die wachsende Zahl von Studierenden, ist bislang noch kaum untersucht worden, welche konkreten Verbindungen zwischen den einzelnen Revolten bestanden. Inwieweit waren die Proteste in lateinamerikanischen Ländern **Teil eines „globalen ’68“**? Welche Kontakte und Netzwerke gab es zwischen den AktivistInnen? Wie internationalistisch waren die einzelnen Kämpfe, wie wichtig war der Blick auf Vietnam, Paris und Havanna? Welchen Einfluss hatte der internationale Kontext auf die jeweiligen lokalen Proteste?

Ein Blick auf den mexikanischen Fall zeigt, wie sehr die spezifische gesellschaftliche Verfasstheit den Charakter der Proteste bestimmte. Während der Ereignisse des Pariser Mai glaubte in **Mexiko** fast niemand an eine „Ansteckung“. In vielen Zeitungsartikeln wurde geäußert, dass im eigenen Land schlichtweg die Gründe für Protest fehlten, oder es wurde die gute Einbindung des Jugendsektors betont. Einige StudentInnen planten zwar Informationsveranstaltungen zu Frankreich, diese fanden dann aber nie statt. Der Ausbruch der Proteste in Mexiko-Stadt, ausgelöst durch die massive polizeiliche Gewalt gegen rivalisierende Gruppen von Jugendlichen und Studierenden, die im Stadtzentrum aneinander geraten waren, war auch für die später an der Bewegung Beteiligten völlig überraschend. Die Bewegung, die in kurzer Zeit einen hohen Organisationsgrad erreichte, betonte stets ihre nationale Ausrichtung, ihr Forderungskatalog bezog sich auf die mexikanische Politik. In der öffentlichen Kommunikation, in offiziellen Zeitungsanzeigen und in den unzähligen Flugblättern gab es nur wenige internationale Bezüge. Eine Verbindung mit den studentischen Bewegungen in Europa wurde in Interviews meist explizit verneint. Die US-Botschaft in Mexiko-Stadt meldete nur sehr wenige Proteste gegen das eigene Land. Vietnam und Paris waren untergeordnete Themen, die sich nicht direkt auf die praktischen Aktivitäten auswirkten. Die Masse der Protestierenden – so versichern viele ehemalige AktivistInnen – war schlichtweg kaum über die dortigen Kämpfe informiert. Eine intensive Auseinandersetzung mit Antiimperialismus und revolutionärer Theorie beschränkte sich auf die wenigen Politisierten, meist Mitglieder kommunistischer, trotzkistischer und anderer linker Gruppierungen. Die sogenannte internationale **Gegenkultur** erreichte nur relativ wenige MexikanerInnen, hatte jedoch ihren Anteil an der Aufbruchstimmung, die insbesondere die Protestmonate prägte. Paco Ignacio Taibo II spricht in seinem 68er-Buch von wenigen Tausenden in der Hauptstadt, die die „Tugend der Globalität" besaßen. Von diesen hatten während der Bewegung viele eine Protagonistenrolle inne und brachten dabei vor allem ihre Erfahrung in Organisation und politischer Mobilisierung ein. Im Vergleich mit anderen lateinamerikanischen Ländern waren in dem zivilen Autoritarismus Mexikos bereits gesellschaftliche Räume entstanden, in denen sich Proteste überhaupt artikulieren konnten. Ein beträchtlicher Teil der Bevölkerung stand jedoch noch fest hinter der Regierung und befürwortete auch die Niederschlagung der Proteste.

Von Beginn an waren es hauptsächlich die Regierung und die ihr größtenteils treu ergebene Presse, die den Konflikt „globalisierten". Geradezu reflexartig wurden einige AusländerInnen als Sündenböcke verhaftet und es wurde eine **internationale Konspiration** konstruiert – die Agitatoren kamen demnach wahlweise oder gleichzeitig aus Havanna, Moskau und von der CIA. Die politischen Argumente wurden ignoriert, stattdessen beklagte man eine Imitation der Ereignisse von Paris, die geradezu die Souveränität Mexikos verletzte. Im Kampf um die öffentliche Unterstützung reagierte die Bewegung auf die nationalistische Rhetorik der Regierung und beschloss in den Sitzungen der Streikräte, bei Demonstrationen auf die Ikonen Che und Mao zu verzichten und stattdessen durch den Rekurs auf die **Nationalhelden** Emiliano Zapata oder Benito Juárez ihren Patriotismus und ihre Ernsthaftigkeit unter Beweis zu stellen. Die Verortung in internationalen Kämpfen war für die Bewegung politisch gefährlich, die Möglichkeit zu globaler Vernetzung und zur Einbeziehung internationaler Brennpunkte stark limitiert. Die mexikanische Opposition war in großem Maße isoliert, da die Regierung außenpolitisch als progressiv galt; Mexiko war für viele LateinamerikanerInnen wichtiges Exilland und unterhielt diplomatische **Beziehungen zu Kuba**. Aus dem Land, dem die größte Sympathie galt, war aus geopolitischen Erwägungen daher keine Solidarisierung zu erwarten. Auch direkte Kontakte mit ausländischen AktivistInnen waren selten. Bei den vereinzelten Treffen musste sich die mexikanische Seite bemühen, ihre als „reformistisch" kritisierte Ausrichtung zu verteidigen und das „revolutionäre Potential" ihres Programms zu erläutern. In politischen Forderungen und Organisationsformen zeigten sich teilweise große Unterschiede, beispielsweise der affirmative Bezug auf die mexikanische Verfassung von 1917, die dann aus dem spezifisch mexikanischen Kontext erklärt wurden. Eine größere internationale Solidarisierung mit der mexikanischen Opposition kam erst nach dem Massaker von Tlatelolco auf. (91)

Der Vorwurf der Imitation und der Übernahme von „exotischen Ideen" gegenüber den Protestierenden hielt die Regierung nicht davon ab, ihrerseits aus den Erfahrungen anderer Länder zu lernen. Präsident Díaz Ordaz legitimierte die repressiven Maßnahmen im eigenen Land unter anderem damit, dass sogar in Frankreich letztendlich kein anderes Mittel gefunden werden konnte. Aus den Botschaften in aller Welt wurden Berichte darüber angefordert, wie dort den studentischen Unruhen begegnet wurde. Der Stolz darauf, dass Mexiko inmitten des weltweiten Chaos von Kriegen und Revolten eine **„unberührte Insel"** darstellte, wich bald der Einsicht, dass der jugendliche Protest nun auch das eigene Land erreicht hatte. In der Öffentlichkeit reagierten Regierung und Presse auf die kritische Berichterstattung im Ausland jedoch mit dem Verweis, die Verbindung von Mexiko mit den Jugendrevolten wäre lediglich das Resultat einer Hetzkampagne der

Zweigstelle: 23

LENZ, Edeltraud
bis: 09.06.2011

Vormerkung vom: 24.05.2011
Bereit am: 24.05.2011
bis: 09.06.2011
SBW-30569929
Visconti, Luchino: Ludwig II.
Leser: SBW-5632292
LENZ, Edeltraud
Hietzinger Hauptstr. 122A/6
1130 Wien
0676 38290668

„feindlichen westlichen Presse". Besonders explosiv war die Situation 1968 in Mexiko durch die Ausrichtung der **Olympischen Spiele**, die die Paranoia der Regierung noch verschärfte. Das Land wollte durch das Großereignis international seine Modernität unter Beweis stellen und musste sich dafür zwangsläufig der Welt öffnen. So wurde die staatliche Gewalt nun erstmals international registriert.

Klarer verliefen die ideologischen Frontlinien 1968 in **Brasilien**. Dort hatten die Militärs bereits 1964 die Macht übernommen, jedoch noch Teile einer demokratischen Fassade bewahrt. Schon seit Beginn der 60er Jahre hatten die studentischen Organisationen großen Einfluss in der nationalen Politik, 1968 kam es erneut zu Massenmobilisierungen. Die Ausrichtung war dezidiert antiimperialistisch, gegen das reaktionäre Regime im eigenen Land und den immer stärker werdenden Einfluss der USA gerichtet. Vietnam hatte große Bedeutung in der Debatte um den bewaffneten Kampf und man griff – auf gesamtamerikanischer Ebene – die fortschreitende Militarisierung an, die im Rahmen der Aufstandsbekämpfung vorangetrieben wurde. Oftmals lehnten es die AktivistInnen ab, mit den StudentInnenbewegungen in den Industrieländern in Verbindung gebracht zu werden, da sie eine Verwässerung ihrer Anliegen befürchteten. Die besonders in der Presse häufig lancierte These von einer **„Jugendrevolte"** wurde zurückgewiesen. Vielmehr ginge es um den konkreten Kampf gegen Unterdrückung, die entscheidend durch die weltpolitische Konstellation bedingt sei. Auch der brasilianische Fall zeigt, wie trotz einiger Parallelen und Bezugnahmen zu anderen Bewegungen – die große Bedeutung des kulturellen Protestes, die intensive Auseinandersetzung mit der Rolle der Universität in der Gesellschaft – letztendlich spezifische Faktoren die Protestbewegung bestimmten. Besonders durch die große Bedeutung des **Nationalismus** in Brasilien waren die Proteste trotz aller Beschäftigung mit internationalen Themen letztlich stark lokal verankert. Als es – in Anlehnung an das brasilianische Modell – in den Folgejahren in Lateinamerika fast überall zur Etablierung von Militärregimes kam, bedeutete dies zunächst das abrupte Ende für viele Ideale von „1968". Erwirkten die 68er-Bewegungen in den Siebzigerjahren in anderen Weltregionen zumindest Reformen und stießen sichtbar gesellschaftliche Veränderungsprozesse an, standen dieser Entwicklung in vielen lateinamerikanischen Ländern auf lange Zeit starke reaktionäre Kräfte entgegen.

Jan Kunze

Inga auf Spurensuche 2008 in Berlin-Dahlem – in Spanien – bei der

Anne war 1968 in Berlin dabei

Auf visueller

Gintarė auf Spurensuche

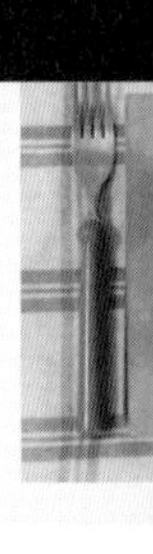

Coverproduktion zwischen Bildern – auf der Bildungsdemo 2009

Spurensuche

Markus dokumentiert unsere Ausstellung im IAI

an ihrem Küchentisch

Katha auf den Spuren der 68er in Berlin:
Benno-Ohnesorg-Denkmal – Amerika Haus –
Dutschke-Gedenktafel –

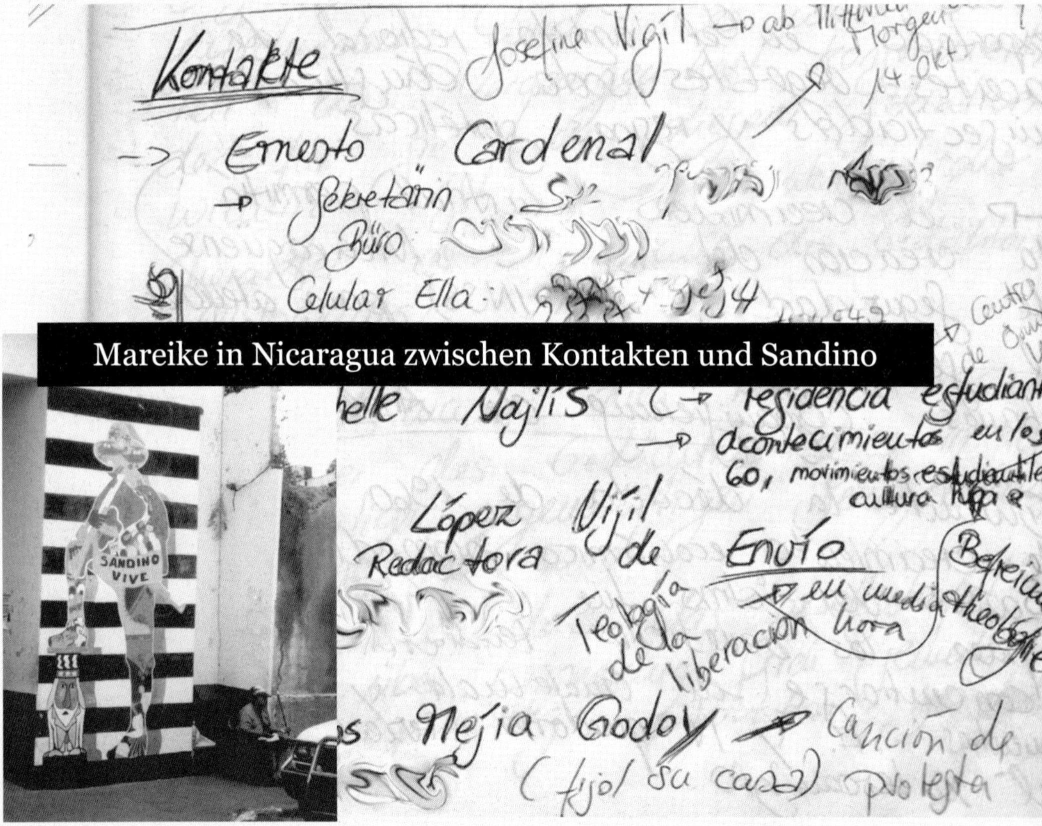

Mareike in Nicaragua zwischen Kontakten und Sandino

Wohnhaus der Kommune 1 –
Restaurant „Che“ in Neukölln
und demaskiert

... nach 1968 heute

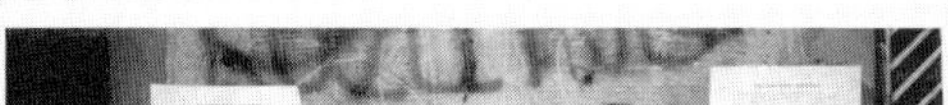

Christian auf der Suche nach Straßenkunst in Buenos Aires

Zwischen Revolution und Revolte:
1968 in Lateinamerika.
Bücher, Bilder, Bewegungen
Eine Ausstellung im Ibero-Amerikanischen Institut Berli
14.6.– 31.7.2008

Länderberichte

ARGENTINIEN

Der konservative General Juan Carlos Onganía putschte sich am 28. Juni 1966 an die Macht, um weitere Erfolge der zu jener Zeit verbotenen, aber populären Peronisten zu unterbinden. Die Amtszeit Onganías begründete die sogenannte *Revolución Argentina,* die auf eine „nationale Umformung und Modernisierung" abzielte. Maßnahmen hierzu waren Parteiverbote, Pressezensur sowie die Unterdrückung und Verfolgung der Anhänger des 1955 exilierten Peróns. Onganía forcierte die Industrialisierung des Landes und setzte auf die Liberalisierung der Wirtschaft. Der Erlass eines Lohnstopps und die Abschaffung des Mindestlohns, die Abwertung des Pesos und die Anhebung des Rentenalters gingen vor allem zu Lasten der ArbeiterInnen. Deren Unmut mehrte sich: In den Folgejahren riefen Arbeiterorganisationen und Gewerkschaften immer wieder zu Streiks auf, teils auch gemeinsam mit den Studenten. Onganía und sein Regime wollten die politische Autonomie der Universitäten kippen und verboten jegliche politische Aktivität an den Fakultäten. Mit dem *Ley 16912* vom 29. Juli 1966 wurden die Rektoren und Dekane zu „Beauftragten" des Bildungssekretärs bestimmt. Noch in derselben Nacht stürmten Polizeikräfte die *Universidad de Buenos Aires.* Die folgende Eskalation ging als ***Noche de los Bastones Largos*** (Nacht der langen Knüppel) in die Geschichte ein, es wurden zwischen 200 und 500 DozentInnen und StudentInnen verhaftet. Später gingen massenhaft DozentInnen ins Exil. Trotz anhaltender Repression kam es zu weiteren Protesten wie etwa am 12. September in Córdoba, als der Student **Santiago Pampillón** erschossen wurde. Immer wieder eskalierten die Auseinandersetzungen zwischen Studierenden und Teilen der Gewerkschaftsbewegung mit der Staatsgewalt. Den Höhepunkt erreichten diese gewaltsamen Zusammenstöße im Mai 1969 mit dem dreitägigen Volksaufstand, der als ***Cordobazo*** in die argentinische Geschichte einging. Schon im März 1968 war es zur Aufspaltung des Gewerkschaftsdachverbandes *Confederación General del Trabajo de la República Argentina* (CGT) gekommen. Während sich die eine Fraktion, die *CGT Azopardo,* für eine Zusammenarbeit mit dem Regime aussprach, blieb die *CGT de los Argentinos* (CGTA) unter Raymundo Ongaro in strikter Opposition und war damit der verschärften

Verfolgung ausgesetzt. Der Widerstand gegen die Militärdiktatur radikalisierte sich. Verschiedene bewaffnete Gruppen bildeten sich, darunter die Stadtguerilla *Montoneros*, die aus einer Abspaltung der links-peronistischen *Juventud Peronista* (JP) hervorgegangen war. Weitere waren das *Ejército de Liberación Nacional* (ELN) und das marxistische *Ejército Revolucionario del Pueblo* (ERP).

Christian Tinz

BELIZE

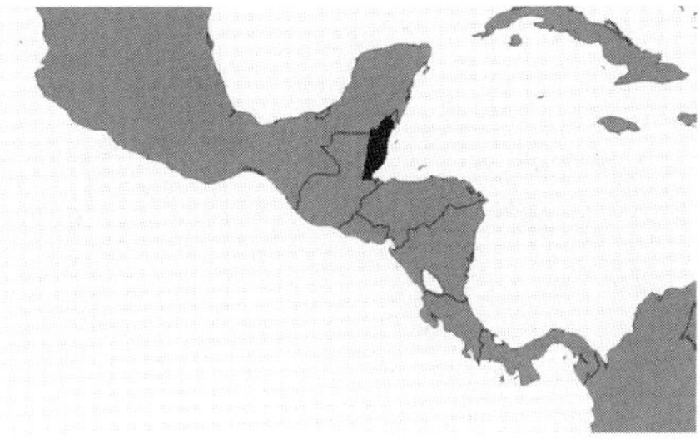

Belize wurde immer wieder von **Naturkatastrophen** heimgesucht. 1969 kostete ein Hurrikan hunderte Menschen das Leben und weite Landstriche wurden zerstört. Politisch war der kleine Karibikstaat in den 60er und 70er Jahren vor allem mit seinem Streben nach **Unabhängigkeit von Großbritannien** beschäftigt – Bemühungen, die letztlich erst 1981 in eine Unabhängigkeitserklärung münden sollten. Eine wichtige Person für den Kampf um Unabhängigkeit war George Cadle Price, Premierminister und Mitbegründer der sozialdemokratischen Partei *People's United Party* (PUP). 1973 wurde auf seine Initiative hin der Name „British Honduras" in „Belize" umgewandelt, man baute Amtsgebäude, das Polizeihauptquartier und das Kongressgebäude wurden errichtet. In großen Infrastrukturprojekten wurden zudem die Massenmedien, aber auch Straßen, Elektrizitäts- und Wasserversorgung bis ins Landesinnere ausgebaut. Die in den 60er Jahren beginnende Selbstverwaltung von Belize brachte jedoch nur geringe Verbesserungen für die Bevölkerung, Veränderungen der Gesellschaft setzten nur langsam ein. Die Regierung begann zwar 1962 mit einer Politik der Landverteilung aus dem Besitz von Großgrundbesitzern an Bauern. Doch erst Anfang der 70er Jahre kam es zu tatsächlichen Umverteilungen des Landes, FischerInnen begannen sich in Kooperativen zu organisieren und Belize trat der **karibischen Freihandelsgemeinschaft** bei. Wie in anderen Ländern brachte die Marktliberalisierung Vorteile durch erweiterte Absatzmärkte, jedoch auch Schwierigkeiten für die einheimischen Industrien durch einen

Anstieg der Importe aus dem Ausland. Auch in Belize, mit seinen jungen politischen Institutionen, entstanden soziale Bewegungen. Neben der sozialdemokratischen PUP bildete sich eine lokale Mittelklasse heraus, mit einer jungen, gebildeten und lautstarken StudentInnengruppe, die oft in den USA oder Großbritannien ausgebildet wurde. Eine der bekanntesten war die Bewegung für schwarzen Nationalismus, ***United Black Association for Development*** (UBAD). Zu ihren Slogans gehörte der Ruf nach „Freiheit, Gerechtigkeit und Gleichheit".

Inga Kleinecke

BOLIVIEN

Unter dem 1951 gegen den Widerstand der Militärs gewählten Präsidenten Víctor Paz Estenssoro vom *Movimiento Nacional Revolucionario* (MNR) gab es eine Art **friedliche Revolution**: Latifundien und Leibeigenschaft wurden abgeschafft, in einer Landreform wurden über vier Millionen Hektar Land an Kleinbauern vergeben, Indigene erhielten endlich Bürgerrechte, Gewerkschaften wurden gefördert. Auf Druck der USA wurde Estenssoro 1956 abgelöst. Als er vier Jahre später erneut Präsident wurde, ließ er die Arbeiterrechte wieder einschränken und verursachte den Bruch zwischen Gewerkschaften und der regierenden MNR. Ende der Sechzigerjahre entstanden in dem extrem verarmten Hochland Boliviens **Guerillagruppen**. Die bedeutendste Gruppe war das marxistisch orientierte *Ejército de Liberación Nacional* (ELN). 1966 erhielt das ELN prominente Unterstützung aus dem revolutionären Kuba: Erfahrene Kämpfer, unter ihnen der Guerillero **Che Guevara**, kamen nach Bolivien, um eine starke Guerillafront aufzubauen. Doch es gelang der kleinen Truppe unter Che Guevara – knapp vier Dutzend Menschen, zu denen neben Bolivianern und Kubanern auch Peruaner und Argentinier zählten – nicht, die Unterstützung der heimischen Bauern zu gewinnen. Zwischen März und Oktober 1967 lieferten sich der Guerilla-Trupp und die bolivianische Armee im Dschungelgebiet heftige Feuergefechte.

Am 8. Oktober wurde der völlig geschwächte Che Guevara von Regierungstruppen festgenommen und am Tag darauf – ohne jeden Prozess – hingerichtet. Für eine kurze Zeit kam es zwischen 1969 bis 1971 zu einer antiimperialistisch ausgerichteten Militärherrschaft, die Nationalisierungen betrieb, bis sich 1971 der rechte General Hugo Banzer an die Macht putschte.

Henriette Friede

BRASILIEN

Bereits am 1. April 1964 putschte sich in Brasilien das Militär, mit Hilfe der USA, an die Macht und setzte der „linken" Regierung von João Goulart ein Ende. In der ersten Woche nach dem Putsch wurden in der *Operação Limpeza* (**Operation Säuberung**) über 7.000 Personen verhaftet: Mitglieder der katholischen Jugend, verschiedener kommunistischer Parteien sowie der Gewerkschafts- und LandarbeiterInnenbewegung.

Während 1964 die Inflationsrate noch 100% betrug, bescherte das *milagre brasileiro*, das **brasilianische Wirtschaftswunder**, der Nation von 1968 bis 1973 ein jährliches Wirtschaftswachstum von 10%. Dennoch verdienten 70% der Bevölkerung weiterhin noch nicht einmal den monatlichen Mindestlohn von umgerechnet 80 Euro. Gleichzeitig verdoppelten sich die Preise für Grundnahrungsmittel. Die Zeit des Wirtschaftsaufschwungs war gleichzeitig auch die Phase der härtesten Repression. Die Militärregierung bekämpfte mit Folter und Mord jegliche, nicht nur die bewaffnete, politische Opposition. Hunderte kamen ums Leben, Zehntausende wurden inhaftiert. Mit der Eskalation der politischen Gewalt 1968 erfolgten der Ausbau der Sicherheitsdienste und die Verschärfung der Gesetze, wie die Einführung der Todesstrafe im Jahr 1969.

Auch der **Widerstand seitens des Parlaments** und der Kirche wurde gebrochen. Dom Hélder Câmara, konservativer Erzbischof von

Olinda und Recife im armen Nordosten, wurde zum Symbol des **kirchlichen Widerstandes**. Anfangs Sympathisant, verweigerte er sich ab 1966 den Machthabern und prangerte die Folterungen politischer Gefangener an. Er erhielt Auftrittsverbot in den Medien und wurde persönlich bedroht. Nachdem ein Abgeordneter die brutale Gewalt gegenüber den StudentInnen angeprangert hatte, löste Militärpräsident Costa e Silva den Kongress kurzerhand auf und erließ am 13. Dezember 1968 den **Institutionellen Akt Nr. 5** (AI-5). Mit diesem **„Putsch im Putsch“** begann die härteste Phase der Diktatur in Brasilien, die bis 1973 anhielt und durch politische Säuberungswellen, Terror und Gewalt geprägt war. Mit diesem Dekret wurden die politischen Rechte der StaatsbürgerInnen außer Kraft gesetzt, die Verfassung annulliert sowie die Presse- und Versammlungsfreiheit abgeschafft. Außerdem verloren zahlreiche PolitikerInnen ihr Mandat, ihre Immunität sowie ihre politischen Rechte für mehrere Jahre; ein Zweiparteiensystem wurde eingeführt und dem Regierungschef die Ausrufung des Notstands ohne Zustimmung des Kongresses zugesprochen. Besonders hart traf der AI-5 die Kultur: Die Pressezensur wurde eingeführt, viele Bücher und Theateraufführungen verboten und KünstlerInnen mit Auftrittsverboten belegt oder inhaftiert. Samba und Fußball wurden hingegen von den Diktatoren als Identifikationsmoment der Brasilianer gefördert – 1970 wurde Brasilien Fußballweltmeister.

Obwohl Streiks wie auch Gewerkschaften unter der Militärdiktatur generell verboten waren, kam es dennoch zu einigen beachtlichen ArbeiterInnenaufständen, die oft in engem Kontakt zur StudentInnenbewegung standen. Die größten Aufstände waren der **Streik der Metallarbeiter** in Contagem (Vorstadt des Industriezentrums Belo Horizonte) und die Fabrikbesetzungen in Osasco (industrielle Vorstadt São Paulos) am 16. Juli 1968 für höhere Löhne und bessere Arbeitsbedingungen. Die Streiks weiteten sich im Laufe nur eines Tages auf die umliegenden Firmen aus. 16.000 Arbeiter traten in den Ausstand. Nach zehn Tagen war alles vorbei, die Gewerkschaften hatten das Angebot einer Lohnerhöhung von 10 % angenommen. Die streikenden ArbeiterInnen selbst gaben jedoch erst nach erbitterten Kämpfen gegen die angreifenden Soldaten auf.

Schätzungen zufolge wurden während der brasilianischen Militärdiktatur (1964-1985) 380 Menschen ermordet oder „verschwanden“ spurlos. Ihr Schicksal ist bis heute nicht aufgearbeitet. Das Amnestiegesetz von 1979 schützt nach wie vor alle Folterer der Diktatur vor strafrechtlicher Verfolgung. Präsident Lula erließ 2005 ein Dekret, das die **Öffnung der Archive** beschleunigen und zur Aufklärung beitragen sollte. Die Sperrfrist für „streng geheime" Dokumente wurde jedoch „nur" von fünfzig auf dreißig Jahre reduziert; danach muss neu beraten werden. Entgegen Behauptungen hochrangiger Militärs der Diktatur wurde beispielsweise 2007, nach Recherchen der Zeitung *Correio Braziliense*, ein bis dato unbekanntes Geheimarchiv des *Centro de Informações do Exterior* [Ciex; ein Zentrum zur Überwachung von Regimegegnern im Ausland, Anm. d. Verf.] in den Kellern des brasilianischen Außenministeriums entdeckt. Es wird vermutet, dass es noch weitere Akten gibt – trotz der Anordnung des Geheimdienstes *Serviço Nacional de Informações* (SNI) im Jahr 1985, alle Unterlagen der Diktatur zu vernichten. Den **Stand der Aufarbeitung** aber schätzt Elizabeth Silveira, Präsidentin der Menschenrechtsorganisation *Tortura Nunca Mais* in Rio de Janeiro, folgendermaßen ein: „Wir sind das rückständigste Land Südamerikas in der Aufarbeitung der Vergangenheit." (92)

Katharina Seeger

CHILE

Chile wurde ab 1967 von einer heftigen Wirtschaftskrise gebeutelt, die 1970 ihren Höhepunkt erreichte und vor allem durch eine enorme Kapitalflucht verursacht wurde. Während der Regierungszeiten des rechtsliberalen Eduardo Frei Montalva (1964-1970) und des linken Sozialdemokraten **Salvador Allende** (1970-1973) durchlebte das Land daher eine extreme politische Polarisierung. Vor allem innerhalb der StudentInnenschaft heizte sich die Stimmung durch die Perspektivlosigkeit aufgrund der schlechten Wirtschaftslage zunehmend auf. Eine zentrale Forderung der linksgerichteten StudentInnenbewegung war die Demokratisierung der Universitäten und die studentische Mitsprache nach dem argentinischen Konzept des *cogobierno*, aber auch allgemein die Liberalisierung der Gesellschaft. Dafür traten die Studierenden schon 1967 und auch 1968 an vielen

Universitäten Chiles in den Streik. Ab 1970 unterstützten die linken Studentenverbände mit Massenmobilisierungen das Regierungsprogramm Allendes sowie sein Parteienbündnis ***Unidad Popular***. Allende wollte Chile zum demokratischen Sozialismus führen und verstaatlichte dafür Schlüsselsektoren, wie zum Beispiel den Bankensektor. In einer angespannten Stimmung putschte sich am 11. September 1973 das Militär um General Pinochet an die Macht und etablierte ein blutiges Terrorregime. Nach dem **Putsch** brachte das Militär auch die Universitäten wieder unter seine Kontrolle – die Rektoren wurden durch Militärangehörige ersetzt und die Autonomie der Universitäten damit faktisch abgeschafft. Bereits Mitte der 60er Jahre hatte sich die sozialistische **Guerillaorganisation** *Movimiento de Izquierda Revolucionaria* (MIR) gegründet, deren studentische Gruppe großen Einfluss auf die StudentInnenproteste hatte. Aktionen wie die Vertreibung von Großgrundbesitzern, Landbesetzungen und die Verteilung des Landes an Arme im Jahr 1970 brachten der MIR öffentliche Sympathien ein. Unter der Militärregierung wurde die Organisation, die bis 1976 vom Allende-Neffen Andrés Pascal Allende geleitet wurde, unnachgiebig verfolgt.

Markus Rauchecker

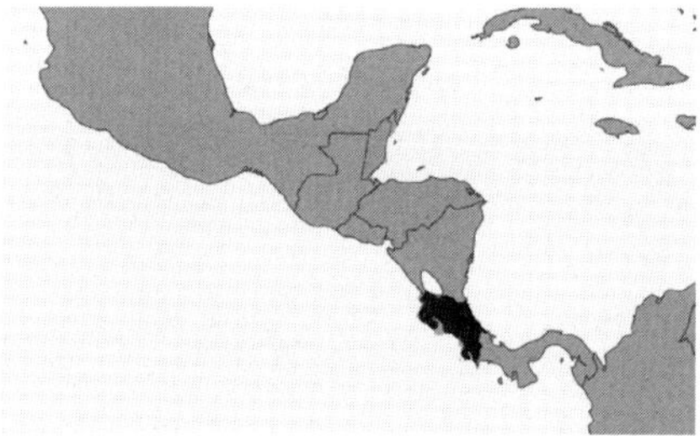

COSTA RICA

Das Großereignis 1968 in Costa Rica war ein **Vulkanausbruch**, das erste Mal nach vierhundert Jahren. Es starben 87 Menschen und in einem Umkreis von 232 Quadratkilometern wurden Natur und Siedlungen zerstört – bis heute traumatisch für das kleine, von vulkanischen Bergketten durchzogene Land. Costa Rica gehörte zu jenen Ländern des Kontinents, die eine vergleichsweise stabile Demokratie aufwiesen. In den 60er und 70er Jahren erlebte das Land unter Führung der **Sozialdemokraten** des *Partido Liberación Nacional* (PLN) ein recht hohes und konstantes Wirtschaftswachstum, was zu einem Anwachsen der Mittelschichten führte. 1962 trat Costa Rica dem Zentralamerikanischen Markt (MCCA) bei. Zwischen Konsumgesellschaft und Kaltem Krieg war das Land stark vom *american way of life* geprägt, eine erfolgreiche liberale Wirtschaftspolitik wurde mit einem sozialreformistischen Kurs gekoppelt – scheinbar wenig Grund für soziale Bewegungen und Proteste. Jedoch entstanden auch in Costa Rica systemkritische Bewegungen und gegenkulturelle Phänomene wie die Hippies. Auch die Ideen der kubanischen Revolution fanden großen Anklang, sodass die regierenden Sozialdemokraten diese sogar in ihre Kultur- und Bildungspolitik aufnahmen. Besonders im Bildungsbereich kam es zu Reformbewegungen, ab 1957 wurden verschiedene **Universitätsreformen** umgesetzt. Später wurde das Universitätssystem dann vor allem an die neuen Anforderungen des Zentralamerikanischen Marktes angepasst.

Inga Kleinecke

ECUADOR

1968 gewann der als liberal geltende Politiker **Velasco Ibarra** erneut die Wahlen und wurde zum fünften Mal zum Präsidenten Ecuadors ernannt. Seine Amtszeit (1968–1972) war geprägt durch eine massive Mobilisierung der Studierenden und SchülerInnen – ihre Forderungen nach Autonomie der Universitäten und Veränderungen universitärer Strukturen wurden „auf der Straße“ formuliert. Im Mai 1968 besetzten große Menschenmengen tagelang Plätze und Straßen in den Städten Quito und Guayaquil. Doch es war nicht nur ein Kampf gegen die Regierung und autoritäre Strukturen: Auch innerhalb der Bevölkerung kam es zu Auseinandersetzungen. Zentraler Streitpunkt war das **Zulassungsverfahren für staatliche Universitäten**, das sich mehr und mehr zu einer Hürde für viele ärmere Studierwillige und damit zu einem sozialen Filter entwickelt hatte. Die protestierenden SchülerInnen sahen sich nicht nur der staatlichen Ignoranz gegenüber, sondern auch paramilitärischen Gruppen innerhalb der Studentenschaft, die – aus der Mittel- und Oberschicht Guayaquils kommend – jene SchülerInnen verfolgten, die sich für Chancengleichheit einsetzten. Doch die SchülerInnen wehrten sich, wurden dabei von der linken StudentInnenbewegung unterstützt und es kam zu Kämpfen, bei denen sogar Direktoren der Universitäten vorübergehend entführt wurden. 1969 fanden unzählige Massendemonstrationen für den freien Universitätszugang statt. Um ihrer Forderung Nachdruck zu verleihen, besetzten einige SchülerInnen am **28. Mai 1969** die ***Casona Universitaria*** in Guayaquil, die Streitkräfte rückten an und stürmten das Gebäude: Ungefähr 30 Jugendliche starben im Gewehrfeuer, Hunderte wurden verletzt und Unzählige verhaftet. Diese brutale Räumung stärkte jedoch den Widerstand im Land: Bewaffnete Gruppen, die sich seit Anfang der 60er Jahre formiert hatten, wurden wieder aktiv. 1969 entführte die Gruppierung ***Pueblo en Guerra*** zwei Flugzeuge der staatlichen Fluggesellschaft TAME, um sie nach Kuba zu bringen. Doch alle Proteste blieben wirkungslos, der autoritär regierende Präsident Ibarra blieb weiter an der Macht. 1972 wurde er dann vom Militär aus dem Amt geputscht und eine Militärdiktatur folgte.

Mareike Lühring

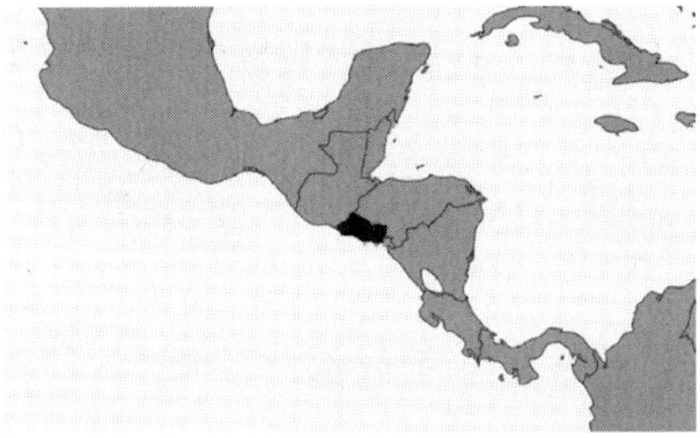

EL SALVADOR

El Salvador beteiligte sich 1960 an der Gründung des Gemeinsamen Zentralamerikanischen Marktes (*Mercado Común Centroamericano*, MCCA). In den folgenden zwei Dekaden konnten die Regierungen durch Exportgewinne ein starkes und stetiges Wirtschaftswachstum erreichen. Allerdings profitierte die Bevölkerung davon nur wenig, da soziale Reformen ausblieben. Zwischen 1960 und 1972 wechselten sich verschiedene **militärische und zivile Regierungen** ab. Nach der Machtübernahme der Militärjunta 1960 kam es zu ersten spontanen Demonstrationen. Nach der Durchführung von Wahlen 1961 wurde eine neue Verfassung erarbeitet, die anarchistische und andere „antidemokratische" Doktrinen verbot und vor allem gegen die Kommunistische Partei und andere linke Bewegungen eingesetzt wurde. Unter der autoritären Militärregierung von Julio Adalberto Rivera (1962-1967) wurde El Salvador in das Programm der von J.F. Kennedy initiierten „Allianz für den Fortschritt" aufgenommen. Ein Ziel dieses

Programms war es, südlich der USA Guerillagruppen und die von der Kubanischen Revolution inspirierten Kräfte einzudämmen. Ende der 60er Jahre verschärften sich die Konflikte mit dem Nachbarland Honduras. Agrarbourgeoisie und Militär förderten verstärkt die Migration nach Honduras, deren Anfänge bis in die 20er Jahre zurückreichten. Die Auseinandersetzungen eskalierten 1969 im **„Fußballkrieg"**, wie ihn internationale Journalisten nannten. Die salvadorianische Regierung hatte mit enormen Rückwanderungen geflohener Bauern zu rechnen; hinzu kam die ungeklärte Grenzfrage. So marschierten die klar überlegenen salvadorianischen Truppen am 14. Juli 1969 in Honduras ein. In nur vier Tagen kamen mehrere tausend Menschen ums Leben – und die Militärregierung El Salvadors konnte mit einem neuen Nationalismusdiskurs regierungskritische Bewegungen vorübergehend einbinden.

Eine wichtige politische Kraft in El Salvador war die **katholische Kirche**; als zentrale Figur fungierte der befreiungstheologisch orientierte Erzbischof Luis Chávez y González. Er beteiligte sich am lateinamerikanischen Bischofsrat, der sich – parallel zum II. Vatikanischen Konzil 1962-65 – mit den Problemen der gesellschaftlichen Entwicklung beschäftigte. Nach der Bischofskonferenz von Medellín wurde Chávez y González zum Vorbild von **Oscar Romero**, der sich als Erzbischof nach einem Massaker an Demonstranten 1977 für das Recht auf gewaltsamen Widerstand aussprach. Seine Ermordung 1980 gilt als Auftakt für den Bürgerkrieg in El Salvador.

Inga Kleinecke

GUATEMALA

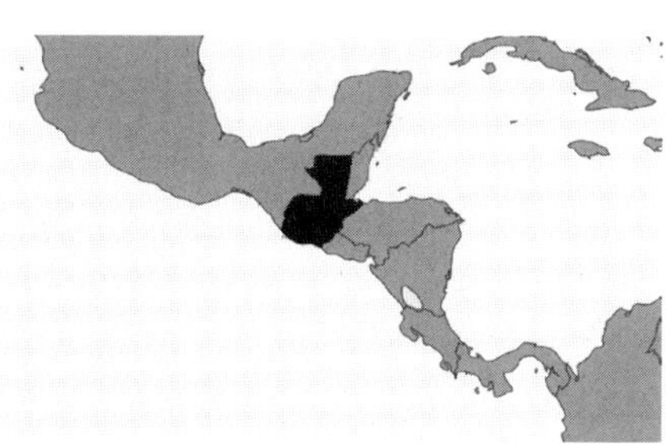

Im Januar 1968 verübte die linke Guerilla ***Fuerzas Armadas Rebeldes (FAR)*** ein **Attentat auf den US-Botschafter** und zwei Militärberater der USA. Nur zwei Jahre später ermordete die FAR den deutschen Botschafter Karl von Spreti. Bereits 1956 hatten Studierende gegen die staatliche Repression protestiert; bei Straßenkämpfen wurden fünf Demonstranten getötet. Im Jahr 1960 begann der Bürgerkrieg zwischen linken Guerillagruppen und dem guatemaltekischen Militär, der das Land mehr als drei Jahrzehnte in Schrecken versetzen sollte. Über 200.000 Menschen verloren dabei ihr Leben, viele verschwanden spurlos. Vor allem die Militärjuntas – aber auch zivile Regierungen – versuchten den Rückhalt für die Guerillagruppen in der überwiegend indigenen Landbevölkerung durch Zwangsumsiedlungen ganzer Dörfer zu zerschlagen. Forderungen der guatemaltekischen StudentInnenbewegung in den Sechziger- und Siebzigerjahren waren die universitäre Autonomie und die studentische Mitsprache an den Universitäten nach dem argentinischen Konzept des *co-gobierno*. Hinzu kam der Protest gegen Korruption, Wahlbetrug und staatliche Repression. Vor allem die Tatsache, dass in Guatemala US-Soldaten für eine Invasion Kubas und den Sturz Fidel Castros und seiner Mitstreiter ausgebildet wurden, führte zu einer verstärkten Solidarisierung mit der Kubanischen Revolution.

Immer wieder kam es zu Protestdemonstrationen und gewaltsamen Zusammenstößen mit der Staatsgewalt; immer öfter gab es dabei auch Tote. Das wiederum verbreiterte die gesellschaftliche Basis der StudentInnenproteste, denen sich weitere soziale Gruppen anschlossen. 1966 wurde der ehemalige Studierendenführer Julio César Méndez Montenegro, der 1944 in der Bewegung *Revolucionarios de Octubre* am Sturz der damaligen Diktatur beteiligt war, zum Präsidenten gewählt. Von seiner Wahl versprachen sich die StudentInnen eine Verbesserung der Situation. Doch die Repression durch staatliche Sicherheitskräfte verschlimmerte sich und viele studentische AktivistInnen „verschwanden". Im Jahr 1968 wurden dennoch linksgerichtete DozentInnen in die Schaltzentralen der Universitäten gewählt. Zwei Jahre später gelangte das Militär erneut an die Macht und versuchte durch die Exekution von StudentenführerInnen die Bewegung endgültig zu zerschlagen. Bereits 1962 entstand die FAR, die sich 1982 mit drei weiteren Guerillas in der ***Unidad Revolucionaria Nacional Guatemalteca (URNG)*** zusammenschloss. Der Staat begegnete den Guerillas mit systematischer Folter und zahlreichen Hinrichtungen. Doch die URNG überdauerte die Repression und löste sich erst 1996 mit dem Ende des Bürgerkriegs auf.

Markus Rauchecker

HONDURAS

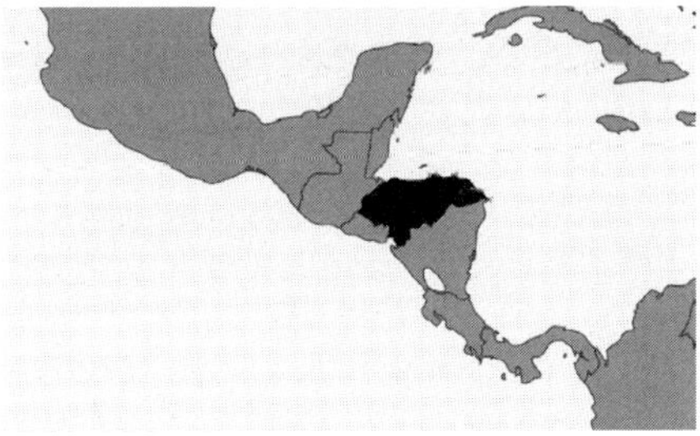

Im Jahr 1957 wurde der liberale Politiker Ramón Villeda Morales zum Präsidenten gewählt. Er führte das Land in den Gemeinsamen Zentralamerikanischen Markt (MCCA) und initiierte Programme zur Verbesserung des Bildungssystems sowie zur Reform der Landwirtschaft. Auf die ungleiche Landverteilung – ein Dauerthema sozialen Widerstandes in Honduras – reagierte seine Regierung auf Druck der USA mit einem Gesetz zur Agrarreform. Zwar war die Umsetzung der Reformen fast nicht gesetzlich reglementiert und griff daher letztlich kaum, dennoch konnten sie den nach der Kubanischen Revolution stärker werdenden linken Gruppierungen vorerst den Wind aus den Segeln nehmen. Villeda wurde 1963 durch einen blutigen **Militärputsch** gestürzt, den die honduranische Oligarchie unterstützt hatte. Die autoritäre Militärherrschaft unter Oberst Oswaldo López Arellano bereitete den demokratischen Prozessen bis 1971 vorerst ein Ende.

1968 spitzten sich die Landkonflikte zu, verschärft vor allem durch die starke Zuwanderung arbeitsuchender Bauern aus El Salvador. Die Militärregierung hatte versucht, sozioökonomische Probleme durch eine erneute Agrarreform zu lösen, die vor allem die Umverteilung der von Einwanderern aus El Salvador besetzten Landstücke vorsah. Die salvadorianischen Bauern und Landbesetzer wurden vertrieben, es begann eine massive Rückwanderung. Hinzu kam der andauernde Grenzkonflikt, der die soziale und politische Situation weiter verschärfte.

Im Jahr 1968 sollte Honduras erstmals an den Olympischen Sommerspielen in Mexiko-Stadt teilnehmen, ein Großereignis für die *Hondureños*. Das Fußballspiel zwischen den Nationalmannschaften von Honduras und El Salvador lieferte den ausschlaggebenden Zündstoff: Am frühen Morgen des 14. Juli 1969 greift die salvadorianische Luftwaffe Militärstützpunkte und Verbindungsstraßen in Honduras an, worauf honduranische Streitkräfte zurückschlagen. In nur sechs Tagen kommen im sogenannten **„Fußballkrieg“** mehrere tausend Menschen ums Leben. Beide Militärjuntas nutzten den Konflikt, um von internen staatlichen Problemen abzulenken, und konnten sich so vorübergehend öffentlich neu legitimieren. Die kritischen, politisch und gewerkschaftlich organisierten Teile der Bevölkerung wurden demobilisiert. Tausende Arbeiter und Bauern forderten von der Regierung Waffen, um die Nation zu verteidigen. Längerfristiges Ergebnis des Krieges war die Vertreibung von zehntausend Salvadorianern wie auch *Hondureños* und eine Verschärfung sozialer Konflikte. Außerdem brach der Gemeinsame Zentralamerikanische Markt zusammen. Erst fast dreißig Jahre später, im Jahr 1997, vereinbarten El Salvador und Honduras die Beilegung des Grenzkonfliktes und eine Normalisierung ihrer Beziehungen.

Inga Kleinecke

KOLUMBIEN

Das Jahr 1968 spielt in der Geschichte Kolumbiens keine bedeutende Rolle. Es fällt mitten in die Zeit der ***Frente Nacional*** (1958-1974), einer Regierungs- und Wahlkoalition aus liberaler und konservativer Partei, die die gemeinsame Verantwortung und harmonische Zusammenarbeit dieser beiden machthabenden Parteien zum Ziel hatte. Dies sollte vor allem durch eine festgelegte Parität der Regierungsämter über einen Zeitraum von sechzehn Jahren gewährleistet werden. Die zuvor zutiefst verfeindeten Traditionsparteien, Konservative und Liberale, hatten in der Bildung der *Frente Nacional* auf die Bewegung gegen die 1957 gestürzte Diktatur von General Rojas Pinilla Bezug genommen. Ihrem Pakt stimmte die Bevölkerung im Dezember 1957 im Rahmen einer Volksabstimmung zu, in der Hoffnung, dass damit die Zeit blutiger Fehden zwischen Liberalen und Konservativen vorbei und die Gefahr einer erneuten Militärdiktatur gebannt sei.

Doch die Praxis zeigte schnell, dass die alten Eliten an der Bevölkerung vorbei regierten. Denn vorgesehen war nur die Partizipation der beiden großen Parteien, eine Opposition war zwar nicht illegal, aber andere politische Gruppierungen durften nicht zur Wahl antreten. 1968, als das Land von dem Liberalen Carlos Lleras Restrepo regiert wurde, war diese breite Zustimmung der Bevölkerung zur *Frente Nacional* nicht mehr gegeben. Es hatten sich mittlerweile zahlreiche Protestbewegungen und oppositionelle Gruppierungen etabliert, unter denen die StudentInnen eine bedeutende Rolle spielten. Da das politische System keine wählbare Opposition vorsah, radikalisierten sich die Bewegungen, die bewaffneten Gruppen erhielten Zulauf.

In dieser Zeit entstanden viele der Guerillagruppen Kolumbiens, wie die bis heute bestehenden *Fuerzas Armadas Revolucionarias de Colombia* (FARC) und das *Ejército de Liberación Nacional* (ELN). Zu den Kritikern des Systems gehörten auch zahlreiche Geistliche, die die Sorge um die soziale Situation im Land repräsentierten und oftmals linksgerichteten Bewegungen nahestanden. Populär geworden ist der revolutionäre, als „Guerillapriester" bekannt gewordene Camilo Torres.

International im Mittelpunkt stand Kolumbien im August 1968, als im Anschluss an den Besuch des Papstes Paul VI. die **zweite lateinamerikanische Bischofskonferenz** in Medellín abgehalten wurde. Auf der Konferenz gewann die befreiungstheologische **„Option für die Armen"** deutlich an Einfluss und wurde für viele Priester zum Maßstab kirchlichen Handelns. Im Dezember desselben Jahres forderten fünfzig kolumbianische Priester in der sogenannten „Deklaration von Golconda" eine soziale Revolution und das Ende des ausländischen Einflusses auf die nationale Ökonomie.

Helena Schrank

KUBA

1968 wurde in Kuba das hundertjährige **Jubiläum des Beginns der Unabhängigkeitskriege** gegen die spanische Krone gefeiert. Dabei wurde das Jahr 1868 sogleich als Anfang der Kubanischen Revolution bezeichnet, die dann endlich im Jahre 1959 triumphierte. Wenige Monate nach der Ermordung von Che Guevara widmete man in Kuba das Jahr 1968 dem *Guerrillero Heróico,* dem heldenhaften

Guerillero. Der **Kulturkongress in Havanna,** bei dem sich fast fünfhundert Intellektuelle aus der ganzen Welt trafen, wurde ein internationaler Image-Erfolg. Im März wurde in der *Universidad de la Habana* die Nationalisierung sämtlicher Privatunternehmen eingeläutet. Währenddessen präsentierte der kubanische Regisseur Tomás Gutiérrez Alea, ein Befürworter der Kubanischen Revolution, seinen fünften und wahrscheinlich bekanntesten Film **„Erinnerungen an die Unterenwicklung"** (*Memorias del subdesarrollo*), der vom staatlichen Filminstitut produziert wurde, das praktisch einem marxistischen Ministerium gleichkam. Das kubanische Episkopat nahm im August an der lateinamerikanischen **Bischofskonferenz von Medellín** teil. Der Vatikan und die Mehrheit der lateinamerikanischen Bischöfe hatten allerdings wenig Sympathie für eine bewaffnete Revolution wie in Kuba. Bei den Olympischen Spielen in Mexiko-Stadt gewann Kuba vier Silber-Medaillen. **Rolando Garbey** wurde als erster Kubaner gefeiert, der bei Olympia eine Boxmedaille (Silber) gewann und sich erst im Finale dem sowjetischen Titelverteidiger Boris Lagutin beugen musste. Unterdessen gab es im September desselben Jahres in Havanna Razzien gegen Homosexuelle, die zur „Rehabilitation" aufs Land geschickt wurden. Zugleich kam es auch zu Konflikten mit der unabhängigen Presse und SchriftstellerInnen. Einer von ihnen, **Heberto Padilla,** bekam noch 1968 für seinen castro-kritischen Gedichtband *Fuera del juego* in Kuba den nationalen Julián-del-Casal-Preis. Schon im Jahre 1971 wurde er wegen dieser literarischen Castro-Kritik zum Konterrevolutionär deklariert und verhaftet. Drei Jahre später wurde er aus dem Gefängnis entlassen, nachdem er sich selbst als „Konterrevolutionär" bezeichnet hatte. Daraufhin protestierte eine Gruppe bekannter SchriftstellerInnen – darunter Juan Goytisolo, Susan Sontag, Carlos Fuentes und Mario Vargas Llosa – in einem Telegramm an die Vorsitzende der *Casa de las Américas,* Haydée Santamaría, gegen die Art, wie mit Heberto Padilla umgegangen wurde. Auf diesen Protest hat Castro jedoch mit noch schärferer Zensur und Intoleranz für vermeintlich konterrevolutionäre kubanische SchriftstellerInnen reagiert.

Gintarė Malinauskaitė

MEXIKO

Die Wirtschaft boomte Ende der 60er Jahre – dank der neuen **Ölfunde** vor der mexikanischen Golfküste seit Anfang der 50er Jahre – und mit ihr prosperierten die Mittelschichten. Die aus der Revolution hervorgegangene ***Partido Revolucionario Institutional* (PRI)** war seit den 20er Jahren an der Macht, hatte den gesamten Staatsapparat und die Gesellschaft unter Kontrolle und regierte – unter dem Präsidenten Gustavo Díaz Ordaz (1964-1970) – mit harter Hand. Bei den **Olympischen Spielen**, die am 12. Oktober 1968 in Mexiko-Stadt eröffnet wurden – Mexiko war das erste Land der damals sogenannten Dritten Welt, das die Spiele ausrichten durfte – sollte nichts außer Kontrolle geraten. Die Olympiade diente vor allem der Image-Politik und sollte Mexiko der Welt als modernes Land präsentieren. Die ganze Stadt wurde darauf vorbereitet, man baute neue U-Bahnen und diverse Sportstadien, sogar ein neuer Kunstboulevard mit öffentlichen Skulpturen aus aller Welt – die berühmte *ruta de la amistad* (Freundschaftsroute) – wurde im Schlüsseljahr 1968 eröffnet. Doch trotz – oder gerade wegen – des „mexikanischen Wirtschaftswunders" geriet die Gesellschaft in Bewegung, Forderungen nach Demokratie und Freiheit wurden laut. Mexiko war zwar im Unterschied zu vielen südamerikanischen Ländern **niemals eine Militärdiktatur**. Dennoch galt das Land, das sich bis in die 30er und 40er Jahre durch eine progressive Sozial- und Wirtschaftspolitik auszeichnete, in den 60er Jahren zunehmend als Prototyp eines zivilen Autoritarismus. So wurden die Studierendenproteste, die vor allem die Hauptstadt zwischen Juli und Oktober 1968 erschütterten, als Symptom für die größer werdenden Risse zwischen Wirtschaft, Gesellschaft und Politik gewertet. Der als Paranoiker geltende Díaz Ordaz übergab das Präsidentenamt 1970 an seinen ehemaligen Innenminister Luis Echeverría. Heute gilt '68 in Mexiko nahezu einhellig als Wegbereiter des Demokratisierungsprozesses, der im Jahr 2000 immerhin die Abwahl der PRI, die das Land bis dahin wie eine Staatspartei regierte, möglich machte.

Anne Huffschmid

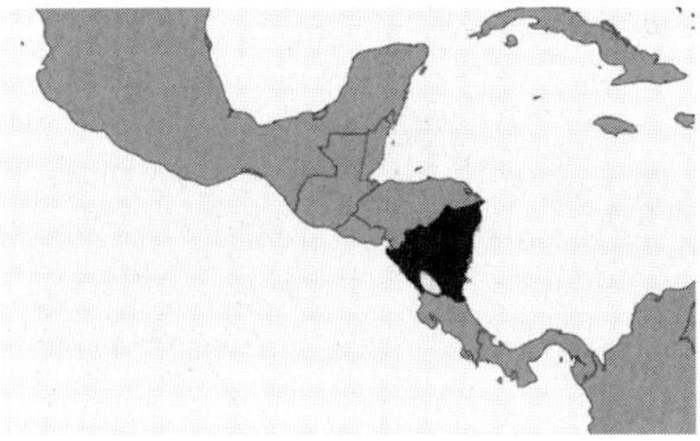

NICARAGUA

Von 1932 bis Ende der 70er Jahre beherrschte der Familienclan **Somoza**, der eines der größten wirtschaftlichen Imperien in Lateinamerika aufgebaut hatte, das Land. Im Blick zurück reduziert sich die Geschichte Nicaraguas oftmals auf das Jahr 1979, das Jahr, in dem die ***Frente Sandinista de Liberación Nacional*** **(FSLN)** die Diktatur stürzte und die **Sandinistische Revolution** einläutete. Doch dem Befreiungskrieg und seinem schlussendlichen Erfolg ging ein jahrelanges Aufbegehren der Bevölkerung voran, das nicht nur von in den Bergen agierenden Gueriller@s verkörpert wurde, sondern auch von ArbeiterInnen, Bauern und Bäuerinnen sowie Studierenden, die ihre Rechte einforderten. Die sich in den 60er Jahren formierenden Bewegungen bildeten die Grundlage für den Sieg der sandinistischen Bewegung: 1961 gründete sich die FSLN, die Universitäten wurden zu wichtigen Keimzellen des Protestes, Studierende schlossen sich in der ***Frente Estudiantil Revolucionario*** **(FER)** zusammen. Im Oktober 1966 verschärfte sich die Situation, als eine Gruppe StudentInnen im Nationalstadion vor den Augen des Diktators ein Transparent mit den Worten ***No más Somoza*** ausrollte. Es folgte eine Repressionswelle, viele Menschen verschwanden oder wurden direkt getötet. Der Widerstand wuchs jedoch weiter und artikulierte sich in einer Vielzahl von im ganzen Land organisierten Demonstrationen. Am 22. Januar 1967, auf einer der letzten Demonstrationen vor den nahenden Präsidentschaftswahlen, verübte die Nationalgarde Somozas ein Massaker an den Protestierenden, bei dem unzählige Menschen starben. Die Befreiungsbewegung ging sehr geschwächt aus diesen Zusammenstößen hervor. Ein weiterer Schlag war der Wahlbetrug im März 1967, der den Machterhalt der Somozas sicherte. Nach diesen Monaten der direkten Konfrontation – das einem „nicaraguanischen '68" gleichkam – musste sich die Bewegung neu formieren, viele Mitglieder waren im Exil, andere verschwanden oder wurden ermordet. Das Jahr 1968 selber, so sagen AktivistInnen heute, war bestimmt durch eine „acumulación de fuerza en silencio" (93), dem im Untergrund stattfindenden Wiederaufbau der Befreiungsbewegung, die erst über zehn Jahre später siegen sollte.

Mareike Lühring

PANAMA

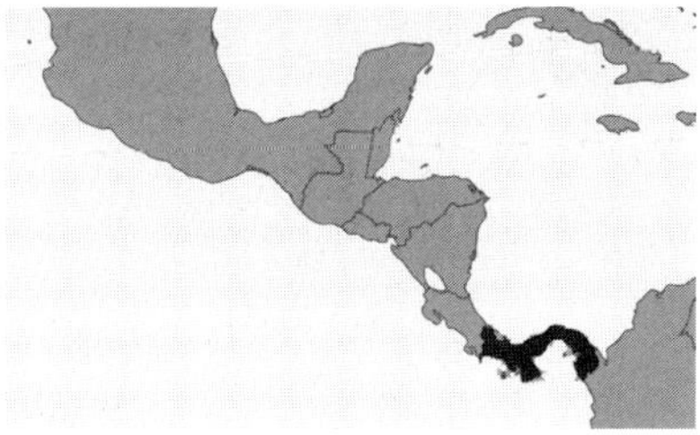

Am 12. Mai 1968 fanden in Panama **Präsidentschaftswahlen** statt. Die Spannung hielt sich über die folgenden 18 Tage, bis die Wahlkommission und das Wahlgericht endlich den Sieg von **Arnulfo Arias**, der von der nationalen Handelsoligarchie gestützt wurde, erklärten. Im Oktober 1968 trat Arnulfo Arias seine dritte Amtszeit als gewählter Präsident Panamas an und forderte die sofortige Rückgabe des **Panamakanals**; zugleich kündigte er eine Änderung in der Führung der Nationalgarde an. Doch schon am 11. Oktober kam es zu einem Militärputsch, die Nationalgarde unter Brigadegeneral **Omar Torrijos** übernahm die Regierungsmacht und Arias musste fliehen. Der Sturz von Arias provozierte **StudentInnendemonstrationen** und Ausschreitungen in einigen Slums von Panama-Stadt. Die Bauern in der Provinz Chiriquí kämpften einige Monate lang sporadisch gegen Gardisten, doch die Nationalgarde behielt die Kontrolle. Die vorläufige Junta konsolidierte rasch die staatliche Kontrolle, deren vordringliches Ziel die nationale Rückgewinnung des Panamakanals war. Mehrere hundert tatsächliche oder potenzielle politische Oppositionelle wurden unter dem Vorwurf der Korruption oder Subversion verhaftet, andere gingen ins Exil. Unternehmen und Landeigentümer wurden mit Enteignung bedroht. Die Nationalversammlung und alle politischen Parteien wurden aufgelöst, die Universität von Panama für mehrere Monate geschlossen. Die StudentInnenorganisation *Unión de Estudiantes Universitarios* und verschiedene Vereine der DozentInnen wurden vom Militärregime sofort aufgelöst und die Medien durch Zensur unter staatliche Kontrolle gebracht. Die Junta unter Führung des ebenso autoritären wie populären Torrijos, der als „Großer Führer der Revolution von Panama“ bezeichnet wurde, herrschte vier Jahre, bis 1972 eine demokratische Regierung gewählt wurde.

Gintarė Malinauskaitė

PARAGUAY

Das Binnenland brachte die längste Militärdiktatur des gesamten Kontinents hervor. Der deutschstämmige **General Alfredo Stroessner** putschte im Mai 1954 und blieb bis 1989, als er durch einen erneuten Militärputsch gestürzt wurde, an der Macht. Dank der seit 1947 bestehenden Verfassung vereinigte Stroessner in sich das Amt des Staats- sowie des Regierungspräsidenten und war gleichzeitig Oberbefehlshaber der Streitkräfte. Seine autoritäre Herrschaft war gekennzeichnet durch einen strengen Antikommunismus, was ihm lange Zeit die Unterstützung der USA sicherte. Im Jahr 1967 ließ er die Verfassung erneut ändern. Darin wurde Paraguay zur unteilbaren Präsidialrepublik ernannt und demokratische Grundrechte festgeschrieben. Im krassen Gegensatz hierzu stand jedoch die politische Praxis.

Stroessner regierte in einem immer wieder neu ausgerufenen Ausnahmezustand und rechtfertigte so die Einschränkung der in der Verfassung verankerten Grundrechte, wie etwa der Pressefreiheit. Jegliche Opposition wurde unterdrückt, die politische Linke war äußerst zersplittert und ohnehin fast nur in der Bundeshauptstadt Asunción zu finden.

Dennoch gab es zumindest Versuche oppositioneller Bewegungen. Ein Beispiel ist das ***Movimiento 14 de Mayo***, eine Guerillavereinigung, die sich im benachbarten Argentinien im Jahr 1959 zusammenfand. Ihre Mitglieder waren junge Männer und Frauen aus den gleichfalls nach Argentinien exilierten Parteien *Partido Liberal* und *Partido Revolucionario Febrerista de Paraguay*. Doch bis Ende 1960 waren nahezu alle Mitglieder im Gefängnis gelandet. Ebenso wenig vermochte die Bauernbewegung ***Ligas Agrarias*** eine Verbesserung der politischen Situation zu erreichen. Zwar gewann sie bis Mitte der 70er Jahre an Zulauf bei großen Teilen der Landbevölkerung, wurde aber bis 1978 durch das Militärregime zerschlagen. Nach Angaben von Menschenrechtsorganisationen wurden während der Militärdiktatur Hunderte Menschen verhaftet und gefoltert, die Zahlen der „Verschwundenen" schwanken zwischen 400 und 3.000 Menschen.

Christian Tinz

PERU

Anfang der 60er Jahre erzielte die militante Bauernbewegung unter Hugo Blanco in der Provinz Cusco einige Erfolge durch Landbesetzungen und -umverteilungen. Peruanische Intellektuelle glaubten daher, die Kubanische Revolution von 1959 sei auf Peru übertragbar. Die beiden sozialistisch ausgerichteten **Guerilla-Bewegungen** *Movimiento Izquierda Revolucionaria* (MIR) und *Ejército de Liberación Nacional* (ELN) kämpften gegen das nationale Militär. Zugleich wurde in der oligarchisch geprägten Landwirtschaft der Ruf nach Modernisierung laut. In den Städten, in denen eine Art ethnische Apartheid herrschte, begannen linke Parteien und Studentenverbände gegen die herrschende Oligarchie zu mobilisieren. Als die USA ihre Wirtschaftshilfe einstellten und zudem ein Bestechungsskandal zugunsten einer amerikanischen Erdölgesellschaft aufgedeckt wurde, putschte das Militär gegen den amtierenden Präsidenten Belaúnde Terry am **3. Oktober 1968**. Die folgende Militärregierung unter Juan Velasco Alvarado versuchte, als eine Art **„Dritten Weg"** ein gemischt-wirtschaftliches System zu etablieren. 1975 wurde der „Militärreformer" Velasco Alvarado abgesetzt, sein Nachfolger, General Francisco Morales Bermúdez, verfolgte wieder einen konservativen, wirtschaftsliberalen Kurs. Nicht nur in der Regierungspolitik erlebte Peru 1968 gravierende Umwälzungen. Auch im universitären Bereich zeichneten sich Anfänge einer neuen Bewegung ab. Innerhalb dieser Bewegung, der sogenannten Neuen Linken, bildeten sich eine Vielzahl von Organisationen und Parteien, wie *Vanguardia Revolucionaria* oder *Patria Roja*, die ausgehend von den Hochschulen studentische Proteste organisierten.

Henriette Friede

URUGUAY

Dass Uruguay in den 50er Jahren ein **Wohlfahrtsstaat** mit einer relativ breiten Mittelschicht war und deswegen als **„Schweiz Südamerikas"** bezeichnet wurde, hatte mit der politischen Machtteilung zwischen den zwei dominanten Volksparteien zu tun. Diese banden weite Teile der Gesellschaft ins politische System ein. Beide Parteien aber hatten der Mitte des Jahrzehnts weltweit einsetzenden Rezession, die auch vor Uruguay nicht halt machte, nichts entgegenzusetzen. Während der Krise brachen die Reallöhne ein, es gab eine regelrechte Auswanderungswelle, die Verteilungskonflikte verschärften sich. Dies führte zur Radikalisierung eines Teils der Mittelschicht und auch der Arbeiterschaft. Aus militanten Teilen der ArbeiterInnenbewegung formierte sich die ***Movimiento de Liberación Nacional – Tupamaros***, die ArbeiterInnen waren somit gewissermaßen die Gueriller@s der ersten Stunde. Ihre Aktionen richteten sich vor allem gegen den Staatsapparat und dessen korrupte Verflechtungen mit den nationalen und internationalen Wirtschaftseliten.

Beide, sowohl die *Tupamaros* wie auch die moderateren Gewerkschaften, sympathisierten mit den aufkommenden Studentenprotesten. Der lange schwelende Konflikt der **SchülerInnen- und StudentInnenbewegung** mit der zunehmend autoritäreren Regierung entzündete sich an der Erhöhung der Busfahrpreise. Die staatliche Repression, die viele Schwerverletzte und sogar Tote in Kauf nahm, löste eine Spirale der Gewalt aus. Die Besetzung von Schulen und Universitäten sowie die Lähmung des Stadtverkehrs durch studentische Aktionen und die gewaltsame Reaktion der Polizei brachten den Alltag im Zentrum von Montevideo zwischenzeitlich zum Erliegen. Die Bewegung radikalisierte sich zunehmend, ein Teil militanterer StudentInnen bildete die zweite Generation der Tupamaros. Der 1971 gewählte Präsident Juan María Bordaberry vom ultrarechten Flügel der Konservativen entmachtete mit Hilfe der Streitkräfte am 27. Juni 1973 das Parlament und errichtete eine 12-jährige Militärdiktatur. Polizei und Militär bekämpften und zerschlugen sowohl die StudentInnenbewegung wie auch die Guerillagruppen.

Markus Rauchecker

VENEZUELA

Seit Ende der 50er Jahre war die Macht in Venezuela im sogenannten „*Punto-Fijo*-Abkommen" zwischen der sozialdemokratischen *Acción Democrática* (AD) und dem christdemokratischen *Comité de Organización Política Electoral Independiente* (COPEI) aufgeteilt. Die zurückgedrängte Kommunistische Partei führte, zusammen mit der *Movimiento de Izquierda Revolucionaria* (MIR), in den Sechzigerjahren einen **Guerillakrieg** gegen das *Punto-Fijo*-Abkommen. Die Wahlen im Jahr **1968** machten den Christdemokraten Rafael Caldera zum Präsidenten und verhalfen dem Land zu seinem ersten demokratisch legitimierten Machtwechsel. In den venezolanischen Universitäten entstand Ende der 60er Jahre die sogenannte **„Bewegung der Universitätserneuerung"** *(Renovación Universitaria)*, die für Reformen im akademischen Bildungssystem kämpfte. Diese mobilisierte für die Demokratisierung der Universitäten und die studentische Mitbestimmung. Die universitäre Erneuerungsbewegung verstand sich in der Tradition des Kampfes gegen die rechtskonservative Militärdiktatur unter Marcos Pérez Jiménez (1952-1958). In den Sechzigerjahren wurde dieser Kampf von der Kommunistischen Partei und der MIR fortgesetzt. In jener Zeit wurden die Universitäten zu Zentren des Widerstandes gegen die Regierung und die rechten Kräfte des Landes. Die *Renovación* ließ sich zudem von den studentischen Rebellionen, die sich zur gleichen Zeit in vielen Teilen der Welt abspielten – wie etwa dem Pariser Mai – inspirieren. Aber auch die schon 1918 beschlossene Universitätsreform im argentinischen Córdoba diente als historische Inspirationsquelle, da sie als Synonym für Reform und sozialen Fortschritt wahrgenommen wurde.

Henriette Friede

Anhang

Quellenverzeichnis

Editorial

(1) Fuentes, Carlos: Los 68. Paris-Praga-Mexico, Buenos Aires: Random House Español, 2005, S. 12.
(2) Empfohlen zur Jugendkultur die Studie von Eric Zolov: Refried Elvis: The rise of the Mexican Counterculture, Berkeley/Los Angeles/London: University of California Press, 1999.
(3) Empfohlen zum Forschungsfeld Erinnerung die von Elizabeth Jelin gegründete und herausgegebene Buchreihe „Memorias de la Represión", die 2002 mit dem von ihr verfassten Band Los Trabajos de la memoria (Madrid/Buenos Aires: Siglo XXI) eingeführt wurde. Allgemein zum aktuellen Feld der Erinnerungsforschung und -politik in Lateinamerika sei der Band 33 des Jahrbuchs Lateinamerika (Titel: erinnerung macht gegenwart) empfohlen.
(4) Nachzulesen in dem Beitrag über den Pariser Mai in diesem Band.
(5) Für Mexiko habe ich diese Alltagsdimension in dem Aufsatz „¿Conmemorar una revuelta?", veröffentlicht in der Zeitschrift Humboldt (Nr. 149), beschrieben.

1968 in Lateinamerika und Europa: unterschiedliche Rahmenbedingungen

(6) Galeano, Eduardo Hughes: Die offenen Adern Lateinamerikas, Wuppertal: Peter Hammer Verlag, 1985, S. 284.
- Gerchow, Jan: Die 68er: Kurzer Sommer – lange Wirkung, Frankfurt a.M.: Historisches Museum, 2008.
- Kurlansky, Mark: 1968 – Das Jahr, das die Welt veränderte, München: Heyne Verlag, 2007.

Repertoire
Befreiungstheologie

(7) Persönliches Interview mit María López Vigil am 14.10.2008 in Managua.
(8) Gutiérrez, Gustavo: Befreiungstheologie, in: Boff, L., Kern B., Müller A. (Hrsg.): Werkbuch Theologie der Befreiung, Düsseldorf: Patmos Verlag, 1988, S. 32.
(9) Boff, Clodovis: Die Befreiung der Armen. Reflexionen zum

Grundanliegen der lateinamerikanischen Befreiungstheologie, Freiburg: Schwabenverlag, 1986, S. 26.
- Deutsche Bischofskonferenz: Schwerpunkt 2005 Lateinamerika, unter: http://www.dbk.de/initiativen/solidaritaet/aktuelle_initiative_2005_Romero/index.html (Stand: 14.01.2009)

Ernesto Cardenal – vom revolutionären Priester zum Kulturminister

(10) Cardenal, Ernesto: Memorias 3: La Revolución perdida, Managua: ANAMA Ediciones Centroamericanas, 2003.

Die Kubanische Revolution und ihre Bedeutung für die 68er

(11) Kaller-Dietrich, Martina/ David Mayer: Soziale Bewegungen in Lateinamerika, Bundeszentrale für politische Bildung, 2008, unter: http://www.bpb.de/themen/P7IRPV,0,Soziale_Bewegungen_in_Lateinamerika.html (Stand: 19.04.2009).
(12) Schwarz, Peter: 1968 – Generalstreik und Studentrevolte in Frankreich, 2008, unter: http://www.wsws.org/de/2008/jun2008/f68-j26.shtml (Stand: 20.4.2009) & Krivine, Alain (2006): Ça te passera avec l'âge, Flammarion, S.93 – 94.
(13) Schwarz, Peter: 1968 – Generalstreik und Studentrevolte in Frankreich, 2008, unter: http://www.wsws.org/de/2008/jun2008/f68-j26.shtml (Stand: 20.4.2009).
(14) Lievesley, Geraldine: The Cuban Revolution: Past, Present and Future Perspectives, New York: Palgrave Macmillan, 2004, S.9.

Der internationale Kulturkongress von Havanna

(15) Schulz, Ole: Hoffnung in Olivgrün, in: Die Tageszeitung, 27. Dezember 2008.
(16) Silber, Irwin: The Cultural Congress of Havanna: 4 – 11. January 1968, pamphlet, New York, 1968, S. 4-5.
(17) Coudenhove-Kalergi, Barbara: Anti-amerikanische Demonstrationen, in: Die Zeit, 02.02.1968, unter: http://www.zeit.de/1968/05/Anti-amerikanische-Demonstrationen (Stand: 12.02.2009).
(18) Ebda.
(19) Welt Online: Internationaler Kulturkongress in Havanna, in: Welt Online, 04.01.2008, unter: http://www.welt.de/ welt_

print/article1516246/Internationaler_Kulturkongress_in_Havanna.html (Stand: 12.01.2009).

Transatlantische Lektüren

(20) Mader, Elke: Mythen in Lateinamerika, Wien, 2005, unter: http://www.lateinamerika-studien.at/content/kultur/mythen/mythen-217.html (Stand: 12.01.2009).
(21) Schmidhofer, David: Zugänge zum magischen Realismus in der flämischen Literatur, Wien, 2005, unter: http://magischer-realismus.nl-de.com/magischerrealismus.html (Stand: 12.01.2009).
(22) Winkler, Willi: Es gibt richtiges Schreiben nur im Falschen, in: Süddeutsche Zeitung, 31.03.2001.
(23) Dick-Etler, Klaus: Kleine Geschichte des lateinamerikanischen Romans: Strömungen – Autoren – Werke, Tübingen: Gunter Narr Verlag, 2002, S.166.
(24) Dörting, Thorsten: Gut gelächelt ist halb gesiegt, in: Spiegel, 15.06.2008, unter: http://www.spiegel.de/kultur/gesellschaft/0,1518,559459,00.html (Stand: 20.06.2009).

Martha Harnecker – unermüdliche, intellektuelle „Guerillera“

(25) Pardo, Gabriel: En Venezuela estoy viviendo un sueño que acá no pude cumplir, in: El Mercurio, 28. Oktober 2007.
(26) Ebda.

Gisela Richter – Berlins 68er-Botschafterin in Südamerika

(27) Persönliches Interview mit Gisela Richter am 05.09.08 in Berlin.
- Richter, Gisela: Unveröffentlichte Reiseberichte, 1968.
- Richter, Gisela: Studentenbewegungen in Lateinamerika, in: Berliner Zeitschrift für Politologie (Herausgegeben am Otto-Suhr-Institut, FU Berlin), 9. Jahr, Nr. 4, Dez. 1968.

Bewegung

Vier „magische Monate“ – die Studentenproteste in Mexiko

(28) Persönliches Interview mit Ana Ignacia Rodríguez im November 2008 in Mexiko-Stadt.
(29) Persönliches Interview mit Paco Ignacio Taibo II im Oktober

2007 in Mexiko-Stadt.
(30) Persönliches Interview mit Elisa Ramírez im Juni 2008 in Berlin.

Elisa Ramírez – „Rayuela war unsere Bibel"

(31) Persönliche Interviews mit Elisa Ramírez.
(32) Ebda.
- Die Transkription eines von Anne Huffschmid moderierten Podiumsgespräches mit Elisa Ramírez im Ibero-Amerikanischen Institut zu Berlin findet sich unter dem Titel „¿El 1968 como patrimonio cultural", unter: http://www.boell-latinoamerica.org/es/web/778.html (Stand: 13.05.2009).

Paco Ignacio Taibo II – der Geschichtenerzähler

- Interview mit Paco Ignacio Taibo II, in: Lateinamerika-Nachrichten, April 2008, Nr. 406.
- Paco Ignacio Taibo II: 68, Mexiko-Stadt: Joaquín Mortiz, 1991.

Studentenbewegungen in Kolumbien – auch ein 68er-Symptom?

- Acevedo Tarazona, Álvaro: El movimiento estudiantil entre dos épocas. Cultura política, roles y consumos. Años sesenta, in: Revista Historia de la Educación Colombiana, Nr. 6-7, 2004, S. 161-176.
- Archila Neira, Mauricio/ Álvaro Delgado Guzmán/ Martha Cecilia García V. (Hrsg.): 25 años de luchas sociales en Colombia, 1975-2000, Bogotá: CINEP, 2004.
- Archila Neira, Mauricio: Idas y venidas vueltas y revueltas. Protestas sociales en Colombia 1958-1990, Bogotá: ICANH-Instituto Colombiano de Antropología e Historia, 2003.
- Archila Neira, Mauricio: Entre la Academia y la política: El movimiento estudiantil en Colombia, 1920-1974, in: Marsiske, Renate/ Lourdes Alvarado/ María de Lourdes Alvarado (Hrsg.): Movimientos estudiantiles en la historia de América Latina, Mexiko-Stadt: Centro de Estudios sobre la Universidad Nacional Autónoma de México, Plaza y Valdés, 1999 (=Historia de la educación Serie mayor, Vol. 1).
- Lebot, Ibon: El Movimiento Estudiantil Durante el Frente Nacional (1958-1974), in: Ideología y Sociedad, Nr. 19, Oktober - De-

zember 1976, Bogotá.
- Vera, Guillermo (Hrsg.): Colombia a su alcance, Santafé de Bogotá: Planeta Colombiana Ed./Planeta siglo XXI, 1999.
- Villanueva Martínez, Orlando: El movimiento estudiantil en los sesenta, in: Revista Espacio Crítico, Nr. 5, Juli – Dezember 2006, unter: http://www.espaciocritico.com/articulos/rev06/n6_a11.htm (Stand: 07.07.2008)

Camilo Torres – vom Priester zum Guerillero

- Lopera Sánchez, Alejandro: Ciencia, revolución y creencia en Camilo Torres: ¿una Colombia secular?, 2006, unter: http://www.ucentral.edu.co/NOMADAS/nunme-ante/21-25/nomadas-25/P238-259.PDF (Stand: 06.02.09).
- Navarro Rueda, Edgar: Biografía política de Camilo Torres, Archivo Chile, 2002, unter: http://www.archivochile.com/Homenajes/camilo/s/H_doc_sobre_CT0003.pdf (Stand: 12.02.09).

Die Schüler- und Studentenbewegung 1968 in Uruguay

- Cores, Hugo: El 68 uruguayo – los antecedentes, los hechos, los debates, Montevideo: Edición de la Banda Oriental, 1997.
- Rey Tristán, Eduardo: La izquierda revolucionara uruguaya 1955-1973, Sevilla: CSIC, 2005.
- Rey Tristán, Eduardo: A la vuelta de la esquina – La izquierda revolucionaria uruguaya 1955-1973, Montevideo: Edición Fin de Siglo, 2006.
- Varela Petito, Gonzalo: El movimiento estudiantil de 1968: el IAVA – una recapitulación personal, Montevideo: Edición Trilce, 2002.

Eduardo Galeano – Der fußballverrückte Schriftsteller

(33) Galeano, Eduardo Hughes: Die offenen Adern Lateinamerikas, Wuppertal: Peter Hammer Verlag, 1985, S. IX.
- Galeano, Eduardo Hughes: Las venas abiertas de América Latina, Madrid: Siglo XXI, 2007.
- Galeano, Eduardo Hughes: El Fútbol a sol y sombra, Montevideo: Siglo XXI, 1996.

Die 68er in Peru – la Nueva Izquierda

- Persönliches Interview mit Maruja Barrig am 13.01.09 in Lima.
- Bernales B., Enrique: Movimientos Sociales y Movimientos Universitarios en el Perú, Lima: Fondo Editorial, 1974.
- Domínguez Romero, Luis: Nacionalismo y Militarismo en el Perú: 1968-1980, in: Revista de la Coordinación General de Estudios de Posgrado, 5. Jahr, Nr. 16, September 1989, unter: http://www.posgrado.unam.mx/publicaciones/omnia/anteriores/16/14.pdf (Stand: 14.01.2009).
- Flores Galindo, Alberto: Generación del 68: Ilusión y realidad, in: Margenes encuentro y debate, Nr.1, Lima, 1987.
- Lynch, Nicolás: Los jóvenes rojos de San Marcos, Lima: El zorro de abajo ediciones, 1990.
- Martínez, Maruja: Entre el amor y la furia, Lima: Casa de Estudios del Socialismo, 1997.
- Mejía Navarrete, Julio: El desarrollo de la sociología en el Perú notas introductorias, in: Sociologías, Porto Alegre, Nr.14, 2005, unter: http://www.scielo.br/pdf/soc/n14/a12n14.pdf (Stand: 14.01.2009).
- Rospigliosi/ Barrig/ Henríquez/ Diez Canseco/ Martínez: La generación del 68 – hablan los protagonistas, Lima: Pontificia Universidad Católica del Perú, 1993.

Alberto „Tito“ Flores Galindo – Utopien für ein andines Peru

(34) Muñoz, Fanni/ Omar Gonzales: Alberto Flores Galindo – Buscando una utopía, in: Memoria, Nr. 108, Februar 1998, unter: http://uruguay.indymedia.org/news/2006/03/47541.php (Stand: 23.03.2009).

Die brasilianische Studentenbewegung – Resistir, resistir!

(35) Araujo, Maria Paula: Memórias Estudantis. Da fundação da UNE aos nossos dias, Rio de Janeiro: Ediouro Publicações, 2007, S. 180.
(36) Ebda., S. 180.
(37) Ebda., S. 181.
(38) Ebda., S. 186.
(39) Ousar Lutar! Ousar Vencer! Memorial Edson Luis, 31.03.2008, unter: http://ousarlutar.blogspot.com/2008/03/memorial-edson-luis.html (Stand: 30.04.2009)

- Araujo, Maria Paula: Memórias Estudantis. Da fundação da UNE aos nossos dias, Rio de Janeiro: Ediouro Publicações, 2007.
- Rübenach, Stephanie: Die Brasilianische Stadtguerilla. Aktionskonglomerat auf widersprüchlicher Grundlage, in: Alexander Straßner (Hrsg.): Sozialrevolutionärer Terrorismus. Theorie, Ideologie, Fallbeispiele, Zukunftsszenarien, Wiesbaden: VS Verlag für Sozialwissenschaften, 2008, S. 411-434.

Vladimir Palmeira – Aus dem Gefängnis ins Parlament

(40) Memória: Entrevista – Vladimir Palmeira, in: Revista Teoria e Debate, Nr. 20, Februar – April 1993, unter: http://www2.fpa.org.br/portal/modules/news/article.php?storyid=909 (Stand: 15.05.09)

(41) »Éramos líderes revolucionários fracos«, diz Vladimir Palmeira, in: G1, 10. Mai 2008, unter: http://g1.globo.com/Sites/Especiais/Noticias/0,,MUL464483-15530,00.html (Stand: 28.08.2008)

- Gabeira, Fernando: Die Guerilleros sind müde, Frankfurt a.M.: Suhrkamp Verlag, 1982.
- O que é isso, companheiro?, Brasilien 1996, 105 Minuten, Regie: Bruno Barreto.
- Groppo, Luís Antonio: Uma onda mundial de Revoltas. Movimentos Estudantis de 1968, Piracicaba: UNIMEP, 2005.

Repression und Gegengewalt

Der Massenmord von Tlatelolco

(42) Poniatowska, Elena: La Noche de Tlatelolco!, Mexiko-Stadt: Ediciones Era, 1971, S. 231.

(43) Persönliches Interview mit Paco Ignacio Taibo II im Oktober 2007 in Mexiko-Stadt.

(44) Ebda.

Ana Ignacia „La Nacha" Rodríguez – die Brigadistin

(45) Persönliche Interviews mit Ana Ignacia Rodríguez.

(46) Ebda.

(47) Ebda.

Der Cordobazo

(48) Reyna, Roberto: Las raíces de la rebelión, in: Umbrales, April 1999, 6. Jahr, Nr. 11, Córdoba, S. 24.
(49) Guerra, Rosana Andrea: Felipe Alberti y su visión del Cordobazo, in: Umbrales, April 1999, 6. Jahr, Nr. 11, Córdoba, S. 55.
(50) Gordillo, Monica B.: Protesta, rebelión y movilización: de la resistencia a la lucha armada, 1955-1973, in: Daniel James (Hg.): Violencia, proscripción y autoritarismo (1955 - 1976), Buenos Aires: Ed. Sudamericana, 2003, S. 349.
(51) Azócar, Carlos Aníbal: Onganía nos lanzó a la calle, in: Umbrales, April 1999, 6. Jahr, Nr. 11, Córdoba, S. 32f.

El Gringo Tosco – Idol für Arbeiter und „Antibürokraten“

(52) Bayer, Osvaldo: El Gringo Tosco, in: Pagina 12, 4.11.2005, unter: http://www.pagina12.com.ar/imprimir/diario/contratapa/13-58773-2005-11-04.html (Stand: 01.06.2008).
(53) Ortúzar, Isabel: Tosco de cuerpo entero – Retrato de un luchador, in: Umbrales, April 1999, 6. Jahr, Nr. 11, Córdoba, S. 42.
(54) Ortiz, Raul „Dirty“: Augustín Tosco – El proyecto político que no pudo ser, in: Umbrales, April 1999, 6. Jahr, Nr. 11, Córdoba, S. 47.
(55) Partido Comunista de la Argentina: Sindicalismo de liberación. Selección de intervenciones, reportajes y debates de Agustín Tosco. La Fogata digital, Buenos Aires: Edicion Nuestra Propuesta, 2004, S. 3.

Das Massaker auf der Avenida Roosevelt – Nicaragua im Jahre 1967

(56) Persönliches Interview mit Michele Najlis am 22.10.2008 in Managua.
(57) Ebda.
- Sánchez Ramírez, Roberto: Cuando corrió la sangre en la Avenida Roosevelt, in: La Prensa, 22.01.2007, unter: http://www.laprensa.com.ni/archivo/2007/enero/22/noticias/nacionales/168583.shtml (Stand: 14.01.2009)

Michele Najlis – Eine junge Frau an der Spitze des Protestes

(58) Persönliches Interview mit Michele Najlis am 22. Oktober 2008 in Managua.
(59) Randall, Margret: Women's Solidarity has given our lives a new dimension: laughter, in: Margret, Randell (Hrsg.): Sandino's Daughters revisited Feminism in Nicaragua, New Jersey: Rutgers University Press, 1994, S. 55.
(60) Najlis, Michele: Ars combinatorial, Managua: Editorial Nueva Nicaragua, 1988, S. 34.

**Südamerika als Wiege der Stadtguerilla:
1. Tupamaros in Uruguay**

- Fischer, Thomas: Die Tupamaros in Uruguay – Das Konzept Stadtguerilla, in: Kraushaar, Wolfgang: Die RAF und der linke Terrorismus, Bd. 2, Hamburg: Hamburger Edition, 2006.
- Gatto, Hebert: El cielo por asalto – El movimiento de Liberación Nacional (Tupamaros) y la izquierda uruguaya 1963-1972, Montevideo: Taurus, 2004.
- Joes, Anthony James: Urban Guerilla Warfare, Lexington: University Press of Kentucky, 2007.
- Rey Tristán, Eduardo: La izquierda revolucionara uruguaya 1955-1973, Sevilla: CSIC, 2005.
- Rey Tristán, Eduardo: A la vuelta de la esquina – La izquierda revolucionaria uruguaya 1955-1973, Montevideo: Edición Fin de Siglo, 2006.
- Schubert, Alex: Stadtguerilla: Tupamaros in Uruguay – Rote Armee Fraktion in der Bundesrepublik, Berlin: Wagenbach, 1971.

José „Pepe" Mujica – Vom Guerillero zum Minister

- Giglio, María Esther: Pepe Mujica – De tupamaro a ministro, Buenos Aires: Capital Intelectual, 2005.
- Mazzeo, Mario: Charlando con Pepe Mujica – Con los pies en la tierra..., Montevideo: Edición Trilce, 2002.
- Rodiger, Ruben Darío: Mujica Recargado, Montevideo: Edición Santillana, 2007.

Südamerika als Wiege der Stadtguerilla: Montoneros und ERP in Argentinien

- Flaskamp, Carlos: Organizaciones Político-Militares: Testimonio de la lucha armada en la Argentina (1968-1976), Buenos Aires: Edición Nuevos Tiempos, 2002.
- Gasparini, Juan: Montoneros – final de cuentas, La Plata: De la Campana, 2005.
- Joes, Anthony James: Urban Guerilla Warfare, Lexington: University Press of Kentucky, 2007.
- Simeoni, Héctor R.: Aniquilen al ERP – La guerra sucia en el monte tucumano, Buenos Aires: Edición Cosmos, 1985.
- Weisz, Eduardo: El PRT-ERP: Claves para una interpretación de su singularidad – Marxismo, Internacionalismo y Clasismo, Buenos Aires: Ediciones del Centro Cultural de Cooperación Floreal Gorini, 2006.

Mario Roberto Santucho – Kämpfer für internationale Vernetzung

- Brienza, Hernán: Mario R. Santucho – la guerilla de izquierda, Buenos Aires: Capital Intelectual, 2006.
- Méndez, Eugenio: Santucho – Entre la inteligencia y las armas, Buenos Aires: Edición de La Toma, 1999.
- Santucho, Julio: Los últimos guevaristas – la guerilla marxista en la Argentina, Buenos Aires: Vergara, 2004.
- Santucho, Mario Roberto: Poder burgués y poder revolucionario, Buenos Aires: Populibros, 2007.

Carlos Marighella – der intellektuelle Mitbegründer der Stadtguerilla

(61) Detrez, Conrad (Hg.): Zerschlagt die Wohlstandsinseln der Dritten Welt. Mit dem Handbuch des Stadtguerilleros von São Paulo, Reinbek bei Hamburg: rororo aktuell, 1971, S. 26.
(62) Ebda., S. 30.
(63) Ebda. S. 36.

ALLTAGSKULTUR UND KULTURPRODUKTION

Pille und Feminismus in Lateinamerika: Befreite Sexualität – befreite Frauen?

- Atri, Andrea: Feminismo latinoamericano – Entre la insolencia de las luchas populares y la mesura de la institucionalización, 2005, unter: http://www.insumisos.com/lecturasinsumisas/Feminismo%20latinoamericano.pdf (Stand: 14.01.09).
- Barrig, Maruja: Los Malestares del Feminismo Latinoamericano: Una nueva lectura, 1998, unter: http://www.gandia.org/ajuntament/cas/Dona/descargas/MalestarFEMINISMOLATINOAMERICANO.pdf (Stand: 06.02.09).
- García, Carmen Teresa/ Magdalena Valdivieso: Una aproximación al Movimiento de Mujeres en América Latina, 2005, unter: http://osal.clacso.org/espanol/html/OSAL%2018/AC18Garcia-Valdivieso.pdf (Stand: 14.01.09).
- Lamas, Marta: Género, desarrollo y feminismo en América Latina, 2007, unter: http://www.pensamientoiberoamericano.org/xnumeros/0/pdf/pensamientoIberoamericano-24.pdf (Stand: 14.01.09).
- Potthast, Barbara: Demokratie im Land und Demokratie daheim!, Goethe-Institut, Humboldt 149/ 1997, unter: http://www.goethe.de/mmo/priv/4038792-STANDARD.pdf (Stand: 11.02.09).

Leila Diniz – „Feministin“ im Bikini

(64) Ferreira dos Santos, Joaquim: Leila Diniz, São Paulo: Companhia das Letras 2008, S. 149.
(65) Ebda., S. 157.
(66) Ebda., S. 164f.

Gioconda Belli – Eine Frau: zwei Leben

(67) Belli, Gioconda: Die Verteidigung des Glücks, München: Carl Hanser Verlag 2001, S. 10.
(68) Honke, Gudrun: Gioconda Belli, Frauen Biographieforschung, unter: http://www.fembio.org/biographie.php/frau/biographie/gioconda-belli/ (Stand: 14.01.2009)

Die Mode der Sechzigerjahre – der Stoff, aus dem Proteste sind

(69) Proust, Marcel: Auf der Suche nach der verlorenen Zeit. Bd.2: Im Schatten junger Mädchenblüte, hrsg. v. Luzius Keller, übersetzt von Eva Rechel-Mertens, Frankfurter Ausgabe, Frankfurt am Main: Suhrkamp 2004, S. 9.

(70) Montalva, Pia: Morir un poco. Moda y sociedad en Chile 1960-1976, Santiago de Chile: Editorial Sudamericana 2004, S. 133.

(71) Ebda., S. 60.

(72) Gontijo, Silvana: 80 anos de moda no brasil, Rio de Janeiro: Editora Nova Fronteira 1986, S. 95.

(73) Ebda., S. 95.

- Montalva, Pia: Morir un poco. Moda y sociedad en Chile 1960-1976, Santiago de Chile: Editorial Sudamericana, 2004.
- Saulquin, Susana: La moda en la Argentina, Buenos Aires: Emecé, 1990.

Tropicália – die exotischen Klänge des Protestes

(74) Boal, Augusto: Símbolo da Mais Burra Alienação, in: Folha da Tarde, 29.05.1968, unter: http://tropicalia.uol.com.br (Stand: 31.05.09).

(75) De Oliveira, Ana: O movimento, unter: http://tropicalia.uol.com.br (Stand: 31.05.09).

Mafalda – Die Kleine mit den großen Fragen

- Quino: 10 años con mafalda, Barcelona: Editorial Lumen S.A., 1973.
- Quino: Todo Mafalda, 12. Ausg., November 2001, Buenos Aires: Ediciones de la Flor S.R.L.

Keine Revolution ohne Lieder – La Canción protesta

(76) Guerrero Pérez, Juan José: La canción protesta latinoamericana y la Teología de la Liberación, Caracas: Monte Ávila 2005, S. 16.

(77) Ebda., S. 25.

Atahualpa Yupanqui – Der linkshändige Virtuose

- Boasso, Fernando: Tierra que anda Atahualpa Yupanqui: historia de un trovador, Buenos Aires: Corregidor 2006, S. 64.

„Die Stunde der Feuer“ – Kino im Namen der Revolution

(78) Getino, Octavio y Susana Velleggia: El cine de las historias de la revolución (1967-1977), Buenos Aires: Altamira 2002, S. 43.
(79) Vasconcelos, Gilberto Felisberto: Glauber pátria Rocha livre, São Paulo: Senac 2001, S. 125.
(80) Schumann, Peter B.: Film und Revolution in Lateinamerika: Dokumentation, in: Kommunales Kino der Stadt Frankfurt a.M.: Retrospektive des Unabhängigen Kinos in Lateinamerika, 14.-19. Okt. 1971, Oberhausen 1971, S. 5.
- Metsman, Mariano E.: La exhibición del cine militante. Teoría y práctica en el Grupo Cine Liberación Argentina, unter: http://www.docacine.com.ar/articulos/metsman01.htm (Stand: 13.01.2009)

Die TV-Revolution

- Giles, Robert/ Robert Snyder: 1968. Year of Media Decision, New Jersey: Transaction Publishers 2001.
- Zancarini-Fournel, Michelle: Images, sons et voix, in: Zancarini-Fournel, Michelle: Le moment 68. Une histoire contestée, Paris: Seuil 2008, S. 137-161.

Tucumán Arde – Tucumán brennt

(81) Persönliches Interview mit Graciela Carnevale vom 20.01.2009 in Rosario.
(82) Persönliches Interview mit Leandro Iniesta vom 10.01.2009 in Buenos Aires.
- Longoni, Ana: ¿Tucumán sigue ardiendo?, in: Sociedad, Nr. 24, Facultad de Ciencias Sociales-UBA, Buenos Aires 2005, unter: http://www.arteamerica.org/8/dossier/longoni.htm (Stand: 15.01.09)
- Longoni, Ana/ Mariano Mestman: Del Di Tella a Tucumán Arde. Vanguardia artística y política en el ‘68 argentino, Buenos Aires: EUDEBA 2008.
- Oteiza, Enrique: Cultura y política en los años ‘60, Buenos Aires: EUDEBA 1997.
- Pucci, Roberto: Historia de la destrucción de una provincia. Tucumán 1966, Buenos Aires: Del Pago Chico 2007.
- Ramírez, Ana Julia: Tucumán 1965-1969: movimiento azuca-

rero y radicalización política, in: Nuevo Mundo, 07.12.08, unter: http://nuevomundo.revues.org/index38892.html (Stand: 15.01.09)
- Archiv Graciela Carnevale: Tucumán Arde. Eine Erfahrung, Berlin: b_books Verlag 2004.
- Marchesi, Mariana: Tucumán Arde, Documentación, Originalidee: María José Herrera, produziert mit der Unterstützung des Museo Nacional de Bellas Artes in Buenos Aires und des Queens Museum of Art in New York, 1999.

Graciela Carnevale – Die Archivarin

(83) Persönliches Interview mit Graciela Carnevale vom 20.01.2009 in Rosario.
- Archiv Graciela Carnevale: Tucumán Arde. Eine Erfahrung, Berlin: b_books Verlag 2004.

León Ferrari – Kunst als Politik

- García, Fernando: León Ferrari. Todavía quedan muchos creyentes que convencer, Buenos Aires: Capital Intelectual 2006.

ERINNERUNG UND DEUTUNG
Eine Bewegung ins Museum? Das Memorial del 68 in Mexiko-Stadt

(84) Arroyo, Sergio Raúl: Mexiko – Die Macht der Erinnerung, in: Goethe-Institut: 1968 – die globale Revolte, unter: http://www.goethe.de/ges/pok/prj/akt/wlt/ame/mex/de2999655.htm (Stand: 12.02.2009)

MemoriAntônia – Die Seele der Gebäude:

(85) Ausstellungskatalog „A alma dos edificios – Die Seele der Gebäude – The soul of the buildings“, São Paulo 2004, S. 132-133.
(86) Ebda.

Fulvia Molina – die brasilianische Erinnerungskünstlerin

(87) Persönliche Kommunikation mit Fulvia Molina.

Evandro Teixeira – das visuelle Gedächtnis Brasiliens

(88) Marques, José Reinaldo: O documentarista da imprensa brasileira, 23.09.2005, unter: http://www.abi.org.br/paginaindividual.asp?id=615 (Stand: 20.07.2009).
(89) Neco, Eduardo: Evandro Teixeira, fotógrafo há 50 anos, fala sobre seu novo livro e as curiosidades de sua carreira, 30.1.2008, unter: http://portalimprensa.uol.com.br/portal/ponto_de_vista/2008/01/30/imprensa16856.shtml (Stand: 09.03.2009)
(90) Sá Corrêa, Marcos: A foto, in: Teixeira, Evandro: 1968 Destinos 2008. Passeata dos 100 Mil, Rio de Janeiro: Textual 2007, S. 29.

GLOBALITÄT
Wie global war '68 in Lateinamerika?

(91) Es gab in vielen lateinamerikanischen und europäischen Ländern sowie in Japan und den USA Demonstrationen und vereinzelt auch Protestaktionen. Häufig wurde dabei die Teilnahme des jeweiligen Landes an den Olympischen Spielen thematisiert, zum Boykott aufgerufen oder sollte beispielsweise, wie in Schweden, die Ausreise des Olympiateams nach Mexiko verhindert werden.

LÄNDERBERICHTE
Argentinien

- Anzorena, Oscar R.: Tiempo de violencia y utopía (1966-1976), Buenos Aires: Editorial Contrapunto 1987, S. 51.
- Gèze, François/ Alain Labrousse: Argentinien. Revolution und Konterrevolution, Berlin: VSA-Verlag 1976, S. 62-101.
- Pigna, Felipe/ María Seoane: La noche de los bastonens largos, Buenos Aires: Caras y Caretas 2006, S. 58-85.
- La noche de los bastones largos, unter: http://www.elortiba.org/blargos.html (Stand: 30.03.2009).
- Cucchetti, Humberto/ Moira Cristiá: Los sesenta y setenta: ¿Un capítulo pendiente de la Historia Argentina?, in: Nuevo Mundo – Mundos Nuevos, 13.07.2008, unter: http://nuevomundo.revues.org/index39282.html (Stand 30.03.2009)

Brasilien

(92) Russau, Christian: Die Schatten der Operation Condor erreichen Brasilien. Das Amnestiegesetz zur Militärdiktatur könnte wieder zur Diskussion stehen, in: Lateinamerika Nachrichten 405, Berlin, März 2008, S. 24-27 & Russau, Christian: Streng geheim. Noch immer keine Öffnung der geheimen Archive in Brasilien, in: Lateinamerika Nachrichten 407, Berlin, Mai 2008, S. 51-54.
- Bernecker, Walther L./ Horst Pietschmann/ Rüdiger Zoller: Eine kleine Geschichte Brasiliens, Frankfurt a.M.: Suhrkamp 2000.
- Rohlfes, Joachim/ Hermann Körner: Historische Gegenwartskunde. Handbuch für den politischen Unterricht, Göttingen: Vandenhoeck & Ruprecht 1970.

Chile

- Cifuentes Seves, Luis/ Raúl Allard Neumann/ Roberto Balocchi Piccioli/ Fernando Castillo Velasco: La reforma universitaria en Chile 1967-1973, Santiago de Chile: Edición de la Universidad 1997.
- Reca Moreira, Inés Cristina: Movimiento estudiantil y proceso de reforma en la Universidad de Chile 1968, Santiago de Chile: Instituto Internacional de Estudios Laborales 1968.
- Richter, Gisela: Unveröffentlichte Reiseberichte, 1968.

Guatemala

- Reyes Illescas, Miguel Angel: El poder político de los estudiantes universitarios, Guatemala-Stadt: Universidad de San Carlos de Guatemala 1967.

Nicaragua

(93) Persönliches Interview mit Margarita Vannini, Leiterin der Geschichtsfakultät der UCA (Universidad Centroamericana), vom 04.10.2008 in Managua.

Paraguay:

- Arellano, Diana: Regreso en Armas: Movimiento 14 de Mayo para la Liberación del Paraguay, in: NOVAPOLIS, Revista de Estudios

Políticos Contemporáneos, Nr. 8, August 2004, unter: http://novapolis.pyglobal.com/08/resarmada14mayo.php (Stand: 15.01.09).
- Arellano, Diana: Movimiento 14 de Mayo. Memorias de no resignación, Posadas & Misiones: Ed. Universitaria EdUNaM 2004.
- Bonasso, Miguel: Paraguay: treinta años de soledad, in: Nueva Sociedad – Revista de Friedrich-Ebert-Stifung, Nr. 64, Januar – Februar 1983, S. 7-10, unter: http://www.nuso.org/upload/articulos/1010_1.pdf (Stand: 15.01.09).
- Méndez, Epifanio: Lo historico y lo antihistorico en el Paraguay – carta a los Colorados, Buenos Aires: Negri 1976.

Uruguay

- Commer, Oliver: Die Diktatur in der Schweiz Südamerikas – Ein Rückblick auf die Militärdiktatur in Uruguay, in: Lateinamerika Nachrichten, Nr. 348/ 2003, Berlin.
- Cores, Hugo: El 68 uruguayo – los antecedentes, los hechos, los debates, Montevideo: Edición de la Banda Oriental 1997.
- Rey Tristán, Eduardo: A la vuelta de la esquina – La izquierda revolucionaria uruguaya 1955-1973, Montevideo: Edición Fin de Siglo 2006.
- Varela Petito, Gonzalo: El movimiento estudiantil de 1968: el IAVA – una recapitulación personal, Montevideo: Edición Trilce 2002.
- Gatto, Hebert: El cielo por asalto – El movimiento de Liberación Nacional (Tupamaros) y la izquierda uruguaya 1963-1972, Montevideo: Taurus 2004.

Venezuela

- López Sánchez, Roberto/ José Luis Monzant Gavidia/ Bertaly González: Estudiantes y cambio social: la renovación universitaria de 1969 en la Universidad de Zulia, in: Opción, 16. Jahr, Nr. 31/ 2000, S. 72-111, unter: dialnet.unirioja.es/servlet/fichero_articulo?codigo=2474954&orden=0 (Stand: 14.01.2009).

Bildnachweise

S. 17 Repertoire
oben: Mural Kuba – Barbara Buxbaum;
unten links: Titelblatt „Chile-Nachrichten“ – Chile Nachrichten Nr. 19, JG. 2, 01.09.1974
unten Mitte: Papst mit Ernesto Cardenal – Peter Hammer Verlag
S. 28 Murales Kuba (5) – Barbara Buxbaum
S. 33-34 Karikatur Hippies/ Guerilleros – Satirezeitschrift „Tío Landru“, Ausgabe 13, 1968

S. 49 Bewegung
oben links: Arbeiter beim Cordobazo – Editorial Sudamericana S.A.
Mitte links: Demonstration in Mexiko – Oscar Menéndez
oben rechts: Demonstration in Nicaragua – Instituto de Historia de Nicaragua y Centroamérica
unten: Demonstration in Brasilien – Evandro Teixeira
S. 75-76 Demonstration der Hunderttausend – Evandro Teixeira

S. 85 Repression & Gegengewalt
oben: Stürzender Demonstrant – Evandro Teixeira
unten links: Leichen, Tlatelolco – Comité 68
unten Mitte: Festnahme – Evandro Teixeira
unten rechts: Konfrontation auf der Straße – Editorial Sudamericana S.A.

S. 117 Alltagskultur & Kulturproduktion
Hostessen, Olympische Spiele 1968 in Mexiko – Ricardo Pérez Montfort | Archivo Foto Fija
S. 131-132 „Der kulturelle Zeitgeist der Sixties in Mexiko Stadt“ – Zeitschrift *Hoy*, September 1968
S. 146 Kinoplakat „La hora de los hornos“ – zur Verfügung gestellt von Peter B. Schumann

S. 163 Erinnerung & Deutung
oben: Plaza de las Tres Culturas, México D.F., damals – Oscar Menéndez
unten: Plaza de las Tres Culturas, México D.F., heute – Israel Solorzano
S. 172-173 beide Bilder stammen aus dem Katalog zur Ausstellung „A alma dos edificios – Die Seele der Gebäude – The soul of the buildings“, São Paulo 2004

S. 187 Länderberichte
Plakat zur Ausstellung „Zwischen Revolution und Revolte: 1968 in

Lateinamerika. Bücher, Bilder, Bewegungen“ vom 14.6. bis 31.7.2008 im Iberoamerikanischen Institut Berlin, © Peter Steinmetz

– alle weiteren Bildnachweise finden sich direkt neben den Fotos –

Bibliographie Transatlantische Lektüren

Übersetzungen ins Deutsche (1966-1970)

Asturias, Miguel Ángel: *Sturm*, Neuwied: Hermann Luchterhand, 1967. [Originaltitel: *Viento fuerte*, 1950].

Asturias, Miguel Ángel: *Der Herr Präsident*, Genf, Hamburg: Helmut Kossodo, 1968. [Originaltitel: *El señor Presidente*, 1946].

Asturias, Miguel Ángel: *Der grüne Papst*, Neuwied [u.a]: Luchterhand, 1968. [Originaltitel: *El Papa verde*, 1954].

Borges, Jorge Luis: *Der schwarze Spiegel. Übungsstücke in erzählender Prosa*, Reinbek bei Hamburg: Rowohlt, 1966. [Originaltitel: *El espejo de tinta*].

Borges, Jorge Luis: *Das Eine und die Vielen. Essays zur Literatur*, München: Carl Hanser, 1966.

Borges, Jorge Luis: *Sechs Aufgaben für Don Isidro Parodi, Kriminalgeschichten aus Buenos Aires*, Frankfurt a.M.: Fischer, 1969. [Originaltitel: *Seis problemas para Don Isidro Parodi*, 1942].

Borges, Jorge Luis: *Borges und ich. Gedichte und Prosa*, München: Deutscher Taschenbuch Verlag, 1969. [Originaltitel: *El hacedor*, 1960].

Borges, Jorge Luis: *Sämtliche Erzählungen*, München: Carl Hanser, 1970.

Carpentier, Alejo: *Finale auf Kuba*, Frankfurt a.M.: Fischer, 1966. [Originaltitel: *El acoso*, 1956].

Carpentier, Alejo: *Explosion in der Kathedrale*, Berlin: Verlag Volk und Welt, 1966. [Originaltitel: *El siglo de las luces*, 1962].

Carpentier, Alejo: *Das Reich von dieser Welt*, Berlin: Verlag Volk und Welt, 1969. [Originaltitel: *El reino de este mundo*, 1949].

Castro, Fidel: *Die Geschichte wird mich freisprechen*, Bellnhausen über Gladenbach/ Hessen: Hinder & Deelmann, 1968. [Originaltitel: *La historia me absolverá*, 1953].

Castro, Fidel: *Über Che Guevara*, 2. Aufl., Frankfurt/M.: Ed. Voltaire, 1968. [Originaltitel: *Che Guevara*].

Cortázar, Julio: *Die Gewinner*, Neuwied: Hermann Luchterhand, 1966. [Originaltitel: *Los premios*, 1960].

Debray, Régis: *Revolution in der Revolution? Bewaffneter Kampf und politischer Kampf in Lateinamerika*, München: Trikont-Verlag, 1967. [Originaltitel: *Révolution dans la révolution? Lutte armeé et lutte politique en Amérique Latine*, 1967].

Fuentes, Carlos: *Aura*, Stuttgart: Deutsche Verlagsanstalt, 1966. [Originaltitel: *Aura*, 1962].

Fuentes, Carlos: *Nichts als das Leben. Der Tod des Artemio Cruz*, Frankfurt a.M., Hamburg: Fischer, 1969. [Originaltitel: *La muerte de Artemio Cruz*, 1962].

Fuentes, Carlos: *Hautwechsel*, Stuttgart: Deutsche Verlagsanstalt, 1969. [Originaltitel: *Cambio de piel*, 1967].

Garro, Elena: *Ein festes Heim*, Wien: Universal Ed., 1966. [Originaltitel: *Un hogar sólido*, 1958].

Garro, Elena: *Erinnerungen an die Zukunft*, Berlin: Henssel, 1967. [Originaltitel: *Los recuerdos del porvenir*, 1963].

Guevara, Ernesto „Che“: *Botschaft an die Völker der Welt*, München: Trikont-Verlag, 1967.

Guevara, Ernesto „Che“: *Bolivianisches Tagebuch*, München: Trikont-Verlag, 1968. [Originaltitel: *Diario del Che en Bolivia,* 1968].

Guevara, Ernesto „Che“: *Wir werden siegen!*, Frankfurt a.M.: Europäische Verlagsanstalt, 1968. [Originaltitel: *Venceremos*].

Guevara, Ernesto „Che“: *Partisanenkrieg – eine Methode. Mensch und Sozialismus auf Cuba. Zwei Studien*, München: Trikont-Verlag, 1968. [Originaltitel: *La guerra de guerillas,* 1960].

Guevara, Ernesto „Che“: *Guerilla, Theorie und Methode. Sämtliche Schriften zur Guerillamethode, zur revolutionären Strategie und zur Figur des Guerilleros,* Berlin: Wagenbach, 1968.

Guevara, Ernesto „Che“: *Aufzeichnungen aus dem kubanischen Befreiungskrieg 1956-1959*, Reinbek bei Hamburg: Rowohlt, 1969.

García Márquez, Gabriel: *Unter dem Stern des Bösen*, Reinbek bei Hamburg: Rowohlt, 1970. [Originaltitel: *La mala hora*, 1961].

García Márquez, Gabriel: *Hundert Jahre Einsamkeit*, Köln: Kiepenheuer & Witsch, 1970. [Originaltitel: *Cien años de soledad*, 1967].

Neruda, Pablo: *Dichtungen 1919-1965*, 2 Bände, Neuwied, Berlin: Hermann Luchterhand, 1967.

Neruda, Pablo: *Extravaganzenbrevier*, Berlin: Verlag Volk und Welt, 1967. [Originaltitel: *Estravagario*, 1958].

Vargas Llosa, Mario: *Die Stadt und die Hunde*, Reinbek bei Hamburg: Rowohlt, 1968. [Originaltitel: *La ciudad y los perros*, 1963].

Vargas Llosa, Mario: *Das grüne Haus*, Reinbek bei Hamburg: Rowohlt, 1968. [Originaltitel: *La casa verde*, 1965].

Übersetzungen ins Spanische (1966-1970)

Adorno, Theodor W.: *La industria cultural y sociedad de masas*, Caracas: Monte Ávila, 1967.

Adorno, Theodor W.: *Consignas*, Buenos Aires: Amorrortu, 1969.

Adorno, Theodor W.: *Intervenciones*, Caracas: Monte Ávila, 1969. [Originaltitel: *Eingriffe. Neun kritische Modelle*, 1963].

Adorno, Theodor W.: *Sobre la metacrítica de la teoría del conocimiento. Estudios sobre Husserl y las antinomias fenomenológicas*, Caracas: Monte Ávila, 1970. [Originaltitel: *Zur Metakritik der Erkenntnistheorie. Studien über Husserl und die phänomenologischen Antinomien,* 1956].

Althusser, Louis: *La Revolución teórica de Marx*, México D.F.: Siglo Veintiuno, 1968. [Originaltitel: *La révolution théorique de Marx*].

Debray, Régis: *¿Revolución en la revolución?*, La Habana: Casa de las Américas, 1967. [Originaltitel: *Révolution dans la révolution? Lutte armeé et lutte politique en Amérique Latine*, 1967].

Foucault, Michel: *Historia de la locura en la época clásica,* Vol. 1, México D.F.: Fondo de Cultura Económica, 1967. [Originaltitel: *Histoire de la folie à l'âge classique. Folie et déraison*, 1961].

Foucault, Michel: *Las palabras y las cosas*, México: Siglo Veintiuno, 1968. [Originaltitel: *Les mots et les choses – une archéologie des sciences humaines*, 1966].

Foucault, Michel: *La arqueología del saber*, México: Siglo Veintiuno, 1970. [Originaltitel: *L'archéologie du savoir*, 1969].

Horkheimer, Max: *Crítica de la razón instrumental*. Buenos Aires: Sur, 1969. [Originaltitel: *Zur Kritik der instrumentellen Vernunft*, 1967].

Malraux, André: *Los que fueron a España*, Buenos Aires: Jorge Alvarez, 1966.

Malraux, André: *Sierra de Teruel,* México: Ed. Era, 1968. [Originaltitel: *Sierra de Teruel*, 1939].

Marcuse, Herbert: *Cultura y sociedad*, Buenos Aires: Sur, 1967. [Originaltitel: Kultur und Gesellschaft, 1965].

Marcuse, Herbert: *El hombre unidimensional*, México: Joaquín Mortiz, 1968. [Originaltitel: *Der eindimensionale Mensch,* 1967].

Marcuse, Herbert: *El fin de la utopía*, México: Siglo Veintiuno, 1968. [Originaltitel: *Das Ende der Utopie*, 1967].

Marcuse, Herbert: *Un ensayo sobre la liberación*, México: Joaquín Mortiz, 1969. [Originaltitel: *Versuch über die Befreiung*, 1969].

Marcuse, Herbert: *Discusión con los marxistas,* Buenos Aires: Proceso, 1970.

Marcuse, Herbert: *La sociedad opresora*, Caracas: Ed. Tiempo Nuevo, 1970.

Marcuse, Herbert: La *sociedad carnívora*, Buenos Aires: Galerna, 1969.

Sartre, Jean-Paul: Los *caminos de la libertad. La muerte en el alma*, Buenos Aires: Losada, 1967. [Originaltitel: *Les chemins de la liberté*, 1945-1949].

Sartre, Jean-Paul: *La imaginación*, Buenos Aires: Sudamericana, 1967. [Originaltitel: *L'imagination,* 1936].

Sartre, Jean-Paul: *El miedo a la revolución*, Buenos Aires: Proteo, 1970. [Originaltitel: *Les communists ont peur de la révolution*, 1969].

Literatur über 1968 in Lateinamerika

Aguayo, Sergio: 1968. Los archivos de la violencia, México D.F.: Grijalbo, 1998.

Alarcón, Roque: Cordobazo, o.O.: Ed. Enmarque, 1989.

Álvarez Garín, Raúl et.al. (Hg.): Pensar el 68, México D.F.: cal y arena, 1993.

Álvarez Garín, Raúl: La estela de Tlatelolco. Una reconstrucción histórica del Movimiento estudiantil del 68, México D.F.: Itaca, 1998.

Anaya, Héctor: Los parricidas del 68. La protesta juvenil, México D.F.: Plaza y Valdés, 1998.

Ariet, María del Carmen: El pensamiento del Che, Buenos Aires: Nuestra América, 2007.

Aquino, Arnulfo: Imágenes y símbolos del 68. Fotografía y gráfica del movimiento estudiantil, México D.F.: UNAM, 2004.

Ascencio, Esteban: 1968. Más allá del mito, México D.F.: Ed. del Milenio, 1998.

Ayala, Leopoldo: Lienzo Tlaltelolco, México D.F.: Organización Ed. Nuevo Siglo, 1998.

Barros Sierra, Javier: 1968. Conversaciones con Gastón García Cantú, México D.F.: Siglo Veintiuno, 1993.

Bartra Vergés, Armando: 1968. El mayo de la revolución. México, D.F.: Itaca, 1999.

Cena, Juan Carlos, Osvaldo Bayer: El Cordobazo. Una rebelión popular, Buenos Aires: Ed. La Rosa Blindada, 2000.

Cores, Hugo: El 68 uruguayo. Los antecedentes, los hechos, los debates, Montevideo: Ed. de la Banda Oriental, 1997.

Cores, Hugo: Uruguay hacia la dictadura 1968 – 1973. La ofensiva de la derecha, la resistencia popular y los errores de la izquierda, Montevideo: Ed. de la Banda Oriental, 1999.

Campos, Marco Antonio, Alejandro Toledo: Poemas y narraciones sobre el movimiento estudiantil de 1968, México D.F.: UNAM, 1996.

Carey, Elaine: Plaza of Sacrifices. Gender, Power and Terror in 1968 Mexico, Albuquerque: University of New Mexico Press, 2005.

„El Cordobazo 30 años después“. In: Umbrales, cronicas de fin de siglo, Año 6, Nr. 11, 1999.

Estrada Rodríguez, Gerardo: 1968, estado y universidad. Orígenes de la transición política en México, México, D.F.: Plaza y Janés, 2004.

Fischer, Thomas: „Die Tupamaros in Uruguay: das Modell der Stadtguerilla“, in: Wolfgang Kraushaar (Hg.): Die RAF und der linke Terrorismus, Hamburg: Hamburger Ed., 2006, S. 736-750.

Galeano, Eduardo Hughes: Las venas abiertas de América Latina, La Habana: Casa de las Américas, 1971.

Galeano, Eduardo Hughes: Violencia y enajenación, México: Ed. Nuestro Tiempo, 1971.

Galindo, Carmen: „Qué fue y qué nos dejó el 68“, in: Debate Feminista, Jg. 5, Vol. 9, März 1994.

Gatto, Hebert: El cielo por asalto. El Movimiento de Liberación Nacional (Tupamaros) y la Izquierda uruguaya, (1963-1972), Montevideo: Taurus, 2004.

Gilabert, César: El hábito de la utopía. Análisis del imaginario sociopolitico en el movimiento estudiantil en Mexico, 1968, México D.F.: Instituto Mora, 1993.

González Alvarado, Osmar: Señales sin respuesta. Los zorros y el pensamiento socialista en el Perú 1968-1989, Lima: Ed. PREAL, 1999.

González de Alba, Luis: Los días y los años, unveränd. Nachdruck der Erstausgabe von 1971, México D.F.: Era, 2005.

Granma/ Resumen semanal, Partido Comunista de Cuba. – La Habana, Año 3, No. 2, 1968.

Grinberg, Miguel: La generación „V“. La insurrección contracultural de los años 60, Buenos Aires: Emecé, 2004.

Groppo, Luís Antonio: Uma onda mundial de revoltas. Movimentos estudantis de 1968. Piracicaba, São Paulo: Univ. Metodista de Piracicaba, 2005.

Guevara Niebla, Gilberto: „1968. Política y mito". In: Enrique Florescano (Hg.): Mitos Mexicanos. México D.F.: Aguilar-Nuevo Siglo, 1995, S. 81-86.

Gutiérrez, Ivonne: Entre el silencio y la estridencia. La protesta literaria del 68, México D.F.: Edición Aldus, 1998.

Hernández, Salvador: El PRI y el movimiento estudiantil de 1968, México D.F.: Ed. El Caballito, 1971.

Herrera Motte, Mariano: 1968. Lo peor y lo mejor de México, México D.F.: Federación Ed. Mexicana, 1975.

Holzmann, Lorena, Enrique Serra Padrós: 1968. Contestação e utopia. Porto Alegre: Ed. da Univ., 2003.

Janson Pérez, Brittmarie: Panamá protesta 1968-1989. En nuestras propias voces. Panamá: Ed. La Prensa, 1993.

Langland, Victoria: „Birth Control Pills and Molotow Cocktails. Reading Sex and Revolution in 1968 Brazil", in: Gilbert M. Joseph, Daniela Spenser (Hg.): In from the cold. Rewriting the History of the Latin American Cold War, Durham: Duke University Press, 2007.

Langland, Victoria: „Il est Interdit d'Interdire. The Transnational Experience of 1968 in Brazil", in: Estudios Interdisciplinarios de America Latina y el Caribe, Revista semanal del Instituto de Historia y Cultura de América Latina en la Universidad de Tel Aviv, Volumen 17, Número 1, 2006.

López Sánchez, Roberto Antonio: El movimiento estudiantil de LUZ y proceso político venezolano. 1958-1989, Maracaibo, Zulia: Univ. del Zulia, Ed. del Vice, 2007.

Martins, João Roberto: 1968 faz 30 anos, Campinas, SP: Mercado de Letras, 1998.

Martré, Gonzalo: El movimiento popular estudiantil de 1968 en la novela mexicana, México D.F.: UNAM, 1998.

Medina Valdés, Gerardo: El 68, Tlatelolco y el PAN. México D.F.: Epessa, 1990.

Monsiváis, Carlos: Dias de Guardar, México D.F.: Era, 1970.

Mora, Juan Miguel de: Tlatelolco 1968. Por fin toda la verdad, México D.F.: Editores Asociados, 1976.

Moreno, Nahuel: Despues del Cordobazo, Buenos Aires: Ed. Antídoto, 1997.

Olvera, Luis: Impresos sueltos del Movimiento Estudiantil Mexicano 1968, México D.F.: UNAM, 1992.

Paz, Octavio: Postdata, México D.F.: Siglo Veintiuno, 1970.

Poniatowska, Elena: La noche de Tlatelolco, México D.F.: Era, 1971.

Poniatowska, Elena: Fuerte es el silencio, México D.F.: Era, 1980.

Proceso: 1968. El principio del poder, México D.F.: Revista Proceso, 1980.

Ramírez, Ramón: El movimiento estudiantil de México. Julio-diciembre de 1968, 2 Bände, México D.F.: Era, 1996.

Reis Filho, Daniel Aarão, Pedro de Moräes: 1968. A paixão de uma utopia, Rio de Janeiro: Ed. Fundação Getulio Vargas, 1998.

Revueltas, José: México 68. Juventud y Revolución, México D.F.: Era, 1978.

Revueltas, Andrea (Hg.): José Revueltas y el 68, México D.F.: UNAM, Era, 1998.

Rodríguez Cruz, Olga: El 68 en el cine mexicano, Puebla: Univ. Iberoamericana, 2000.

Rodríguez Kuri, Ariel: „Los primeros días. Una explicación de los orígenes inmediatos del Movimiento Estudiantil del 1968“, in: Historia Mexicana, Vol LIII., Jul-Sep. 2003, Nr. 209, Centro de Estudios Históricos, México D.F.: Colegio de México, 2003.

Scherer García, Julio, Carlos Monsiváis: Los patriotas. De Tlatelolco a la guerra sucia, México D.F.: Nuevo Siglo, Aguilar, 2004.

Scherer García, Julio, Carlos Monsiváis: Parte de guerra. Tlatelolco 1968, México D.F.: Aguilar, 1999.

Scherer García, Julio, Carlos Monsiváis: Parte de Guerra II. Los rostros del 68, México D.F.: Aguilar, 2002.

Silber, Irwin: The Cultural Congress of Havana. 4-11 January, 1968, pamphlet, New York, 1968.

Silva, Francisco Carlos Teixeira da: „1968. Memórias, esquinas e canções“, in: Náda será como antes. Os anos 60, Acervo. Revista do Arquivo Nacional. Vol. 11, Nr. 1/2, 1998, 7-24.

Taibo, Paco Ignacio II: 1968. México: Joaquín Mortiz, 1991. [dt: 1968 – Gerufene Helden. Ein Handbuch zur Eroberung der Macht, Hamburg/ Berlin: Assoziation A, 1997.]

Tecla Jiménez, Alfredo: El 68 y los modelos de Universidad. México D.F.: Ed. Taller Abierto, 1994.

Teixera, Evandro: 1968 Destinos 2008. Passeata dos 100 mil, Rio de Janeiro: Textual, 2007.

Tirado Villegas, Gloria: La otra historia. Voces de mujeres del 68, Puebla: Instituto Poblano de la Mujer, 2004.

Varela Petito, Ponzalo: El movimiento estudiantil de 1968. El IAVA, una recapitulación personal, Montevideo: Ed. Trilce, 2002.

Vázquez Mantecón, Álvaro (Hg.): Memorial del 68, México D.F., Madrid: UNAM, Turner Publishers, 2007.

Ventura, Zuenir Carlos: 1968. O ano que não terminou. Rio de Janeiro: Ed. Nova Fronteira, 1988.

Vieira, Maria Alice, Marco Aurélio García: Rebeldes e contestadores. 1968 Brasil, França e Alemanha, São Paulo: Ed. Fundação Perseu Abramo, 1999.

Volpi, Jorge: La imaginación y el poder. Una historia intelectual de 1968, México: Era, 2006.

Wallerstein, Immanuel u.a.: 1968. Raíces y razones, Ciudad Juárez: Univ. Autónoma, 1999.

Zermeño, Sérgio: México, una democracia utópica. El movimiento estudiantil del 68, México: Siglo Veintiuno, 2003.

Zusammengestellt von Gintarė Malinauskaitė

AutorInnenverzeichnis
Projektgruppe

Henriette Friede (*1983 in Dresden) ist Bachelor Kulturwirtin mit den Schwerpunkten Romanistik und Wirtschaftswissenschaften, derzeit Masterstudentin der Lateinamerikastudien am Lateinamerika-Institut der Freien Universität Berlin und auf einem zweisemestrigen Forschungsaufenthalt in Peru an der *Pontificia Universidad Católica del Perú*. Besonderes Arbeitsinteresse gilt den kulturellen Beziehungen und Verflechtungen zwischen Europa und Lateinamerika. Die Masterarbeit wird die auswärtigen Kulturpolitiken von Peru und Deutschland vergleichen und die Frage behandeln, wie sich die Länder über ihre Kultur repräsentieren.

Inga Kleinecke (*1982 in Salzwedel) ist Wirtschaftsingenieurin und arbeitet bei AWO International im Bereich der Entwicklungszusammenarbeit. Sie studiert im Masterstudiengang Interdisziplinäre Lateinamerikastudien mit dem regionalen Schwerpunkt Cono Sur. Spaß hatte sie besonders an der visuellen Gestaltung unseres Buches und der Ausstellung im Ibero-Amerikanischen Institut.

Mareike Lühring (*1983 in Bremen) studiert den Masterstudiengang Interdisziplinäre Lateinamerikastudien. Während eines Schuljahres in Venezuela und einer Reise durch Mittelamerika wurde das

Interesse für Lateinamerika geweckt. Ein Semester an der *Universidad Nacional de San Marcos* in Lima und die BA-Abschlussarbeit über Sprachkontakte in Peru folgten (BA Language & Communication/ Universität Siegen). Heute richtet sich das Forschungsinteresse auf die Erinnerungsforschung im Allgemeinen und auf die Revolutionsdiskurse in Nicaragua im Spezifischen.

Gintarė Malinauskaitė (*1985 in Kaunas, Litauen): Bachelorstudium im Bereich Politikwissenschaft in Litauen. Praktikantin im litauischen Außenministerium in der Abteilung für Asien, Ozeanien und Lateinamerika. Zur Zeit studiert sie im Masterstudiengang Interdisziplinäre Lateinamerikastudien am Lateinamerika-Institut der Freien Universität Berlin. Ihr Forschungsinteresse liegt in den internationalen Beziehungen Lateinamerikas, besonders mit den USA, Rußland und der Europäischen Union. Ihre Masterarbeit analysiert die Außenpolitik Spaniens und Litauens gegenüber Kuba.

Markus Rauchecker (*1980 in Nürnberg) hat an der Friedrich-Alexander-Universität Erlangen-Nürnberg und der Universitat de Barcelona sein Erststudium in Politischer Wissenschaft, Geographie, Neuerer und Neuester Geschichte abgeschlossen. Gegenwärtig studiert er im Aufbaustudiengang Politikwissenschaft am Otto-Suhr-Institut und Lateinamerika-Institut der Freien Universität Berlin und forscht für seine Masterarbeit zum Thema Agrarpolitik in Argentinien. Sein weiteres Interesse gilt der Wahl- und Parteienforschung. Seine regionalen Schwerpunkte sind Argentinien und Mexiko.

Katharina Seeger (*1980 in Altenburg): Magisterstudentin der Lateinamerikanistik, Neueren Geschichte und Publizistik. Arbeitete als Reiseleiterin im holländischen Wattenmeer und in Katalonien, Praktikantin bei der ARD und der Leipziger Messe, Mitarbeit in der Fachschaftsinitiative des Lateinamerika-Instituts der FU Berlin.

Christian Tinz (*1981 in Berlin): Zum ersten Mal in Lateinamerika reiste er 3 Monate durch Ecuador, Peru bis nach La Paz in Bolivien. Wieder zurück in Deutschland begann er neben seinem Studium der Politikwissenschaft an der Freien Universität Berlin auch Kurse am Lateinamerika-Institut zu besuchen. Nach dem Vordiplom verbrachte er zu Forschungszwecken acht Monate in Mittelamerika und später ein halbes Jahr in Argentinien. Sein aktuelles Arbeitsthema ist die argentinische Protestform des „Escrache".

Anne Huffschmid (*1964 in Berlin) ist Kulturwissenschaftlerin und Publizistin. Lange hat sie als Journalistin und Korrespondentin in Mexiko-Stadt gelebt. Heute arbeitet sie am Lateinamerika-Institut der Freien Universität Berlin und forscht dort zu Erinnerungskulturen in lateinamerikanischen Megastädten.

Externe AutorInnen

Sherin Abu Chouka (*1976 in Berlin): Berufsausbildung zur Buchhändlerin. Lebt, arbeitet und studiert Geschichtswissenschaften, Erziehungswissenschaften und Lateinamerikanistik in Berlin. Studienbezogene Auslandsaufenthalte in Kuba, Venezuela und Mexiko.

Jan Kunze (*1979 in Eutin): hat Geschichte und Romanische Philologie studiert. Über das Studium und Solidaritätsarbeit mit Nicaragua begann seine Beschäftigung mit Lateinamerika. Forschungsthema für die Dissertation sind nun die Protestbewegungen von 1968 in Mexiko und Brasilien.

Helena Schrank (*1981 in Berlin) studierte an der TU Chemnitz im Bachelorstudiengang Europastudien mit sozialwissenschaftlicher Ausrichtung und ist aktuell Studentin des Masterstudiengangs Interdisziplinäre Lateinamerikastudien am Lateinamerika-Institut der Freien Universität Berlin. Ihr Fokus liegt im Besonderen auf Kolumbien. Dabei findet sie insbesondere die Bemühungen der Zivilgesellschaft interessant, die Verhältnisse im Land – seien sie politisch, ökonomisch oder sozial – zu verändern.

Mirta Varela (*1961 in Buenos Aires, Argentinien) lehrt Mediengeschichte an der *Universidad de Buenos Aires* und forscht im Rahmen des *Consejo Nacional de Investigaciones Científicas y Técnicas* (CONICET) am *Instituto Gino Germani der UBA*. Sie absolvierte diverse Forschungsaufenthalte in Europa, darunter 2005 an der Universität von Paris und 2008 – als Stipendiatin der Alexander-von-Humboldt-Stiftung – am Lateinamerika-Institut der Freien Universität Berlin. Sie hat folgende Bücher veröffentlicht: *La televisión criolla 1951-1969 (2005), Los hombres ilustres del Billiken. Héroes en los medios y en la escuela* (1994) und *Audiencias, cultura y poder. Estudios sobre televisión* (1999, zusammen mit Alejandro Grimson).

Wir danken besonders für die Überlassung von Bildrechten:

Braz Bezerra | CPDoc JB
Marcelo Brodsky
Barbara Buxbaum
CAFOD Just one world
Graciela Carnevale
Iata Canabrava
Centro Municipal de Fotografía, Intendencia Municipal de Montevideo
Comité 68
CPDoc JB
Gerhard Dilger
Editorial Sudamericana S.A.
Fundación Atahualpa Yupanqui
Peter Hammer Verlag
Greta Hoheisel
Horst Hoheisel
Instituto de Historia de Nicaragua y Centroamérica
Itinerario del 68 (Archivos de Cedinci, Roberto Jacoby, Graciela Carnevale, Léon Ferrari y Ana Longori)
Andreas Knitz
Bettina Krestel & Meike Schmitz
Oscar Menéndez
Antonio C. Molina
Fulvia Molina
Juliano Moraes
David Olmos
Ricardo Pérez Montfort | Archivo Foto Fija
Elisa Ramírez
Gisela Richter
Ana Ignacia Rodríguez
Julio Santucho
Peter B. Schumann
Israel Solorzano
Peter Steinmetz
Evandro Teixeira
Stefan Thimmel
www.filosofia.org
Paloma Zamorano Ferrari

Mit besonderem Dank an: Susanne Awiszus

Mike Davis

Planet der Slums

Mike Davis konstatiert in diesem ambitionierten Buch eine »Kopernikansche Wende« der menschlichen Siedlungsgeschichte. Denn nie zuvor überstieg der Anteil der Stadtbevölkerung diejenige auf dem Land und nie zuvor sah sich eine ungeheure Anzahl von über einer Milliarde Menschen gezwungen, ihr Überleben im Schmutz der Müllhalden, ohne (sauberes) Wasser, ohne Toiletten, ohne irgendeine Art der Gesundheits- oder Sozialversorgung zu organisieren. Die Megaslums des »Südens« sind Ausdruck einer im höchsten Maße ungleichen und äußerst instabilen urbanen Welt. Hier treffen die sozialen Fronten der Globalisierung in radikaler und tödlicher Weise aufeinander. Davis zeichnet die globale Herausbildung von den in den 1960er-Jahren als »Slums der Hoffnung« apostrophierten informellen Ansiedlungen nach – über den »Big Bang« der städtischen Armut im Verlauf der Verschuldungsdekaden der 1970er- und 1980er-Jahre, bis hin zu den heutigen beispiellosen Megaslums von Cono Sur, Sadr City oder Cape Flats.

ISBN 978-3-935936-56-9 | 240 S. | 20 €

Mike Davis

Die Geburt der Dritten Welt

Ende des 19. Jahrhunderts zerstörten Dürren ungeheuren Ausmaßes wiederholt die Ernährungsgrundlagen in den Teilen der Erde, die heute »Dritte Welt« genannt werden. Zwischen 1876 und 1879 sowie zwischen 1896 und 1900 starben in den im Allgemeinen als klimabedingt definierten Hungerskatastrophen und nachfolgenden Epidemien in Äthiopien, Indien, China und Brasilien zwischen dreißig und sechzig Millionen Menschen. Als unmittelbarer Auslöser dieser ungeheuerlichen Massenvernichtung wurden in der Wissenschaft bisher Wetterphänomene wie El Nino verantwortlich gemacht. Doch die Natur allein ist selten so tödlich. Mike Davis legt in seiner faszinierenden und einzigartigen »Politischen Ökologie« des Hungers die Hintergründe zwischen Weltklima und Weltökonomie im imperialistischen Zeitalter frei, die bis heute nachwirken.

Ausgezeichnet mit dem »World History Association Book Award«.

ISBN 978-3-935936-43-9 | 464 S. | 20 €

Subcomandante Marcos
Paco Ignacio Taibo II

Unbequeme Tote

Roman, vierhändig

»Unbequeme Tote« ist das Ergebnis eines einzigartigen literarischen Experiments: Der wortgewandte Sprecher der zapatistischen Guerilla und der bekannteste Krimi-Schriftsteller Mexikos schreiben vierhändig einen Roman.
Héctor B. Shayne, unabhängiger Detektiv in Mexiko-Stadt, erhält geheimnisvolle Anrufe von einem Toten. Zur gleichen Zeit wird Elías Contreras, »Ermittlungskommission« der EZLN, ein Dossier über einen »gewissen Morales« zugespielt, der in dunkle Geschäfte im lakandonischen Urwald verwickelt ist. Gemeinsam nehmen sie eine Spur auf, die in die Zeit des Schmutzigen Krieges in Mexiko zurückführt.

ISBN 978-3-935936-39-2 | 240 S. | 16,80 €

Paco IgnacioTaibo II

Rückkehr der Schatten

Mit diesem Buch hat Paco Ignacio Taibo II ein neues Meisterwerk verfasst, das formal und stilistisch an seinen opulenten Collage-Roman „Vier Hände" anknüpft. In alle Weltsprachen übersetzt, wurde es von der internationalen Presse enthusiastisch gefeiert.
Mexiko 1941/42: Ein Nazi-Komplott versucht das Land zu destabilisieren, in Chiapas üben deutsche Kaffeebarone ihre Willkürherrschaft aus, die Abwehr des Dritten Reichs hat eine Agentin lanciert. Die mexikanische Regierung zögert zu handeln. Sie alle haben die Rechnung ohne den Chinesen Tomás Wong, den Journalisten Manterola und den Dichter Fermín Valencia gemacht ...

»Dieser herrliche Roman liest sich, als hätten James M. Cain und Dashiell Hammett mit Gabriel García Márquez zusammengearbeitet.«
Publishers Weekly

ISBN 978-3-935936-31-6 | 400 S. | 24 €

Paco Ignacio Taibo II

1968 und Gerufene Helden

Ein Handbuch zur Eroberung der Macht

1968 war ein Jahr, welches auch Mexiko für immer veränderte. Der Schriftsteller Paco Ignacio Taibo II erlebte die Ereignisse als unmittelbar Beteiligter und gab ihnen in einem glänzenden Essay und einem burlesken Roman literarische Gestalt.

»Wenn ›1968‹ formal ein Buch persönlicher Erinnerungen ist, in dem ich versucht habe, die Bilder aus der doppelten Perspektive von damals und heute zurückzugewinnen, so ist ›Gerufene Helden‹ ein Roman der politischen Niederlage, die die Bewegung unmittelbar darauf erfuhr. ... Mein Ziel war, der Märtyrergeschichte zu entkommen, die Erinnerung zurückzugewinnen an eine Bewegung, die im Land zu einem tiefen politischen und kulturellen Bruch führte, die Elemente einer öffentlichen Ethik hervorbrachte, eine Philosophie des Widerstandes gegen den vergifteten Kuss des mexikanischen Staates« (Paco Ignacio Taibo II)

»Großartig, wie Taibo den romantisch-poetischen Gehalt der Revolte verteidigt«
Raul Zelik

»68 ist für ihn nicht nur eine universelle Nostalgiefabrik, sondern Treibstoff für zwanzig Jahre Widerstand«
Christoph Jünke

ISBN 978-3-922611-63-9 | 154 S. | 14.50 €